广东省决策咨询研究基地广外国际服务经济研究中心智库丛书
21世纪海上丝绸之路协同创新中心智库丛书——"服务经济"系列

丛书主编：林吉双

广东对外贸易和服务经济热点问题研究

GUANGDONG DUIWAI MAOYI
HE FUWU JINGJI REDIAN WENTI YANJIU

林吉双　孙波　陈和　等著

中国财经出版传媒集团
经济科学出版社
Economic Science Press

图书在版编目（CIP）数据

广东对外贸易和服务经济热点问题研究／林吉双等著． —北京：经济科学出版社，2021.5

（广东省决策咨询研究基地广外国际服务经济研究中心智库丛书.21世纪海上丝绸之路协同创新中心智库丛书."服务经济"系列）

ISBN 978-7-5218-2594-7

Ⅰ.①广⋯　Ⅱ.①林⋯　Ⅲ.①对外贸易-服务贸易-研究-广东　Ⅳ.①F752.68

中国版本图书馆CIP数据核字（2021）第104347号

责任编辑：杜　鹏　郭　威
责任校对：郑淑艳
责任印制：王世伟

广东对外贸易和服务经济热点问题研究

林吉双　孙　波　陈　和　等著

经济科学出版社出版、发行　新华书店经销
社址：北京市海淀区阜成路甲28号　邮编：100142
编辑部电话：010-88191441　发行部电话：010-88191522
网址：www.esp.com.cn
电子邮箱：esp@esp.com.cn
天猫网店：经济科学出版社旗舰店
网址：http://jjkxcbs.tmall.com
固安华明印业有限公司印装
710×1000　16开　15印张　250000字
2021年8月第1版　2021年8月第1次印刷
ISBN 978-7-5218-2594-7　定价：69.00元
(图书出现印装问题，本社负责调换。电话：010-88191510)
(版权所有　侵权必究　打击盗版　举报热线：010-88191661
QQ：2242791300　营销中心电话：010-88191537
电子邮箱：dbts@esp.com.cn)

前　言

党的十九大报告指出，中国将始终坚持对外开放的基本国策，拓展对外贸易，培育贸易新业态新模式，推进贸易强国建设。同时，随着经济全球化深入推进，服务经济日益成为世界经济的主导力量和各国经贸合作的重要领域，中国进入服务经济时代已成为社会各界的共识，经济发展动能正有序转换。在新时代，基于对外贸易与服务经济视角研判中国经济发展质量演化路径及影响因素成为学界与业界亟待解决的关键问题。

作为我国改革开放"排头兵"与"试验田"，广东对外贸易与服务经济发展均走在全国前列，外贸进出口连续34年全国第一，服务经济能级持续提升，已初步构建以现代服务业为主导的现代服务经济体系，在全国各省区市经济中具有典型性。本书以此为背景，选取了服务贸易、服务业开放、服务业竞争力、"三新"经济、制造业服务化、服务业区域合作、沿海旅游带等广东对外贸易和服务经济热点领域作为研究主题，对相关话题进行统计描述和定量化的监测评价，探讨广东对外贸易和服务经济发展现状、问题及制约因素，提出了广东对外贸易和服务经济的未来发展思路与方向，在此基础上，为更好地推进广东扩大对外开放，加快形成全面开放新格局，进一步编制了广东外贸出口预测指数，梳理了广东新时期稳外贸与稳外资的内外部挑战与机遇，讨论了广东建设贸易强省的实现路径，以期为推动广东外贸外资高质量发展提供理论借鉴。

本书对广东对外贸易与服务经济的热点领域进行梳理，是一次联结过去与未来、厘清市场与制度演化背后内在规律的系统性分析，研究成果对下一阶段加快全国对外开放与服务业发展步伐具有引导意义。同时，本书研究内容是对现有研究的全面性总结，在厘清国内外对外贸易与服务经济理论与应用问题研究脉络的基础上，对推动和完善当前相关领域研究具有促进作用。更为重要的是，作为我国开放程度最高、经济活力最强的区域之一，广东对外贸易和服务经济发展实践具有很强的代表性与借鉴意义，其他省区市在发展过程中可参考广东对外贸易与服务经济建设中存在的普适性问题，优化经济发展模式。对外贸易与服务经济是决定新时代中国经济高质量发展的重要领域，本书仅为引玉之砖，后续研究有待学界与业界共勉。

林吉双

2021 年 6 月 6 日

目　　录

第一章　广东服务贸易发展现状、路径和对策研究 …………………… 1
　　第一节　广东服务贸易发展现状、存在问题和制约因素 ………… 1
　　第二节　广东服务贸易发展面临的机遇和挑战 …………………… 8
　　第三节　广东服务贸易发展的重点领域和路径选择 ……………… 12
　　第四节　广东服务贸易发展的对策建议 …………………………… 18

第二章　广东省服务业开放水平研究 …………………………………… 22
　　第一节　广东省服务业开放研究意义 ……………………………… 22
　　第二节　广东省服务业开放水平指数构建原则 …………………… 23
　　第三节　广东省服务业开放水平指数指标体系说明 ……………… 24
　　第四节　广东省服务业开放水平综合指数与解读 ………………… 29
　　第五节　粤鲁苏浙沪的服务业开放水平对比研究 ………………… 35

第三章　广东城市服务业竞争力排名研究 ……………………………… 43
　　第一节　城市服务业竞争力综合评价指标体系 …………………… 43
　　第二节　中国城市服务业竞争力 2018 年报告 …………………… 47
　　第三节　广东城市服务业竞争力 2018 年报告 …………………… 61

第四章　广东省服务业新技术、新业态、新模式发展研究 …………… 76
　　第一节　广东省服务业"三新"发展概况 ………………………… 76
　　第二节　广东省服务业"三新"发展不足及制约因素 …………… 88
　　第三节　广东省服务业"三新"未来发展路径 …………………… 91
　　第四节　广东省服务业"三新"发展对策建议 …………………… 94

第五章　广东制造业服务化发展情况研究 ……………………………… 98
　　第一节　制造业服务化释义及广东省发展现状和存在问题 ……… 98

第二节 广东制造业服务化的制约因素 ………………………… 105
第三节 广东制造业服务化的内在机理与发展路径 …………… 110
第四节 广东制造业服务化的政策建议 ………………………… 113

第六章 粤港澳大湾区现代服务业合作发展情况研究 ……………… 117
第一节 粤港澳大湾区现代服务业合作发展现状 ……………… 118
第二节 粤港澳大湾区现代服务业合作发展面临问题 ………… 123
第三节 粤港澳大湾区现代服务业合作制约因素 ……………… 125
第四节 粤港澳大湾区现代服务业合作机遇 …………………… 128
第五节 粤港澳大湾区现代服务业合作发展路径 ……………… 131
第六节 粤港澳大湾区现代服务业合作对策建议 ……………… 135

第七章 广东沿海旅游带发展研究 ……………………………………… 140
第一节 广东沿海旅游带发展意义 ……………………………… 141
第二节 广东沿海旅游带发展现状 ……………………………… 142
第三节 广东沿海旅游带发展存在的问题 ……………………… 147
第四节 国内外沿海旅游带发展经验借鉴 ……………………… 153
第五节 提高广东沿海旅游带发展的战略选择 ………………… 161
第六节 促进广东沿海旅游带发展的对策措施 ………………… 163

第八章 广东外贸出口预测指数研究 …………………………………… 168
第一节 广东外贸出口预测指数编制背景与意义 ……………… 168
第二节 广东外贸出口预测指数指标体系构建与指标说明 …… 169
第三节 广东外贸出口预测指数构造方法 ……………………… 177
第四节 广东外贸出口预测指数预测效果及其解读 …………… 179

第九章 广东稳外贸政策研究 …………………………………………… 185
第一节 广东稳外贸的外部挑战 ………………………………… 185
第二节 国际新形势下广东稳外贸现状 ………………………… 190
第三节 当前稳外贸存在的问题 ………………………………… 205
第四节 广东稳外贸对策建议 …………………………………… 210

第十章　新时期广东稳外资的思路与对策 …………………………… 214

　　第一节　广东利用外资的基本情况 ………………………………… 214

　　第二节　广东利用外资面临的困境 ………………………………… 220

　　第三节　广东利用外资现存的优势 ………………………………… 223

　　第四节　广东稳外资的基本思路 …………………………………… 226

　　第五节　广东稳外资的政策建议 …………………………………… 229

参考文献 ………………………………………………………………… 233

第一章 广东服务贸易发展现状、路径和对策研究

服务贸易已成为全球贸易增长源。近年来广东省加强了对服务贸易发展的支持力度，服务贸易规模不断壮大，服务贸易结构持续改善，服务贸易质量日益提升，服务贸易在全省对外贸易中的地位和作用显著增强，对经济增长的贡献作用不断增大。为进一步促进广东服务贸易的高质量发展，本章梳理了广东服务贸易的发展现状，分析了存在的问题和发展的制约因素，在此基础上提出了路径选择和对策建议。

第一节 广东服务贸易发展现状、存在问题和制约因素

一、广东服务贸易发展现状

（一）贸易规模快速扩大

近年来，广东省服务贸易规模始终保持全国前列。服务贸易规模由2015年的9786.94亿元增加到2019年的12951.98亿元，年均增长8.08%。服务进出口额占该省对外贸易总额的比重由2015年的11.42%提高到2019年的15.40%；服务贸易额占全国服务贸易总额的比重由2015年的20.12%提高到2019年的23.99%。[①]

---

① 资料来源：广东省商务厅。

(二) 贸易结构持续改善

传统服务贸易占比高，新兴服务贸易发展快。运输、旅游、建筑等传统服务贸易较快增长，保险服务、电信计算机和信息服务、管理咨询等其他商业服务、文化娱乐服务、知识产权服务等新兴服务贸易快速增长。2019年，运输、旅游和建筑等传统服务进出口额占服务进出口总额的比重为67.98%，比2015年下降10.44个百分点；电信计算机信息和维护维修等新兴服务进出口额占服务进出口总额的比重为32.02%，比2015年提高了4.48个百分点，服务贸易结构不断优化。①

(三) 数字服务贸易蓬勃发展

在数字技术的推动下，数字服务贸易持续快速发展。一是信息技术服务贸易（包括软件、社交媒体、搜索引擎、通信、云计算、卫星定位等服务贸易）在全国处于领先水平。以软件出口为例，2019年深圳软件出口额为1421.39亿元，已经连续19年居全国第一位。二是数字内容服务贸易（包括数字音乐、数字游戏、数字动漫、数字视频、数字图书等服务贸易）蓬勃发展。以游戏为例，广东在全国游戏市场保持领导地位，2019年，广东游戏出口营收规模达到318亿元。三是离岸服务外包服务贸易（包括ITO、BPO、KPO②等）持续较快发展。2019年，离岸服务外包执行额为838.91亿元，③在全国位居第二位。

(四) 区域发展渐趋集聚

广州、深圳是广东省最主要的服务贸易大市，2019年两市服务进出口额为11009.36亿元，占广东全省85%，佛山、东莞、珠海、中山、惠州、肇庆、江门、汕头、湛江、清远等珠三角和粤东西北19市服务进出口额为1942.62亿元，占全省的15%④。与2015年相比，广东服务贸易向广深两座核心城市的集中度进一步提高。

(五) 市场格局稳步拓展

亚洲为广东服务贸易出口第一大市场，欧美为广东服务贸易出口主要市

---

① ③ 资料来源：广东省商务厅。
② ITO 为信息技术流程服务外包，BPO 为业务流程服务外包，KPO 为知识流程服务外包。
④ 资料来源：广东省商务厅，2020年《中国商务年鉴》。

场,"一带一路"沿线国家和地区市场持续增长。2019 年,广东与日本、新加坡和中国香港和澳门等亚洲国家和地区服务进出口额占服务贸易总额的 69.369%。其中,中国香港一直是广东最大服务出口目的地和进口来源地,2019 年广东与中国香港服务进出口额为 7736.43 亿元,占全省比重达 59.73%,比 2015 年提高 15.22 个百分点。2019 年,广东对美国服务进出口额为 1383.76 亿元,占广东服务进出口总额的 10.68%,① 与 2015 年相比基本持平(受中美贸易摩擦影响,2019 年广东对美服务进出口降幅较大)。"一带一路"沿线国家和地区服务贸易呈持续增长之势。

(六)服务外包持续快速发展

党的"十三五"以来,广东服务外包规模居全国第二位。服务外包合同执行额由 2015 年的 113.64 亿美元增加到 2019 年的 218.52 亿美元,年均增长率 26.22%;离岸服务外包执行金额由 2015 年的 79.10 亿美元增加到 2019 年的 122.29 亿美元,年均增长率 10.80%。服务外包结构持续优化,2018 年信息技术流程服务外包(ITO)、业务流程服务外包(BPO)和知识流程服务外包(KPO)离岸执行金额分别为 46.69 亿美元、36.30 亿美元和 39.30 亿美元,占离岸服务外包执行金额的比重分别为 38.2%、29.7% 和 32.1%,与 2015 年相比,结构更趋平衡。②

二、发展服务贸易存在的问题

(一)服务贸易发展规模不够大

1. 服务贸易占对外贸易比重远低于国际平均水平。

2019 年,广东服务贸易额占广东对外贸易总额的比重为 15.40%,与北京和上海服务贸易额占对外贸易总额 27.70% 和 27.13% 相比,分别相差 12.30 个和 11.73 个百分点;与全球服务贸易额占对外贸易总额 23% 左右相比,相差约 7 个百分点。③可见,广东服务贸易发展不够充分,未来有较大发展潜力。

---

①②③ 资料来源:广东省商务厅。

2. 服务贸易规模与经济大省不匹配。

2019年,广东服务贸易规模分别比北京和上海高出2323.01亿元和469.45亿元,位列全国第一;①但广东服务贸易发展规模与广东作为全国GDP第一大省份、全国货物贸易第一大省份的地位还不够匹配,发展服务贸易任重而道远。

(二)服务贸易结构有待改善

1. 传统服务贸易占比高但发展还不充分。

2019年,一方面,广东传统服务贸易额为8804.22亿元,占服务贸易进出口总额的67.98%,与发达国家传统服务贸易占服务贸易总额50%左右相比,高出近18个百分点。②另一方面,广东货物贸易规模大,为运输服务贸易提供了很大的增长空间,但因广东加工贸易"两头在外"长期以来所形成的贸易方式等各种原因的影响,导致与国际货物贸易发展相适应的国际运输和保险等服务贸易发展还不充分。

2. 现代服务贸易增长快但占比仍然较低。

2019年,广东现代服务贸易额为4147.76亿元,同比增长9.81%,增长较快;但现代服务贸易额占服务贸易总额的比重为32.01%,与上海现代服务贸易额占服务贸易总额38.9%的比重相比低近7个百分点。③

(三)服务贸易发展质量有待提升

1. 高附加值服务出口规模还比较小。

高附加值的服务贸易,主要集中在金融保险服务、电信计算机和信息服务、管理咨询等其他商业服务、知识产权和文化娱乐服务等领域。2019年,广东现代服务出口额占服务出口总额的32.01%,与北京和上海的64.39%和75.12%(北京和上海数据为2018年数据)相比,分别相差32.38个和43.11个百分点。④这说明广东高附加值服务贸易规模还比较小,未来应有较大上升空间。

2. 服务贸易还处在全球价值链中低端。

制造业和服务业的发展水平,决定了服务贸易的发展水平。目前,广东制造业和服务业仍处在全球产业链的中低端,产业的地位决定了广东服务贸

---

①②③④ 资料来源:广东省商务厅,2020年《中国商务年鉴》,商务部。

易增值能力较弱。以教育服务为例,我国外来留学研究生年学费为23000元人民币左右,与美国外来留学生年学费50000美元左右相差甚远。

(四)服务贸易区域发展有待协调

广东服务贸易主要集聚在珠三角地区。2019年,广州和深圳2市服务进出口额占全省总额的95.33%,如果再加上珠三角其他7市,珠三角9市服务贸易进出口额占全省总额的比重将达到99%,粤东西北11市服务贸易进出口额仅占全省总额的1%左右。广东服务贸易区域协调发展难度很大。①

三、广东服务贸易发展的制约因素

(一)政府推动服务贸易发展的力度不够大

1. 政府对发展服务贸易的战略认识有待提高。

广东对发展服务贸易的认识不足、起步较晚。一方面,受制造业大省和货物贸易大省影响,长期以来广东形成了重视货物贸易发展的思维惯性和路径依赖,对发展服务贸易的支持政策严重滞后。另一方面,与上海、江苏等省市相比,发展服务贸易的起步也较晚。以上海为例,上海是我国服务贸易发展最早的省市之一,1997年上海就提出了"服务贸易、货物贸易"并举的发展思路,此后出台了一系列规划、政策和措施,使得上海服务贸易发展的促进体系日益完善,在技术贸易、数字贸易等很多领域成为全国的领头羊。

2. 多部门协调推进的联动机制不够有效。

服务贸易覆盖领域广泛,涉及政府职能部门众多,各部门对服务贸易了解程度不同,许多部门仍停留在服务业的概念上,不同的职能部门对加大服务业对外开放的重视程度和推动力度也不一样,导致多部门协调推进服务贸易发展的联动机制有效性低,推动服务贸易发展的力度也不大。总体上看,广东服务贸易的发展,主要还是靠市场力量的作用,政府推动的作用不足。一方面,广东是市场化程度最高的省份,市场配置资源决定性作用发挥得充分有效,企业和政府都比较信奉市场的力量;另一方面,与上海、江苏和浙江等长三角省市相比,广东各级政府部门的改革开放步伐不够大、想法办法不够多、推进力度不够强、行政效率不够高等。

---

① 资料来源:广东省商务厅。

3. 服务业对外开放度有待扩大。

广东服务业对外开放程度不高,制约了服务贸易的发展。体现在:广东对外开放度低于北京和上海,北京和上海在服务业开放方面获得了很多先行先试的权利,促进了服务贸易的发展;广东对国外服务业开放度也低于对港澳开放度[《内地与香港关于建立更紧密经贸关系的安排》(CEPA)框架下广东对港澳服务业开放153个部门,涉及世界贸易组织(WTO)服务贸易160个部门总数的95.6%],即便对港澳开放度高也由于只有58个部门对港澳服务提供者实现国民待遇、大陆行业标准和职业认证,以及港澳企业自身等原因,CEPA框架下的政策很多也难以落地,粤港澳服务贸易自由化的效果也不够理想。

(二)服务贸易与货物贸易融合发展程度有待加深

1. 货物贸易链条短制约了服务增值空间。

广东对外贸易起始于加工贸易,加工贸易两头在外,长此以往企业形成了出口货物船上交货(FOB)、进口货物到港交货(CIF)的贸易方式,使得货物贸易链条缩短,大量的运单和保单等由国外企业承接,广东货物出口服务增加值低。

2. 服务供给不足制约了货物贸易链条的延长。

广东货物进出口的持续快速增长也使得省内运输和保险(我国大型运输和保险服务企业总部多在北京)等服务难以满足需要,再加上广东进出口企业习惯于FOB和CIF贸易方式,运输和保险等服务企业因难以拿到运单和保单等而缺少拓展相关服务的欲望和动力,久而久之导致广东服务贸易与货物贸易融合发展程度低,将大量的运输和保险等服务拱手于人。

(三)服务贸易发展的产业基础实力较弱

1. 生产性服务业规模不大、实力不强。

从服务业总体来看,2019年,广东服务业增加值占地区生产总值的55.8%,与北京、上海服务业增加值占地区生产总值的83.5%、72.7%相比分别相差27.7个和16.9个百分点,服务业发展很不充分。从生产性服务业主要细分行业金融服务业来看,2019年广东金融服务业增加值占第三产业增加值为14.43%,与上海、北京金融服务业增加值占第三产业增加值的23.78%、22.15%相比,分别相差9.35个和7.72个百分点;全球金融中心排名情况也反映了这一点,2019年上海、北京分别排在全球金融中心第4名和第 7 名，广东的深圳和广州则排在全球的第 11 名和第 19 名，广东金融业国内和国际竞争力都弱于北京和上海。①

2. 生活性服务业的服务质量不高。

生活性服务业的供给体系尚未完善，还不能满足产业转型升级和居民生活水平提升的需要，服务业有效供给需进一步增加。如，高等教育方面，广东"双一流"建设大学 A 类只有 2 家，北京"双一流"建设大学 A 类有 9 家，上海"双一流"建设大学 A 类有 4 家；旅游服务业方面，2019 年中国城市旅游业排名榜显示：北京和上海位居第一和第三，广州和深圳位居第四和第二十二。广东生活性服务业建设任重道远。还有，服务业发展环境和条件也有待进一步改善。

（四）服务贸易市场主体国际竞争力不强

1. 大型国际服务龙头企业不多。

广东虽然有华为、腾讯、南方航空等服务贸易龙头企业，但服务贸易市场主体主要以民营企业和中小型企业为主，与北京和上海相比龙头企业较少。北京是我国拥有《财富》世界 500 强总部企业数量最多的城市，北京市跨国公司总部企业达 179 家（其中，央企总部企业占比近 60%，境外世界 500 强企业地区总部占比超 40%）；上海是我国跨国公司地区总部最多的城市，拥有跨国公司地区总部企业 696 家、研发中心 450 家，这些地区总部企业促进了上海市服务贸易的发展。

2. 服务企业生态网络还没有形成。

广东市场化程度高，企业自主发展意识强，但因各种原因服务企业生态网络远没有形成。一方面，像华为这样的龙头企业，围绕着 5G 和移动终端稳定的供应链生态系统还没有形成，不仅受制于美国管制，也限制了全球服务能力；另一方面，服务贸易企业的海外业务布局也处在发展阶段，商业存在模式服务贸易还没有成为服务贸易的主体。跨国龙头企业、重点培育企业、特色发展企业等有持续发展能力的服务企业网络尚待形成。

（五）服务贸易中高端人才有待引育

1. 中高端管理和商务人才缺乏制约了企业国际服务能力。

服务贸易的持续发展和提质增效对高素质人才的需求越来越迫切，目前

---

① 资料来源：广东省、北京市、上海市统计局发布的资料。

能熟练运用外语、通晓国际惯例和法规、掌握国际贸易前沿管理和商务知识的中高端人才的缺乏，已成为制约服务企业开展国际业务战略布局、有效拓展国外市场的关键因素，引育中高端人才迫在眉睫。

2. 中高端技术人才缺乏限制了企业提供高附加值服务产品的能力。

随着互联网、大数据、云计算和人工智能等技术的发展、完善和应用，国际中高端服务市场已经进入了精细化服务的发展阶段，这就需要能够面对国际竞争的中高端技术人才来提供服务。目前，广东能够直接参与国际竞争的中高端技术人才还不多，提供高附加值服务产品的能力还不足。

（六）服务贸易营商环境有待完善

1. 服务贸易法规、标准和政策制约着服务贸易发展。

服务贸易覆盖领域广泛，涉及政府职能部门众多，各部门对服务贸易了解程度不同，推动力度也不一样，一些服务领域虽已开放，但有些服务贸易法规、标准和政策等仍然制约着服务贸易的发展。例如自 CEPA 实施以来，广东对港澳服务业开放高达 153 个部门，涉及 WTO 服务贸易 160 个部门总数的 95.6%，但"玻璃门""弹簧门""旋转门"的问题依然存在，比如，港澳投资者申请准入过程烦琐，专业人才服务资质还未能互认，服务业标准还未能对接，港澳居民在内地就业相关社保及子女教育还难以落地等。

2. 各类服务主体平等进入市场和公平竞争环境有待完善。

珠三角是我国开放程度最高、法制化营商环境最好的地区之一，但构建完全市场平等进入和公平竞争的环境仍存在一些问题。各类服务主体不能平等进入市场和公平竞争，导致了服务市场竞争的不充分，制约了服务业贸易提质增效。

第二节 广东服务贸易发展面临的机遇和挑战

一、广东服务贸易发展面临的机遇

（一）国际机遇

1. 服务贸易在全球贸易中的战略地位日益突出。

随着服务业+互联网+数字化+智能化的融合日益增强，作为全球性价值链核心环节的知识和技术，已成为影响和决定国际分工和贸易利益分配的关键要素，企业网络化、数字化和智能化转型对知识和技术等密集型服务的需求增长迅速。

2. 服务贸易与投资合作的广度和深度不断拓展。

自 2000 年以来，全球服务贸易以平均比货物贸易高 1 个百分点的增速持续增长，一些发展中国家的服务贸易增速更快，服务贸易对经济增长的贡献也越来越大。目前，服务贸易占全球贸易的比重已超过40%；全球服务业投资也快速增长，2019 年，在全球跨境直接投资持续多年下降的背景下，中国吸收外资保持逆势增长，实际使用外资规模达到 9415.2 亿元，再创历史新高，稳居全球第二位。[①] 随着 2019 年版中国《鼓励外商投资产业目录》的发布和实施，来华外商直接投资主要投向了中国服务业特别是生产性服务业领域，我国服务业进入了快速持续的发展阶段。

3. 数字经济为服务贸易发展增添新动力。

数字经济的发展，增强了服务的可贸易性，数字产业化和产业数字化对数字服务产品产生了巨大需求，消费者对数字服务产品日益增长的需求推动了数字服务贸易的可持续发展，各国在数字经济领域的开放与合作为数字服务贸易增长带来了巨大的潜力和机遇。

（二）国内机遇

1. 对外贸易与投资合作国际市场网络深入拓展。

我国与 230 多个国家和地区建立了贸易往来，与英国等 14 个国家建立了服务贸易双边合作机制，与中东欧国家和金砖国家分别签订了《中国—中东欧国家服务贸易合作倡议》《金砖国家服务贸易合作路线图》；中国海外投资合作加快发展，商业存在模式服务贸易加快发展。

2. 服务贸易发展条件持续改善。

服务贸易领域改革开放步伐加快，落实技术先进型企业所得税优惠政策、依托大数据推进服务贸易数字化等首批服务贸易创新发展试点 29 条经验在全国复制推广，服务贸易创新发展试点继续深化，服务贸易发展的政策措施不断完善，服务贸易便利化程度不断提高。

---

① 资料来源：2020 年《中国商务年鉴》。

3. 服务贸易营商环境日益优化。

世界银行发布的《全球营商环境报告2020》显示,中国已连续两年跻身全球性营商环境改善幅度最大的十个经济体之一,服务业持续深入地对内对外开放,为服务贸易发展提供了越来越好的营商环境。

(三) 省内机遇

1. 货物贸易规模优势为相关服务贸易增长提供了条件。

2019年,广东货物贸易规模达7.14万亿元,比"十二五"末期的6.36万亿元增加0.78万亿元,为运输、保险等服务贸易增长创造了良好的条件。① 据联合国贸易和发展会议(UNCTAD)测算,在货物出口增值中服务部门贡献了46%,原因是货物出口直接带动与出口相配套的通信、信息、运输、保险和银行等服务出口。

2. 服务贸易产业基础实力不断增强。

广东服务业发展规模较大。2019年,广东服务业增加值为5.28万亿元,占地区生产总值的55.5%,比"十二五"期末提高了4.7个百分点,广东进入了服务经济快速发展时期。从规模以上服务业情况来看,信息传输、软件和信息技术服务业,交通运输、仓储和邮政业,租赁和商务服务业,科学研究和技术服务业等规模位居全国首位;规模以上服务业企业营业收入增速也分别比北京、上海、江苏和山东高3.9个、1.7个、4.6个和3.8个百分点,其他营利性服务业营业收入总量和增速方面,广东也居国内前列。②

广东数字经济产业规模位居全国首位。2019年,广东数字经济规模为4.9万亿元,占广东地区生产总值的45.3%,位居全国首位。广东互联网、大数据、云计算、4K电视、5G、人工智能等新一代信息技术产业快速增长,促进了传统产业数字化和数字产业化的发展,为广东数字服务贸易的发展奠定了良好的数字产业基础。

3. 服务贸易市场主体持续壮大。

广东服务贸易主体数量不断增多、规模不断增大,到2019年,广东服务贸易进出口额超1亿美元的企业达700余家,比2015年增长近20%,形成了以华为、中兴、腾讯、新科宇航、南航、深航、顺丰速运、华大基因、沃盛

---

① 资料来源:中国海关总署广东分署官网。
② 资料来源:广东省、北京市等统计局。

咨询、广之旅和中国国旅等为龙头的服务贸易企业网络。

4. 粤港澳大湾区服务贸易自由化深入发展。

《粤港澳大湾区发展规划纲要》的发布和实施,推动了《关于粤港澳大湾区个人所得税优惠政策的通知》《关于进一步促进科技创新的若干政策措施》等政策的出台,加速了大湾区生产要素的自由流动,有力地推动了粤港澳服务贸易的不断发展。2019年广东与港澳服务贸易额占广东同期服务贸易总额的比重达61.31%,占比持续提升。

二、广东服务贸易发展面临的挑战

(一) 国际挑战

1. 中美贸易摩擦影响日益增大。

广东是对美货物贸易大省,货物贸易下降会直接导致运输、保险、加工等服务出口的减少。2019年,广东对美国整体进出口下降7.3%,[①] 影响了广东对美的运输和保险等服务的出口;同时,美国将华为及其子公司等列入出口管制黑名单,阻碍了技术贸易和技术交流,广东对美技术贸易规模降幅较大;美国收紧和严审中国对美服务业、高科技企业的投资和并购,阻碍了广东企业对美投资和技术往来。

2. 国际服务贸易竞争不断加剧。

发达国家为巩固服务贸易国际竞争制高点地位,除有效利用规则制定话语权和影响力,还利用国内法进行长臂管辖,打压和遏制竞争对手;俄罗斯、巴西、印度、印度尼西亚等发展中国家也纷纷出台规划和政策从加大对数字贸易等新兴服务贸易发展的支持力度,努力迈向全球价值链和国际服务业分工中高端。

3. 国际贸易和投资规则正在重构。

当前国际贸易和投资规则体系正处于前所未有的重构期,新一轮贸易与投资规则制定更强调宽领域、高标准,围绕规则重构的博弈在多边、诸边和区域等层面同时展开,发达国家在国际贸易与投资领域拥有谈判优势,这给发展中国家开展国际贸易与投资活动带来深刻影响。

---

① 资料来源:广东省商务厅官网数据。

（二）国内挑战

1. 服务贸易发展的体制机制束缚亟待突破。

服务业对国外开放慢于对港澳开放，服务业对外开放步伐有待加快；服务贸易发展仍受制度束缚，体制和机制的改革步伐有待加快；与边界已开放领域的边境内"弹簧门""玻璃门"和"旋转门"等阻碍相关的政策和措施落地。

2. 省域间发展服务贸易的竞争日益加剧。

各省区市利用在国家经济发展和区位布局中的优势，积极争取国家在服务业开放、自贸区建设、服务贸易创新发展试点等方面先行先试权利，以便形成政策竞争优势；同时，各省区市纷纷出台服务贸易发展的扶持政策，引才招商的竞争异常激烈。

第三节 广东服务贸易发展的重点领域和路径选择

一、广东服务贸易发展的重点领域

（一）大力推进数字服务等新兴服务贸易

充分发挥广东数字经济大省优势，加快实施数字服务贸易发展战略，大力促进基于互联网技术的零售、物流、金融、保险、教育、医疗、专业服务等领域的数字服务贸易发展；积极拓展游戏、动漫、视频、音乐、电子书籍等数字化内容的服务贸易规模；积极推动社交媒体和搜索引擎的海外市场拓展，加快相关服务的本地化进程，尽快占领和提升海外市场份额。重点支持IaaS、SaaS和PaaS等通信服务平台、软件服务平台和计算服务平台的发展，向全球用户提供基于互联网交付的通信服务、软件服务、数据服务和计算服务等。加大数字知识产权的保护力度，搭建数字化交易平台，促进数字知识产权交易。

（二）着力发展技术服务贸易

加快广深港科技走廊建设，推动形成粤港澳大湾区科技创新合作新机制和新平台，促进创新要素集聚和自由流动，将粤港澳大湾区建成全球有影响力的科技创新中心；重点支持以 5G 为代表的新一代信息技术、生物医药技术、人工智能的发展，培育和形成一批有特色、善创新、具有全球技术服务能力的市场主体；积极支持企业围绕"新技术、新产业、新模式、新业态"开展技术引进，通过消化、吸收和创新培育和形成新的技术出口竞争优势；完善技术贸易促进政策体系和公共服务平台，加强知识产权保护，形成有利于科技创新的营商环境。

（三）持续发展运输服务贸易

出台政策鼓励本土贸易企业出口时采用成本加保险费加运费（CIF）贸易方式、进口时采用 FOB 贸易方式，为运输、保险等服务企业提供运输和保险等国际服务机会。研究制定国际航运、空运相关业务支持政策，支持大型海洋、航空运输企业开拓新航线，提升国际海运和空运服务能力；支持广东各主要机场开拓国际航班中转服务市场，提升国际航班中转服务能力。发展现代航运服务体系，拓展航运服务产业链，积极发展多种航运方式，不断提升航运服务能力和服务水平。

（四）加快发展旅游服务贸易

培育壮大一批旅游龙头企业，支持中小型旅游企业特色化和专业化发展，支持旅游企业在国外设立分支机构；组织旅游企业参加各类重要国际旅游展会，大力拓展广东省海外游客市场。结合"广交会""高交会"等广东知名展会，大力拓展商务、会展、工业等旅游服务，推广"一程多站"旅游线路；充分发挥广东区位优势，加强与港澳台及其他海上"丝绸之路"沿线国家和地区旅游合作，着力开发具有"丝绸之路"特色的国际精品旅游线路和旅游产品；进一步发挥广州南沙和深圳蛇口邮轮母港作用，持续开发邮轮旅游线路和旅游产品。支持旅游企业实施"旅游+互联网"发展战略，实现旅游线上和线下的紧密结合，大力发展数字旅游服务贸易。

（五）积极拓展专业服务贸易

充分发挥广东省企业管理咨询领域的服务能力，为国外客户提供管理流程、业务流程和"一揽子"解决方案等服务；鼓励企业积极培育为传统企业网络化、数字化和智能化转型提供整体解决方案的能力，不断形成新的竞争优势。积极培育和形成会计、法律、税务等专业服务能力,为外资企业进入和内资企业"走出去"提供高质量的专业服务。充分利用"广交会""高交会""文博会"等展会平台,积极培育服务贸易各专业展会,充分发挥展会在服务贸易商对接和交易方面的强大功能。

(六)有效推进文化和中医药等服务贸易

加大文化服务贸易培育力度,进一步修订广东省文化产品和服务出口指导目录,完善文化产品和服务出口奖励制度;着力培育一批具有国际竞争力的对外文化出口重点企业和重点项目,构建良好的文化服务出口企业生态网络;在广东自贸试验区内开展国际文化保税展示交易业务,建设一批国家级和省级对外文化贸易基地。推进中医药服务贸易发展,支持列入首批中医药服务贸易先行先试骨干企业(机构)建设目录的重点企业积极开拓国际市场;鼓励中医药企业通过境外参展、商标注册、国际认证等多种形式,扩大中医药产品和服务出口,加强中医药特色服务领域的国际交流合作。

(七)深入发展服务外包业务

健全服务外包创新机制,培育创新环境,促进创新合作,加快服务外包向高技术、高附加值、高品质、高效益方向发展。优化服务外包产业布局,以广州、深圳等国家级服务外包示范城市为核心,以东莞、佛山、珠海省级服务外包示范城市为支撑,充分发挥服务外包示范城市创新引领作用,促进服务外包产业向价值链中高端转型升级。积极发展设计、维修、咨询、检验检测等服务外包业务,促进生产性服务贸易发展。鼓励服务外包企业"走出去",建设粤港澳台服务外包交流合作平台,积极开拓东盟、欧美日韩以及"一带一路"沿线国家和地区市场。

(八)不断培育金融保险等其他新兴服务贸易

积极推进金融保险服务贸易发展,以粤港澳大湾区规划实施为抓手,有效推进与港澳金融市场互联互通和跨境金融监管,促进湾区内金融和保险服务业协调发展,进一步提升湾区金融和保险的全球服务竞争力;鼓励金融机构与"一带一路"沿线国家和地区金融机构签订双边结算协议,加强在货币市场和资本市场的合作,推动金融和保险服务企业"走出去"。大力发展教育服务贸易,出台政策鼓励和支持各类院校拓宽海外招生渠道,吸引更多

"一带一路"沿线国家和地区留学生来粤深造，不断提升广东省各类教育的国际服务能力和服务水平。

二、广东服务贸易发展的路径选择

（一）夯实产业发展基础

1. 加大服务业对内对外双向开放力度。

加大服务业对内资企业的开放力度和开放进程，培育和提升广东省服务业产业竞争实力，以服务业的充分发展作为对外扩大开放的重要条件，确保重点领域服务产业的安全和稳定发展。向国家申请争取金融、保险、电信、文化、教育、医疗等服务业开放先行先试权利，对港澳和国外企业实行国民待遇，促进粤港澳大湾区深度一体化发展。支持广东省运输、旅游、电信、中医药、专业服务、服务外包等领域企业"走出去"，支持企业开展跨国经营和深度开拓国际市场。

2. 着力提升生产服务业发展水平。

以先进制造业和现代服务业深度融合发展为抓手，着力发展研发、设计、供应链管理、智能化解决方案等高端生产性服务业，促进生产性服务业快速、持续和高质量发展。促进金融、保险、商贸、物流等服务业网络化、数字化和智能化发展，大力发展数字化、智能化服务产业，切实提升生产性服务业国际竞争能力。倾力发展好电子商务，充分利用好制造业优势，全力支持电子商务龙头企业打造电商发展生态圈。

3. 尽快提高生活服务业发展水平。

持续推进旅游业发展，重点加强旅游环境、旅游政策和条件、旅游基础设施等建设，提升广东在全球旅游产业的综合竞争力。有效推进中医药持续发展，加快中医药的标准化和国际化建设，提升中医药国际服务能力和服务水平。大力推进广东省高等院校"双一流"建设工程，提升高校学科和专业的国际影响力与国际服务能力。进一步推进广东省文化、健康、家政等生活服务业发展水平。

（二）壮大市场主体实力

1. 打造服务贸易领军企业。

重点扶持运输、电信和互联网等服务领域，培育一批占据全球价值链中高端地位的服务贸易领军企业。鼓励和支持领军企业积极开展全球服务市场布局和拓展，带动服务、技术和标准"走出去"，打响"广东服务"品牌。支持领军企业开展跨国投资合作，通过新设、并购和合作等方式，积极加快境外服务中心建设，开拓新领域、新业务、新市场。

2. 做强服务贸易骨干企业。

聚焦旅游、会展、加工服务和服务外包等领域，培育一批具有行业影响力的服务贸易骨干企业。鼓励骨干企业紧跟国际技术和商务前沿，创新服务技术、服务业态和服务模式，迈向全球价值链中高端。支持骨干企业开展跨地区、跨行业合作，通过融合区域和行业产业链、产品链和价值链，提升服务核心竞争力。

3. 发展服务贸易特色企业。

选准信息技术、专业服务、文化创意、中医药等服务行业和细分领域，积极培育国际化程度高、具有独特竞争优势的中小型服务贸易企业发展。鼓励创新型、创业型中小微服务企业发展，支持企业走"专、精、新、特"发展道路。重点推进广州南沙、深圳前海、珠海横琴自贸园区的现代服务业集聚发展，支持中小型企业与领军企业和骨干企业开展协作，形成有竞争力的服务贸易企业生态网络。

（三）培育创新发展动能

1. 发挥技术创新驱动引领作用。

互联网、大数据、云计算、5G、人工智能等新一代技术的发展，提升了服务的可贸易性。一方面，要重点支持远程医疗、在线教育等新型服务模式，促进金融与互联网双向深度融合，有效提升服务跨境交付能力，持续扩大基于平台的国际数字服务贸易。另一方面，要大力发展"制造+服务""商务/文化/医疗/留学+旅游"等，推动服务贸易新领域、新业态、新模式发展。同时，大力发展国际供应链管理服务，着力打造国际绿色供应链，提高供应链管理控制能力和业务发展水平，着力增强国际商务服务能力和全球商务运营能力等。

2. 强化制度创新驱动保障作用。

深入推进广州和深圳深化服务贸易创新发展试点工作，在服务贸易管理体制、服务业双向开放、粤港澳服务贸易自由化、服务贸易监管和服务贸易便利化等探索经验，复制推广，解决制约服务贸易发展的制度瓶颈。深入落实《广东省推进粤港澳大湾区建设三年行动计划（2018—2020年）》，为粤港澳大湾区服务贸易自由化发展扫清制度障碍；全面贯彻《中共中央 国务院关于支持深圳建设有中国特色社会主义先行示范区的意见》的指示精神，系统构建与港澳等高标准对接的国际化、法治化和便利化服务贸易营商环境。

（四）拓展国际市场布局

1. 巩固和拓展港澳市场。

深入推进粤港澳服务贸易自由化。进一步落实CEPA协议，加快推进粤港澳大湾区规划纲要实施步伐，提升合作层次和合作水平，使粤港澳服务贸易自由化有广度、有深度、有高度。一方面，加强广东与港澳在金融、保险、法律、教育、研发、知识产权等领域合作；另一方面，深入拓展广东与港澳服务贸易合作新领域新空间，大力支持广东企业与港澳企业、金融机构、商务服务机构等携手开拓国际市场。

2. 深耕欧美等发达国家市场。

持续加强与欧美日韩等发达国家和地区在旅游、运输、保险、信息、技术、知识产权等服务贸易领域合作，着力引进先进技术，开展电信和生物医药等领域的研发合作。持续提升承接欧美日韩等发达国家和地区服务外包业务能力，提高承接知识和技术密集型的高附加值服务外包和提供系统解决方案的能力。积极推动5G、数字、跨境电子商务、中医药和健康养老等新兴服务贸易合作。

3. 开拓"一带一路"沿线市场。

鼓励企业积极参加国家"一带一路"沿线国家和地区基础设施等建设项目，通过基建装备等设备的出口带动相关服务出口。支持广东企业与港澳企业、金融机构、商务服务机构、专业服务人才紧密合作，携手开拓"一带一路"沿线国家和地区服务市场。积极发展与"一带一路"沿线国家和地区中医药与文化服务贸易，扩大中医药、视听、动漫和网络游戏等产品和服务的出口。

支持企业加大对东盟、南亚、北非等"一带一路"沿线国家和地区投资力度。在制造业投资方面，探索和培育"上下游产业链条+专业服务"走出去新模式，带动"广东服务"走出去；在服务业投资方面，提高广东省在租赁和商务、批发和零售、旅游和文化、医疗和保健、仓储和物流、服务外包等领域的商业存在规模，打响"广东服务"品牌。

（五）搭建促进平台体系

1. 完善服务贸易集聚平台。

建立货物贸易和服务贸易协调发展基地，通过延长货物贸易链条和货物贸易转型升级，提高服务增加值在外贸总值中的比重。推动广东自由贸易试验区向贸易自由港转型，加大现代服务业集聚区和服务贸易园区建设力度，促进服务贸易集聚发展。

2. 培育服务贸易展会平台。

充分利用"广交会""高交会""文博会"等展会平台，培育和形成一批专业性强、具有国际影响力的服务贸易品牌展会。加快编制国内国际服务贸易知名展会平台目录，加大服务贸易促进力度，支持企业到国内国外参加服务贸易知名展会。

3. 搭建服务贸易促进平台。

积极支持服务贸易协会和相关促进机构开展形式多样的服务贸易促进活动。筹建广东服务贸易海外促进中心，依托广东驻欧洲、北美、东盟代表处等，加强与国外政府、商会和企业的联系，深入开展国外各区域的服务贸易促进活动。

4. 打造服务贸易交流平台。

大力支持高校或智库举办广东服务贸易发展论坛，邀请国内外政界、商界和学界知名人士探讨服务贸易发展的热点和难点问题，为政府制定服务贸易相关政策提供决策参考。

第四节　广东服务贸易发展的对策建议

一、加强对服务贸易的组织领导

（一）健全服务贸易发展协调推进机制

要把发展服务贸易放在与发展货物贸易同等重要的战略地位，只有这样才能加快推进服务贸易的发展。建立以省政府主要领导为组长，以商务厅为主要牵头部门，发改、工信、财政、税务、科技、文化旅游、医疗卫生、教育等多部门负责人参与的服务贸易领导小组。通过定期召开会议等形式通报相关工作开展情况，充分发挥"多部门齐抓共管"的服务贸易协调推进机制作用，为服务贸易发展提供组织保障。

（二）研究编制服务贸易"十四五"发展规划

"十三五"时期，广东服务贸易取得较好较快发展，为此要加快广东省服务贸易"十四五"规划的编制工作，制定总体和具体发展目标，明确重点发展领域和实现路径，为"十四五"服务贸易的持续高质量发展提供政策保障。

（三）强化规划的考评落实工作

广东省商务部门要加强对服务贸易"十四五"规划的推进和落实工作，强化任务分解和层层落实，有效开展规划落实的督查与评估工作等。进一步完善服务贸易发展评价与考核机制，将加快发展服务贸易作为稳定外贸增长和培育外贸竞争新优势的重要工作内容。

二、完善服务贸易扶持政策措施

（一）发挥财政专项资金带动作用

完善服务贸易促进政策，加大支持力度，优化资金安排结构，充分发挥外经贸发展专项资金效用。完善和创新支持方式，鼓励企业利用国家服务贸易创新发展引导基金拓宽融资渠道，引导更多社会资金支持服务贸易发展。

（二）落实税收优惠政策

按照国家全面实施"营改增"的部署，积极做好"营改增"全面扩围工作；对服务出口实行零税率或免税，并加大相关政策宣传辅导力度，鼓励扩大服务出口。鼓励符合条件的服务贸易企业申报高新技术企业，并享受相应的税收优惠。

（三）加大政策性金融支持力度

对符合条件的重点服务贸易项目，研究制定审批机制，提高审批效率。

扩大出口信用保险覆盖面，完善对服务贸易企业投保出口信用保险的保费补贴政策，明确受补贴企业范围及补贴标准，并适当向小微企业倾斜。支持服务贸易企业通过投保信用保险进行保单融资。

三、引进与培育服务贸易高端人才

（一）加大人才引进与培育力度

创新服务贸易人才培养模式，探索政校（研）企联合人才培养的新机制。推动高校和科研院所加强服务贸易学科和专业建设，开设服务贸易课程，加大服务贸易管理和商务等方面的人才培养力度。完善服务贸易人才"政府引导、机构主导、企业支持"的培训体系建设，开展多层次各行业服务贸易专项培训。支持企业引进海外服务贸易高端人才，为外籍高端人才在粤永久居留和工作提供便利。

（二）加强服务贸易智库建设

建立服务贸易专家库，培养一批具有国际视野的服务贸易领域专家人才队伍，加强对服务贸易理论和实践问题研究，注重发达国家先进经验和成功实践的研究总结与借鉴，强化服务贸易国际规则动态追踪和谈判策略研究。支持省内智库加强与国际知名智库交流合作。成立服务贸易专家咨询委员会，为服务贸易发展提供咨询和智力支持。

四、优化服务贸易营商环境

（一）优化服务贸易法制化环境

加强与港澳地区、发达国家服务业立法、执法和司法部门的交流与合作，加快形成与国际高标准接轨的服务贸易与服务投资规则体系；在服务边境已开放的条件下，规范服务行业标准和政策等，支持深圳积极探索和开展服务贸易事前、事中和事后服务与监管的立法工作，使服务贸易边境内开放与边境外开放同步。

（二）推动服务贸易便利化进程

创新服务贸易海关监管模式，完善符合跨境电子商务业态发展的工作机制，积极参与跨境电子商务国际规则和标准的构建。发挥海关特殊监管区域和保税监管场所政策优势，大力发展国际转口贸易、国际物流、中转服务、研发、维修、国际结算、分销等服务贸易。加强人员流动，为专业人才和专业服务"引进来""走出去"提供便利。

五、提升服务贸易统计水平

（一）完善服务贸易统计体系

建立和完善服务贸易统计、运行和分析体系，健全由国际收支统计和内外向附属机构统计共同构成的广东省服务贸易统计指标体系，加强商务、统计、外汇管理等各部门间数据信息的交流和共享。

（二）发布服务贸易统计数据

依托商务大数据平台，建立广东服务贸易各领域重点企业、骨干企业、特色企业数据库，定期发布服务贸易统计数据和《广东服务贸易发展报告》。

（三）指导服务贸易统计工作

定期开展服务贸易统计指导工作，加大对各地服务贸易数据申报、统计等工作人员的培训力度，完善统计工作规章和流程，确保统计数据完整、真实、有效。

（本章编写者：林吉双）

第二章　广东省服务业开放水平研究

广东省已全面进入服务经济时代，服务业在国民经济中的地位已越来越重要。自2012年起，我国服务业增加值已超过工业增加值，服务业成为我国经济增长的强大动力。2013年开始，广东省服务业增加值已超过工业，到2019年，广东省实现地区生产总值107671.07亿元，其中服务业增加值达59773.38亿元，增长7.5%，服务业占比达52.8%，服务业对GDP增长的贡献率达63.8%[①]。那么，广东省服务业开放水平怎么样呢？从纵向来看，服务业开放水平变动趋势如何？从横向来看，与其他省份比较起来服务业开放是高还是低呢？本章对此问题进行深入研究。

第一节　广东省服务业开放研究意义

在双循环发展格局背景下提升广东省服务业对外开放水平成为重要关注点。2020年5月14日，中共中央政治局常委会会议首次提出要充分发挥我国超大规模市场优势和内需潜力，构建国内国际双循环相互促进的新发展格局。此后，习近平总书记在参加全国两会分组讨论以及7月30日中央政治局会议中再次强调，加快形成以国内大循环为主体、国内国际双循环相互促进的新发展格局。构建基于"双循环"的新发展格局是党中央在国内外环境发生显著变化的大背景下，推动我国开放型经济向更高层次发展的重大战略部署。广东省作为我国对外开放和服务业发展的发达省份，理应在推动服务业对外开放上取得更大突破。

然而现有研究对广东省服务业对外开放的发展和监测仍存在较大局限性。一方面，服务业对外开放评估指标较少且结构单一，现有指标主要有服务业

---

① 资料来源：2020年《广东统计年鉴》。

外商直接投资等指标，未能系统全面反映服务业对外开放的真实状况；另一方面，服务业发展对外开放评估指标缺乏层次性，服务业对外开放不仅应反映服务业对外商的开放情况，还应该反映其对港澳台地区的开放情况，现有服务业对外开放评估指标在对港澳台地区开放上的反映不足。

通过研究服务业对外开放的主要因素，建立可行的服务业对外开放评价指标，并对广东省服务业对外开放年度指数进行测算，以更深刻地掌握广东省服务业对外开放的状况，既是学术研究的需要，也是政府制定针对服务业对外开放政策的需要。通过对服务业对外开放细分指标的深入研究，有助于了解广东省服务业对外开放的优势和薄弱环节所在，并由此结合自身特点，制定科学的服务业对外开放发展政策，推动广东省服务业对外开放大循环的健康发展。

对此，本章基于对全国及广东省服务业对外开放的长期研究，通过收集和整理广东省服务业对外开放相关的翔实统计数据，以经济理论、服务业发展的有关规律为基础，以定量分析方法为依据，通过多指标的筛选与合成构建广东省服务业对外开放水平评价指标以客观、准确地反映广东省服务业对外开放水平状况。

第二节　广东省服务业开放水平指数构建原则

总体来说，广东省服务业开放水平评价指标体系的构建应遵循以下基本原则。

一、科学公正

广东省服务业开放水平指标体系应充分反映广东省服务业对外开放的内涵，准确地理解和把握服务业开放的本质。指标的选择要以经济理论、服务业发展的有关规律为基础，指标权重的确定、计算与合成以定量分析方法为依据。通过多指标的筛选与合成，以较少的综合性指标，客观、准确地反映广东省服务业对外开放水平状况，揭示服务业开放的差异及其原因，为广东省服务业对外开放的发展方向和重点提供支持。

二、实践可行

构建广东省服务业开放水平指标体系的目的在于指导广东省服务业对外

开放的发展实践。因此，构建过程要充分考虑指标的可操作性及指标的可量化，并兼顾数据的时效性、可获得性及可靠性。由于本指标体系的数据主要为统计数据，还应确保数据的统计口径一致，以便进行横向及纵向的对照比较。此外，服务业开放水平指标的计算方法应当科学公正，所得结论能对广东省服务业对外开放的具体实践及政策导向具有明确的指导意义。

三、综合全面

服务业所包含的行业众多、门类庞杂，而其中各个行业之间的差异很大，影响因素众多。广东省服务业开放水平指标体系所选的构成指标应具有代表性，能在尽量大的程度上反映出广东省服务业对外开放的具体内涵。同时，指标体系的构建过程要遵循综合性原则，要尽量用较少指标完成评价任务。合成指标应力求综合反映服务业对外开放的发展情况。

四、层次清晰

广东省服务业开放水平指标体系是一个复杂、多层次的指标体系。评价指标体系的设计应能够反映各层指标间的决定关系。指标体系中的指标都要明确自身内涵并按照层次递进的关系组成层次分明、结构合理、相互关联的整体。同时，指标体系要能够进行纵向和横向比较。横向方面，能够对广东省及其他兄弟省区市服务业开放水平进行比较；纵向方面，能够对同一省份不同时期服务业开放水平进行比较。

第三节 广东省服务业开放水平指数指标体系说明

一、指标体系说明

根据以上原则，本章选取17个指标，分三个层次，对广东省服务业开放水平进行综合评价，以便较为科学、全面、系统地评价广东省服务业对外开放的发展状况。

从服务业对外商开放水平和对港澳台商开放水平两个一级指标出发，对广东省服务业对外开放水平进行综合评价。

服务业对外商开放水平主要包括外商投资企业数、外商投资企业占比、全社会固定资产投资外商投资额、全社会固定资产投资外商投资占比、服务业外商投资实际使用金额、规模以上服务业外商投资企业数、规模以上服务业外商投资企业营业收入、规模以上服务业外商投资企业就业人员平均人数、规模以上服务业外商投资企业利润总额9个三级指标。这9个三级指标分别从三个角度整体反映了服务业对外商开放的水平，其中外商投资企业数、外商投资企业占比两个指标反映的是服务业外商投资主体的开放水平，全社会固定资产投资外商投资额、全社会固定资产投资外商投资占比、服务业外商投资实际使用金额三个指标反映的是服务业外商投资开放水平，规模以上服务业外商投资企业数、规模以上服务业外商投资企业营业收入、规模以上服务业外商投资企业就业人员平均人数、规模以上服务业外商投资企业利润总额四个指标反映的是服务业规模以上外资企业经营情况。

服务业对港澳台商开放水平主要包括港澳台商投资企业数、港澳台商投资企业占比、全社会固定资产投资港澳台商投资额、全社会固定资产投资港澳台商投资占比、规模以上服务业港澳台商投资企业数、规模以上服务业港澳台商投资企业营业收入、规模以上服务业港澳台商投资企业就业人员平均人数、规模以上服务业港澳台商投资企业利润总额等8个三级指标。这8个三级指标分别从三个角度整体反映了服务业对港澳台商开放的水平，其中港澳台商投资企业数、港澳台商投资企业占比两个指标反映的是服务业港澳台商投资主体的开放水平；全社会固定资产投资港澳台商投资额、全社会固定资产投资港澳台商投资占比两个指标反映的是服务业港澳台商投资开放水平；规模以上服务业港澳台商投资企业数、规模以上服务业港澳台商投资企业营业收入、规模以上服务业港澳台商投资企业就业人员平均人数、规模以上服务业港澳台商投资企业利润总额反映的是服务业规模以上港澳台商企业经营情况。

从图2-1可以看到，本指标体系的第一个层次可分为广东省服务业对外商和对港澳台商开放水平两个一级指标。每个一级指标包含有现行统计制度下存在且能够反映该领域主要特征的合计17个三级指标，分别从企业投资主体、投资规模、规模以上企业经营情况三个角度共同构成了广东省服务业对外开放水平评价指标体系。具体指标见表2-1。

```
综合指标:        对外开放
                   │
            ┌──────┴──────┐
一级指标:   对外商开放水平   对港澳台商开放水平
            │              │
二级指标: ┌──┼──┐       ┌──┼──┐
      外商 外商 规模以上  港澳台 港澳台 规模以上港
      投资 投资 外资经营  商投资 商投资 澳台商经营
      主体 金额           主体   金额
```

三级指标：外商投资企业数 | 外商投资企业占比 | 全社会固定资产外商投资 | 全社会固定资产外商投资占比 | 服务业外商投资实际使用金额 | 规模以上服务业外商投资企业数 | 规模以上服务业外商投资企业营业收入 | 规模以上服务业外商投资企业就业人员平均人数 | 规模以上服务业外商投资企业利润总额 | 港澳台商投资企业数 | 港澳台商投资企业占比 | 全社会固定资产投资港澳台商投资 | 全社会固定资产投资港澳台商投资占比 | 规模以上服务业港澳台商投资企业数 | 规模以上服务业港澳台商投资企业营业收入 | 规模以上服务业港澳台商投资企业就业人员平均人数 | 规模以上服务业港澳台商投资企业利润总额

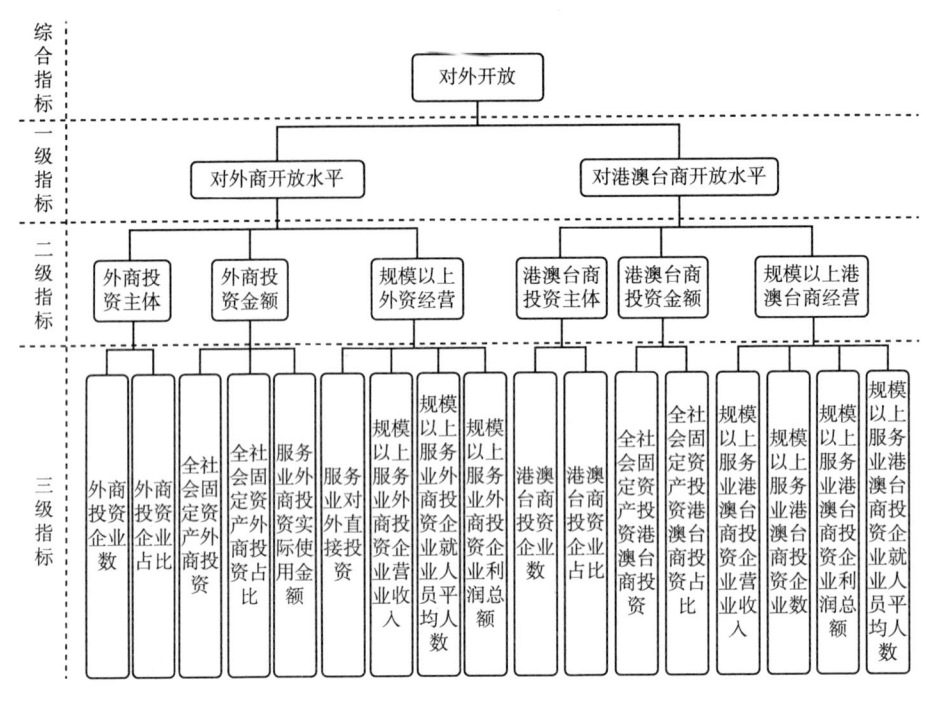

图 2-1 广东省服务业对外开放综合指标体系说明

表 2-1　　　广东省服务业对外开放水平综合评价指标

一级指标	二级指标	三级指标	指标说明
服务业对外商开放水平	外商投资主体	外商投资企业数	第三产业按登记注册类型分组外商投资企业法人单位数
		外商投资企业占比	第三产业按登记注册类型分组外商投资企业法人单位占比
	外商投资金额	全社会固定资产投资外商投资额	第三产业全社会固定资产外商投资额
		全社会固定资产投资外商投资占比	第三产业全社会固定资产外商投资额占比
		服务业外商投资实际使用金额	服务业外商投资实际使用金额
	规模以上外商经营水平	规模以上服务业外商投资企业数	规模以上服务业外商投资企业数
		规模以上服务业外商投资企业营业收入	规模以上服务业外商投资企业营业收入总额
		规模以上服务业外商投资企业就业人员平均人数	规模以上服务业外商投资企业就业人员平均总人数
		规模以上服务业外商投资企业利润总额	规模以上服务业外商投资企业利润总额

续表

一级指标	二级指标	三级指标	指标说明
服务业对港澳台商开放水平	港澳台商投资主体	港澳台商投资企业数	第三产业按登记注册类型分组港澳台商投资企业法人单位数
		港澳台商投资企业占比	第三产业按登记注册类型分组港澳台商投资企业法人单位占比
	港澳台商投资金额	全社会固定资产投资港澳台商投资额	第三产业全社会固定资产港澳台商投资额
		全社会固定资产投资港澳台商投资占比	第三产业全社会固定资产港澳台商投资额占比
	规模以上港澳台商经营水平	规模以上服务业港澳台商投资企业数	规模以上服务业港澳台商投资企业数
		规模以上服务业港澳台商投资企业营业收入	规模以上服务业港澳台商投资企业营业收入总额
		规模以上服务业港澳台商投资企业就业人员平均人数	规模以上服务业港澳台商投资企业就业人员平均总人数
		规模以上服务业港澳台商投资企业利润总额	规模以上服务业港澳台商投资企业利润总额

二、数据及计算说明

本章所需数据主要来自 2013~2019 年《中国第三产业统计年鉴》以及《广东统计年鉴》。由于部分年份的全社会固定资产投资额仅给出增长率而未给出实际规模，本章研究根据基期的数据结合增长率计算得到规模值。

本章采用综合评价法构建广东省服务业开放水平指数，具体过程为：

（1）对三级指标进行标准化处理，将各指标 2012 年的数值设置为基期 100，其余年份则根据与 2012 年基期数据进行比较后测算得出。计算公式为：

$$Y_{it} = \frac{X_{it}}{X_{i0}} \times 100$$

其中，Y_{it} 为第 i 个指标在第 t 期的标准分指数，X_{it} 为第 i 个指标在第 t 期的统计指标值，X_{i0} 为第 i 个指标在第 0 期即基期的统计指标值，此处所选择的基期为 2012 年。

（2）根据标准化处理后的指标数据，采用平均权重法将其分别从投资主体、投资规模以及规模以上企业经营情况三个角度合成得到的 6 个二级指标。

(3) 根据合成得到的二级指标数据，通过主观权重法设置权重，将其最后合成为一个可以评估广东省服务业开放水平的综合变量。

综合指数法的最终结果是以各标准分指数值乘以各指标权重后得出，权重的选择对综合指数法结果可能带来较大影响。一般而言，权重的赋予方法主要有两大类：其一是主观权重法，即根据研究情况，采用专家咨询法（Delphi法）或主观权重法为各指标赋予一定的权重；其二是客观权重法，可根据主成分分析法或平均权重法等数学或统计学方法对各指标赋予客观的权重。这里采用平均权重法赋予权重。

本章采用主观权重法对服务业对外开放水平两大一级指标赋予权重，即服务业对外商开放以及对港澳台商开放两大一级指标分别被赋予权重0.6和0.4，即服务业开放水平指数的计算公式为：

$$服务业开放水平指数 = 对外商开放水平指数 \times 0.6 + 对港澳台商开放水平指数 \times 0.4$$

服务业对外商及对港澳台商开放水平分别都对应三个细分的二级指标，即外商投资主体、外商投资规模、规模以上外商企业经营以及港澳台商企业投资主体、港澳台商投资规模、规模以上港澳台商企业经营二级指标，本章对这6个二级指标按照平均权重法赋予权重，即各二级指标合成服务业开放水平指数的计算公式为：

$$服务业开放水平指数 = 外商投资主体 \times 0.2 + 外商投资规模 \times 0.2 + 规模以上外商企业经营 \times 0.2 + 港澳台商企业投资主体 \times 0.1333 + 港澳台商投资规模 \times 0.1333 + 规模以上港澳台商企业经营 \times 0.1333$$

类似地，各三级指标的权重也按照平均权重法赋予，服务业对外开放水平指标的一、二、三级指标权重如表2-2所示。

表2-2　　　　　　广东省服务业对外开放水平指标权重

一级指标	一级指标权重	二级指标	二级指标权重	三级指标	三级指标权重
服务业对外商开放水平	0.6	外商投资主体	0.2	外商投资企业数	0.1
				外商投资企业占比	0.1
		外商投资金额	0.2	全社会固定资产外商投资额	0.0667
				全社会固定资产外商投资占比	0.0667
				服务业外商投资实际使用金额	0.0667

续表

一级指标	一级指标权重	二级指标	二级指标权重	三级指标	三级指标权重
服务业对外商开放水平	0.6	规模以上外商经营水平	0.2	规模以上服务业外商投资企业数	0.05
				规模以上服务业外商投资企业营业收入	0.05
				规模以上服务业外商投资企业就业人员平均人数	0.05
				规模以上服务业外商投资企业利润总额	0.05
服务业对港澳台商开放水平	0.4	港澳台商投资主体	0.1333	港澳台商投资企业数	0.0667
				港澳台商投资企业占比	0.0667
		港澳台商投资金额	0.1333	全社会固定资产港澳台商投资额	0.0667
				全社会固定资产港澳台商投资占比	0.0667
		规模以上港澳台商经营水平	0.1333	规模以上服务业港澳台商投资企业数	0.0333
				规模以上服务业港澳台商投资企业营业收入	0.0333
				规模以上服务业港澳台商投资企业就业人员平均人数	0.0333
				规模以上服务业港澳台商投资企业利润总额	0.0333

第四节 广东省服务业开放水平综合指数与解读

一、服务业对外水平不断上升，对港澳台商的开放贡献率最大

根据综合指数法计算得到2012~2018年广东省服务业的开放水平综合指数见表2-3。

根据2012~2018年广东省服务业开放水平综合指数如图2-2所示。

表2-3　　　　2012~2018年广东省服务业开放水平综合指数

年份	服务业开放水平	对外商开放水平	对港澳台商开放水平
2012	100.0	100.0	100.0
2013	104.0	103.2	105.2
2014	106.7	103.4	111.6
2015	109.6	107.4	112.9
2016	116.9	112.3	123.7
2017	122.9	119.9	127.4
2018	134.8	118.4	159.4

资料来源：根据历年《广东统计年鉴》数据计算后得出。

图2-2　2012~2018年广东省服务业开放水平综合指数

2012~2018年，广东省服务业开放程度稳步提升，服务业开放水平综合指数从100持续到134.8，增长34.8%。其中广东省服务业对外商开放水平从2012年的100上升到2017年的最高值119.9，而后到2018年略下降到118.4。广东省服务业对港澳台商的开放水平从2012年的100持续上升到2018年的159.4，尤其是2018年，服务业对港澳台商开放水平综合指数从2017年的127.4迅速上升到159.4。这表明，2017年前，在对外商和对港澳台商的开放水平不断上升的带动下，广东省服务业对外开放水平不断提升。而2018年广东省服务业对外开放水平则主要是在对港澳台商的开放水平提升的带动下而提升的。

通过进一步测算广东省服务业对外商以及对港澳台商开放程度两大一级指标对广东省服务业对外开放水平的贡献率可以看到，服务业对港澳台商开放的贡献率达63.8%，带动服务业对外开放水平上升23.8，而服务业对外商开放的贡献率为36.2%,带动服务业对外开放水平上升11.0。这表明,2012~2018年,广东省服务业对外开放水平主要是在对港澳台商开放的带动下提升的。

二、服务业外商占比下降,规模以上服务业外商投资企业利润率稳步提升

进一步分析广东省2012~2018年服务业对外商开放水平的各二级指标的变动情况,结果见表2-4。

表2-4　　　　2012~2018年广东省服务业对外商开放水平

年份	外商投资企业主体	外商固定资产投资	规模以上外商投资企业运营	对外商开放水平
2012	100.0	100.0	100.0	100.0
2013	86.8	109.2	113.6	103.2
2014	89.3	115.8	105.2	103.4
2015	88.2	121.2	112.8	107.4
2016	88.0	122.0	127.0	112.3
2017	102.0	122.3	135.3	119.9
2018	96.6	122.1	136.4	118.4

资料来源:根据历年《广东统计年鉴》数据计算后得出。

2012~2018年广东省服务业对外商开放水平指数如图2-3所示。

图2-3　2012~2018年广东省服务业对外商开放水平指数

从表 2-4 及表 2-3 可以看出，2012~2018 年，广东省服务业对外商开放水平总体上呈上升趋势，但外商投资企业主体指数总体上均低于对外商开放水平指数，甚至除 2017 年以外均低于 100 即均低于 2012 年的水平。通过分析广东省服务业对外商开放各指标的原始值可以看出，广东省服务业外商投资主体数从 2012 年的 6845 上升到 2018 年的 10527，上升 53.8%，然而服务业外商投资企业占比则从 2012 年的 1.25% 不断下降到 2018 年的 0.49%。这表明，尽管从总量上来看，广东省服务业外商投资企业数不断上升，但与其他登记注册类型尤其是私营服务业企业主体的大爆发相比，广东省服务业外商投资企业主体活力更弱，因此，其在服务业外商投资企业主体数的占比不断下降，从而拖累服务业外商投资企业主体开放水平的提升。

类似地，从表 2-5 可以看出，尽管全社会固定资产外商投资的总金额在不断提升，从 2012 年的 441.2 亿元不断提升到 2018 年的 710.4 亿元，但全社会固定资产外商投资占比却从 2012 年的 3.57% 不断下降到 2018 年的 2.46%。这表明与全社会固定资产外商投资的活力相比内资更弱（见表 2-5）。

表 2-5　　2012~2018 年广东省服务业对外商开放三级指标值

指标	2012 年	2013 年	2014 年	2015 年	2016 年	2017 年	2018 年
外商投资企业数（个）	6845	6035	6831	7071	7359	9502	10527
外商投资企业占比（%）	1.25	1.07	0.98	0.91	0.86	0.82	0.49
全社会固定资产外商投资金额（亿元）	441.20	506.20	549.34	547.67	551.02	618.40	710.42
全社会固定资产外商投资占比（%）	3.57	3.36	3.13	2.78	2.53	2.45	2.46
服务业外商投资实际使用金额（亿元）	94.7	112.6	128.0	153.0	160.9	149.6	129.3
规模以上服务业外商投资企业数（个）	549	616	641	634	664	696	687
规模以上服务业外商投资企业营业收入（亿元）	1250.57	1005.95	911.20	936.90	1022.81	1115.87	1152.40
规模以上服务业外商投资企业利润总额（亿元）	147.17	238.09	187.84	223.58	279.81	311.93	320.60
规模以上服务业外商投资企业就业人员平均人数（万人）	16.45	16.42	17.02	17.92	18.95	18.63	18.18

资料来源：根据历年《广东统计年鉴》数据计算后得出。

对比规模以上服务业外商投资企业营业收入及利润总额可以看出，2012年广东省服务业规模以上服务业外商投资企业营业收入1250.57亿元，而后略有起伏下降到2018年的1152.40亿元。而规模以上服务业外商投资企业利润总额则从147.17亿元上升到2018年的320.60亿元，2012~2018年广东省规模以上服务业外商投资企业利润率从11.8%不断上升到2018年的27.8%。这表明广东省规模以上服务业外商投资企业的经营状况良好。

三、服务业港澳台商企业主体及投资乏力，规模以上服务业港澳台商企业发展良好

表2-6为广东省2012~2018年服务业对港澳台商开放水平的各二级指标的变动情况。

表2-6　　　　2012~2018年广东省服务业对港澳台商开放水平

年份	港澳台商投资企业主体	港澳台商固定资产投资	规模以上港澳台商企业运营	对港澳台商开放水平
2012	100.0	100.0	100.0	100.0
2013	102.7	97.6	115.2	105.2
2014	105.1	100.7	129.1	111.6
2015	104.6	109.6	124.4	112.9
2016	104.1	123.3	143.6	123.7
2017	117.1	103.9	161.3	127.4
2018	224.4	86.6	167.3	159.4

资料来源：根据历年《广东统计年鉴》数据计算后得出。

2012~2018年广东省服务业对港澳台商开放水平指数如图2-4所示。

对比广东省服务业对港澳台商开放水平指数各二级指标的变动情况可以看出，2012~2018年，广东省服务业对港澳台商开放主要依靠规模以上港澳台商的运营水平指数拉动，港澳台商投资企业主体数量指标除2018年突然大幅提升而远高于港澳台商开放指数以外，2012~2017年几乎没有增长，因此也远低于港澳台商开放指数。2012~2018年广东省服务业全社会固定资产港澳台商投资的指标也保持相对稳定，到2018年甚至比2012年略有下降。这

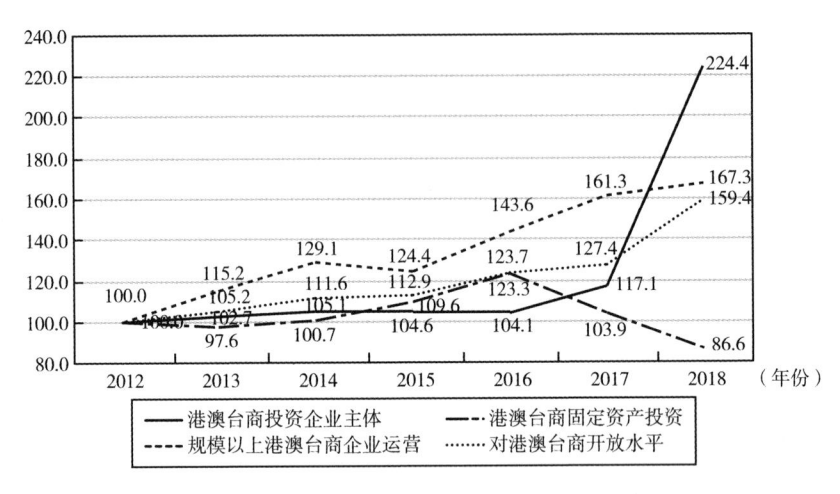

图2-4 2012~2018年广东省服务业对港澳台商开放水平指数

表明，2012~2018年广东省服务业港澳台商企业主体及固定资产投资增长乏力。2012~2018年广东省规模以上服务业港澳台商投资企业指数从100稳定上升到167.3，带动服务业对港澳台商开放指数从100上升到159.4（见表2-6、表2-7）。

表2-7　　2012~2018年广东省服务业对港澳台商开放三级指标值

指标	2012年	2013年	2014年	2015年	2016年	2017年	2018年
港澳台商投资企业数（个）	11163	11647	13110	13678	14207	17779	39881
港澳台商投资企业占比（%）	2.04	2.06	1.89	1.77	1.65	1.53	1.87
全社会固定资产港澳台商投资（亿元）	909.30	975.85	1074.94	1225.91	1429.98	1269.10	1104.12
全社会固定资产港澳台商投资占比（%）	7.36	6.47	6.12	6.22	6.57	5.03	3.82
规模以上服务业港澳台商投资企业数（个）	821	932	981	979	1063	1185	1181
规模以上服务业港澳台商投资企业营业收入（亿元）	1292.87	1424.75	1664.56	1620.84	1894.72	2221.70	2512.00

续表

指标	2012年	2013年	2014年	2015年	2016年	2017年	2018年
规模以上服务业港澳台商投资企业利润总额（亿元）	363.06	451.55	523.88	508.64	638.08	754.96	763.00
规模以上服务业港澳台商投资企业就业人员平均人数（万人）	21.37	24.06	26.44	24.15	26.20	25.88	25.80

资料来源：根据历年《广东统计年鉴》数据计算后得出。

据表2-7中相关数据来分析广东省服务业对港澳台商开放的三级指标原始值，可以看出，2012~2017年广东省服务业港澳台商投资企业数从11163个增长到17779个，而港澳台商投资企业占比则从2.04%不断下降到1.53%。到2018年，广东省服务业港澳台商投资企业数突然上升到39881个，这可能是因为粤港澳大湾区战略提出后的政策利好有利于港澳台资服务业在广东发展，从而带来了服务业开放水平的提升。

2012~2018年广东省服务业全社会固定资产港澳台商投资额度从909.30亿元略有上升到2018年的1104.12亿元，而其占服务业全社会固定资产投资的比重则从7.36%显著下降到3.82%，这表明，与其他登记注册类型的企业相比，港澳台商投资服务业的投资增长乏力。

2012~2018年广东省规模以上服务业港澳台商投资企业的营业收入从1292.87亿元显著增长到2512.00亿元，利润总额则从363.06亿元显著增长到763.00亿元，其利润率均保持在30%左右的稳定水平。这表明2012~2018年广东省规模以上服务业港澳台商投资企业的经营绩效保持在稳定较好的水平。

第五节 粤鲁苏浙沪的服务业开放水平对比研究

一、粤鲁苏浙沪服务业开放水平指数测算

本章选取山东、江苏、浙江和上海四个国内服务业发展水平较高的省市，对比研究广东省服务业对外开放的情况，以从横向上更准确地把握广东省服务业对外开放的特点及问题所在。

由于各省区市与广东省所公布的服务业相关统计数据存在较大差异，广东省公布的部分服务业开放相关指标，山东、江苏、浙江和上海这四个省市仅部分公布或者都未公布。对此，本章在进行粤鲁苏浙沪的服务业开放水平对比中选取的指标共计8个，仍然分为三个层次，分别测算五个省市的服务业开放水平。

其中，粤鲁苏浙沪服务业对外开放水平仍然分为对外商开放水平和对港澳台商开放水平两个一级指标。粤鲁苏浙沪服务业对外商开放水平主要包括外商控股企业数、外商控股企业占比、全社会固定资产投资外商投资额、全社会固定资产投资外商投资占比四个三级指标，其中外商控股企业数、外商控股企业占比反映了服务业外商主体开放水平，全社会固定资产投资外商投资额、全社会固定资产投资外商投资占比反映了服务业外商投资开放水平。

粤鲁苏浙沪服务业对港澳台商开放水平主要包括港澳台商控股企业数、港澳台商控股企业占比、全社会固定资产投资港澳台商投资额、全社会固定资产投资港澳台商投资占比四个三级指标，其中港澳台商控股企业数、港澳台商控股企业占比反映了服务业港澳台商主体开放水平，全社会固定资产投资港澳台商投资额、全社会固定资产投资港澳台商投资占比反映了服务业港澳台商投资开放水平。

因此，粤鲁苏浙沪服务业对外开放水平指数的第一个层次分为粤鲁苏浙沪服务业对外商和对港澳台商开放水平两个一级指标。每个一级指标包含有现行统计制度下存在且能够反映该领域主要特征的合计8个三级指标，分别从企业投资主体、投资规模的角度共同构成了粤鲁苏浙沪服务业对外开放水平评价指标体系。具体指标见表2-8。

表2-8　　　粤鲁苏浙沪服务业对外开放水平综合评价指标

一级指标	二级指标	三级指标	指标说明
服务业对外商开放水平	外商投资主体	外商控股企业数	第三产业按登记注册类型分组外商控股企业法人单位数
		外商控股企业占比	第三产业按登记注册类型分组外商控股企业法人单位占比
	外商投资金额	全社会固定资产外商投资额	第三产业全社会固定资产外商投资额
		全社会固定资产外商投资占比	第三产业全社会固定资产外商投资额占比

续表

一级指标	二级指标	三级指标	指标说明
服务业对港澳台商开放水平	港澳台商投资主体	港澳台商控股企业数	第三产业按登记注册类型分组港澳台商控股企业法人单位数
		港澳台商控股企业占比	第三产业按登记注册类型分组港澳台商控股企业法人单位占比
	港澳台商投资金额	全社会固定资产港澳台商投资额	第三产业全社会固定资产港澳台商投资额
		全社会固定资产港澳台商投资占比	第三产业全社会固定资产港澳台商投资额占比

本节所需数据主要来自历年的《中国第三产业统计年鉴》以及各省市统计年鉴。由于2018年的全社会固定资产投资额仅给出增长率而未给出实际规模，本节根据2017年的数据结合增长率计算得到规模值。

本节仍采用综合评价法构建粤鲁苏浙沪服务业开放水平指数，具体的测算方法与广东省服务业开放水平指数类似。所不同的是，此处对三级指标进行标准化处理，将各指标在广东省2009年的数值设置为基期100，其余省区市及年份则根据与2009年基期数据进行比较后测算得出，因此其具体大小反映的是该指标与2009年广东省开放水平的相对高低。本节对四个二级指标按照平均权重法赋予权重，而两个一级指标则仍沿用前面广东省服务业开放水平指数的主观权重法赋予权重，即粤鲁苏浙沪服务业开放水平指数的一级指标计算公式为：

粤鲁苏浙沪服务业开放水平指数 = 粤鲁苏浙沪对外商开放水平指数 × 0.6 + 粤鲁苏浙沪对港澳台商开放水平指数 × 0.4

二、粤鲁苏浙沪的服务业开放水平对比分析

（一）广东和上海服务业开放水平远高于其他省区市

根据综合指数法计算得到2009~2018年粤鲁苏浙沪服务业开放水平综合指数见表2-9。

表2-9　　2009~2018年粤鲁苏浙沪服务业开放水平综合指数

年份	广东	江苏	山东	浙江	上海
2009	100.0	56.0	28.9	43.2	143.0
2010	105.4	59.1	30.6	47.3	167.9
2011	102.8	66.4	30.8	49.8	182.5
2012	115.0	71.9	31.9	59.3	197.3
2013	111.2	79.8	32.7	59.7	158.6
2014	116.3	84.7	34.6	65.6	188.8
2015	117.3	79.0	30.8	63.1	189.6
2016	120.5	75.3	38.2	57.6	184.1
2017	126.2	78.8	46.4	57.5	168.2
2018	156.2	73.7	34.1	54.0	143.6

资料来源：根据历年《中国第三产业统计年鉴》数据计算后得出。

根据表2-9得到的2009~2018年粤鲁苏浙沪服务业开放水平综合指数如图2-5所示。

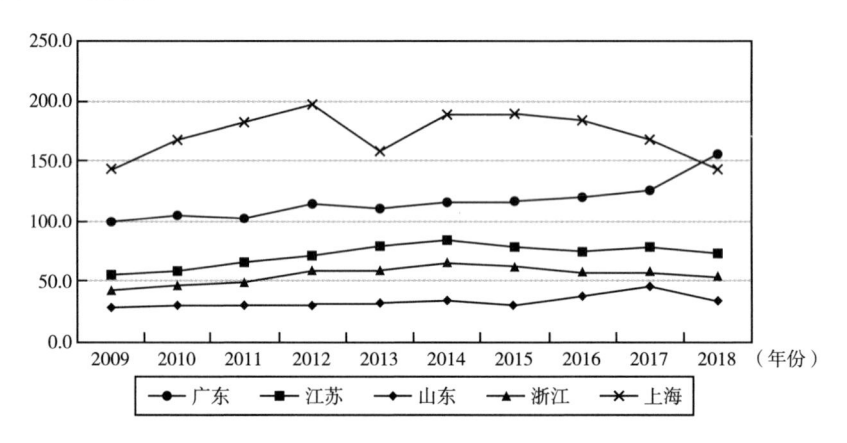

图2-5　2009~2018年粤鲁苏浙沪服务业开放水平综合指数对比

从表2-9中数据及图2-5的2009~2018年粤鲁苏浙沪服务业开放水平综合指数趋势可以得到以下结论。

广东省服务业开放水平综合指数稳定上升。除2012年外，广东省服务业开放水平综合指数均呈现上升趋势，其值从2012年的100上升到2018年的156.2，增长56.2%。

上海市服务业开放水平综合指数呈现一定起伏。上海市服务业开放水平综合指数从 2009 年的 143.0 上升到 2012 年的 197.3,达到最高值,而后在 2013 年下降到 158.6,其后虽然在 2014 年和 2015 年上升到 188.8 和 189.6,但其后仍有下降的趋势,到 2018 年则下降到 143.6 的低点。可以看出,2009~2017 年上海市的服务业开放水平均高于广东省,而 2018 年,广东省的服务业开放水平已超越上海市,在本节进行比较的五省区市中居于第一位。

江苏、山东和浙江的服务业开放水平综合指数均低于广东省和上海市。2009~2018 年,江苏、山东和浙江的服务业开放水平均呈现一定程度的波动,但总体上仍远落后于广东省和上海市,江苏省的服务业开放水平在 2014 年达到最高值 84.7,但仍远落后于广东省 2009 年基期的 100。

除广东省外,其余省区市近年来服务业开放水平均出现一定程度的下降。如江苏省服务业开放水平综合指数从 2017 年的 78.8 下降到 2018 年的 73.7,山东省则从 46.4 下降到 34.1,浙江省从 57.5 下降到 54.0,而上海市则从 168.2 下降到 143.6。广东省服务业开放水平从 2017 年的 126.2 迅速上升到 156.2。这可能与粤港澳大湾区发展中由港澳台商投资的企业迅速增加从而带来的开放效应有关。

(二) 上海服务业对外商开放水平远高于广东

2009~2018 年粤鲁苏浙沪服务业对外商开放指数见表 2-10。

表 2-10　　　　2009~2018 年粤鲁苏浙沪服务业对外商开放指数

年份	广东	江苏	山东	浙江	上海
2009	100.0	68.8	35.7	50.9	194.5
2010	101.8	70.2	36.9	56.9	227.0
2011	107.7	78.1	34.8	59.2	246.2
2012	114.4	82.7	36.4	70.2	266.8
2013	108.4	93.7	36.6	64.6	211.3
2014	113.4	96.7	40.5	72.5	241.7
2015	110.5	89.8	35.6	70.0	235.5
2016	109.5	80.2	45.6	54.6	225.5
2017	122.8	82.6	60.2	63.6	202.6
2018	130.9	72.5	39.8	61.0	170.5

资料来源:根据历年《中国第三产业统计年鉴》数据计算后得出。

根据表2-10得到的2009~2018年粤鲁苏浙沪服务业对外商开放指数如图2-6所示。

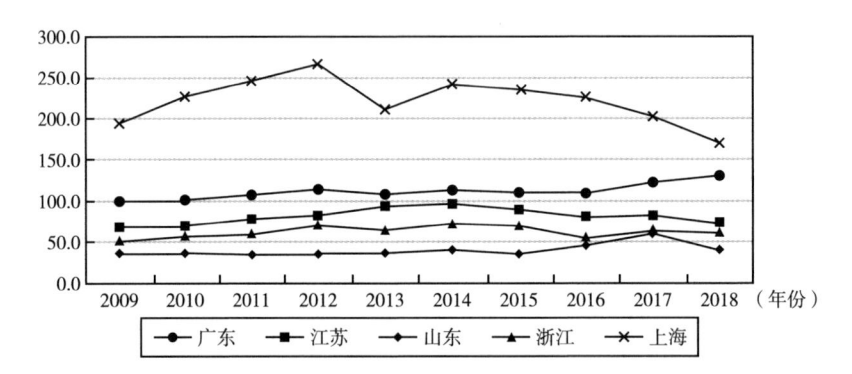

图2-6　2009~2018年粤鲁苏浙沪服务业对外商开放水平对比

由表2-10及图2-6可以得到：（1）广东省服务业对外商开放程度均远低于上海市。2009~2018年，广东省服务业对外商开放指数呈现小幅波动的特点，到2018年小幅上升到130.9，达到最大值，而上海市服务业对外商开放指数波动较大，其在2012年达到顶峰的266.8，其后不断下降直至2018年的170.5，仍远高于广东省的最高水平。这表明上海市服务业国际化程度远高于广东省。（2）广东省服务业对外商开放程度高于江苏、山东和浙江。2009~2018年，广东省的服务业对外商开放程度居五省区市的第二位，高于第三位的江苏省，浙江省和山东省则位居最后两位。

进一步分析2009~2018年粤鲁苏浙沪服务业外商控股法人指数，结果如图2-7所示。

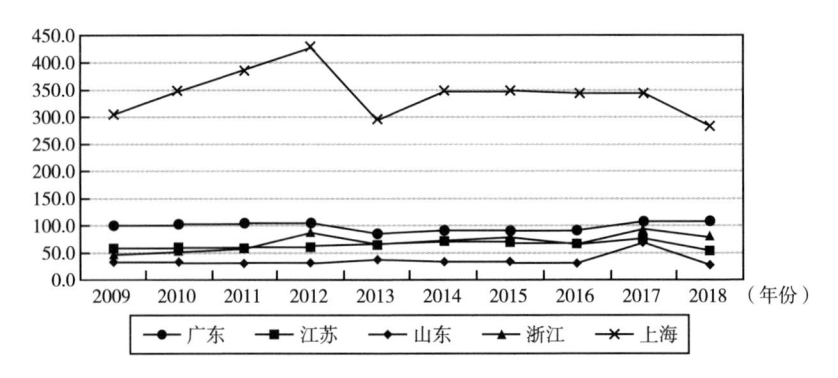

图2-7　2009~2018年粤鲁苏浙沪服务业外商控股法人单位指数对比

经深入对比2009~2018年粤鲁苏浙沪服务业外商控股法人单位数及其占比可以看出，上海市服务业外商控股法人单位数及占比均远高于广东省。如2018年上海市服务业外商控股法人单位数达12556个，远高于广东省的8287个，上海市服务业外商控股法人单位占比达3.64%，远高于广东省的0.39%。

分析2009~2018年粤鲁苏浙沪服务业固定资产外商投资指数，结果如图2-8所示。

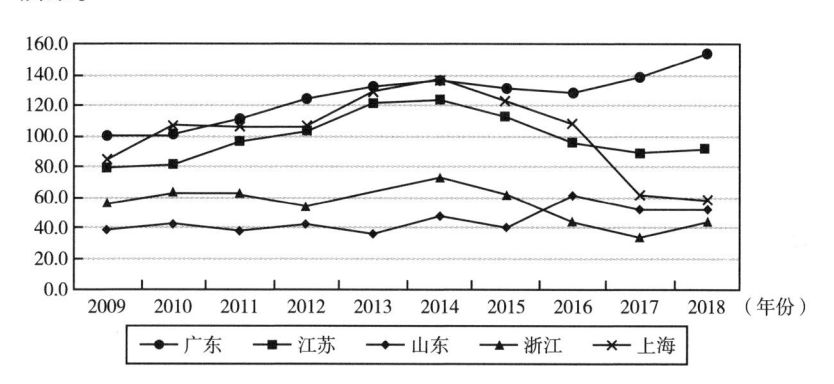

图2-8 2009~2018年粤鲁苏浙沪服务业固定资产外商投资指数对比

可以看出，除2010年和2014年上海市服务业固定资产外商投资指数略高于广东省以外，其余年份广东省的指数均高于上海市。进一步分析第三产业固定资产外商投资额及其占比可以发现，广东省第三产业固定资产外商投资额在五大省区市中最高，2018年达到710.4亿元，远高于2018年江苏省的417.0亿元，更高于上海市的150.3亿元，其比重也在五大省区市中最高。因此，可以看出，广东省服务业外商固定资产投资非常活跃，这在一定程度上也反映了广东省服务业对外商的吸引力。

（三）广东省服务业对港澳台商开放水平最高

进一步分析得出的2009~2018年粤鲁苏浙沪服务业对港澳台商开放指数见表2-11。

表2-11   2009~2018年粤鲁苏浙沪服务业对港澳台商开放指数

年份	广东	江苏	山东	浙江	上海
2009	100.0	36.9	18.7	31.8	65.9
2010	110.8	42.5	21.1	32.8	79.2
2011	95.5	48.8	24.8	35.7	87.0

续表

年份	广东	江苏	山东	浙江	上海
2012	116.0	55.8	25.3	42.6	93.0
2013	115.3	58.9	26.9	52.4	79.6
2014	120.6	66.6	25.8	55.2	109.6
2015	127.4	62.9	23.5	52.7	120.8
2016	137.0	68.1	26.9	62.0	122.0
2017	131.3	73.1	25.6	48.5	116.5
2018	194.2	75.5	25.4	43.4	103.4

资料来源：根据历年《中国第三产业统计年鉴》数据计算后得出。

根据表2-11得到的2009~2018年粤鲁苏浙沪服务业对港澳台商开放指数如图2-9所示。

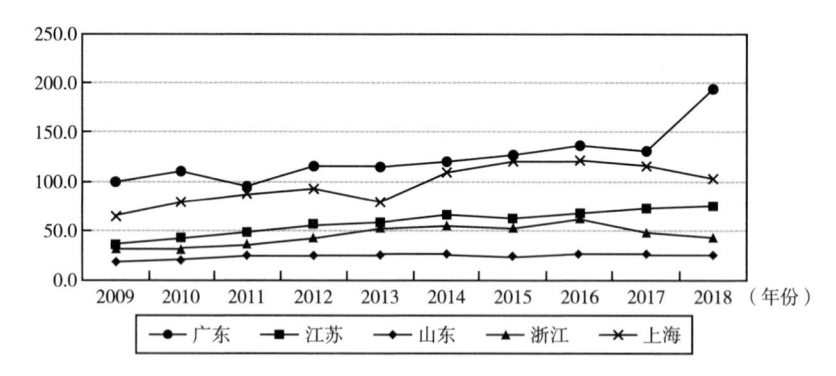

图2-9　2009~2018年粤鲁苏浙沪服务业对港澳台商开放水平对比

因此，可以发现，广东省服务业对港澳台商开放程度最高。2009~2018年，广东省服务业对港澳台商开放指数总体上呈现上升趋势，其指数从2009年的100不断上升到2018年的194.2。其余的上海、江苏、浙江及山东的服务业对港澳台商开放指数均落后于广东省。

对比粤鲁苏浙沪五省区市服务业对港澳台商控股法人单位数和固定资产港澳台商投资额度可以看出，广东省服务业对港澳台商的开放程度均显著优于其他省区市。

（本章编写者：刘恩初）

第三章　广东城市服务业竞争力排名研究

作为中国改革开放的排头兵与先行者，广东服务经济发展走在全国前列，为顺应产业结构升级、经济结构战略性调整的发展趋势，广东已将提升服务业发展水平视为调整区域产业结构、优化区域投资环境、强化地区功能的重要动力和主要手段，先后出台了一系列政策纲要，为广东服务业发展打下了良好基础与雏形框架。随着服务业在广东社会经济中的地位越来越重要，政府机构和经济学者乃至企业研究者对及时、科学和公正的服务经济发展评估与趋势研判的需求日趋强烈，因为只有联结过去与将来，才能厘清市场、制度演化等背后的内在规律，才能不断完善政府在服务业发展过程中的引领作用。

为深入贯彻落实"加快发展现代服务业，瞄准国际标准提高水平""十九大"精神，紧紧围绕"建设服务业强国"的战略目标，着力提升城市服务业"核心竞争力"，本章依托服务业发展的内在规律，通过搜集和整理全国各地市服务业相关的翔实统计数据，建立科学的城市服务业竞争力评价体系，发布中国以及广东各城市服务业竞争力排名，客观衡量广东各城市服务业竞争力状况，揭示广东各城市服务业发展的差异及其原因，最终提出加快广东城市服务业发展的具体路径与政策建议。

第一节　城市服务业竞争力综合评价指标体系

一、城市服务业竞争力评价指标

（一）指标体系说明

考虑到尽可能从各个方面、各个环节反映服务业活动的全部过程，包括服务业发展的规模、质量、环境、条件等因素的现状和未来趋势，本章选取70个指标，分三个层次，对中国各个城市的服务业竞争力进行综合评价，以期从全面角度和战略高度把握各城市服务业竞争力的整体现状和未来潜力，进而研判广东各城市服务业发展水平在全国的地位。

为了从不同角度刻画影响各个城市服务业竞争力的因素，本章依托服务业发展水平、发展活力、发展条件和发展环境四个一级指标对各个城市服务业竞争力进行综合评价，具体指标见表3-1。

表3-1　　　　　　中国城市服务业竞争力综合评价指标

一级指标	二级指标	三级指标	指标说明
发展水平	总量水平	服务业增加值	各城市服务业增加值
		服务业从业人员数	各城市服务业从业人员数
	比重水平	服务业增加值占比	各城市服务业增加值/各城市GDP
		服务业从业人员数占比	各城市服务业从业人员数/总就业人数
	生产率水平	人均服务产品占有量	各城市服务业增加值/常住人口数
		服务密度	各城市服务业增加值/建成区面积
		服务业劳动生产率	各城市服务业增加值/就业人员数
发展活力	规模活力	服务业增加值增加额	各城市服务业增加值（2018-2017）
		服务业从业人员数增加额	各城市服务业从业人员数（2018-2017）
		人均服务产品占有量增加额	各城市人均服务产品占有量（2018-2017）
		服务密度增加额	各城市服务密度（2018-2017）
	比重活力	服务业增加值增加比	各城市服务业增加值（2018/2017-1）
		服务业从业人员数增加比	各城市服务业从业人员数（2018/2017-1）
		人均服务产品占有量比	各城市人均服务产品占有量（2018/2017-1）
		服务密度增加额增加比	各城市服务密度（2018/2017-1）
	生产率活力	劳动生产率增加额	各城市服务业劳动生产率（2018-2017）
		劳动生产率增加比	各城市服务业劳动生产率（2018/2017-1）
	投资活力	固定资产投资增加额	各城市固定资产投资（2018-2017）
		实际利用外商投资增加额	各城市实际利用外商投资（2018-2017）
		固定资产投资增加比	各城市固定资产投资（2018/2017-1）
	消费活力	社会消费品零售总额增加额	各城市社会消费品零售总额（2018-2017）
		社会消费品零售总额增加比	各城市社会消费品零售总额（2018/2017-1）

续表

一级指标	二级指标	三级指标	指标说明
发展活力	金融活力	年末金融机构人民币各项存款余额增加额	各城市年末金融机构人民币各项存款余额（2018－2017）
		年末金融机构人民币各项存款余额增加比	各城市年末金融机构人民币各项存款余额（2018/2017－1）
发展条件	产业条件	GDP	各城市 GDP
		第二产业增加值	各城市第二产业增加值
		规模以上工业企业数	各城市规模以上工业企业数
		非采矿业占比	1－各城市采矿业从业人员数/总就业人数
		社会消费品零售总额	各城市社会消费品零售总额
		年末金融机构人民币各项存款余额	各城市年末金融机构人民币存款余额
	投资条件	固定资产投资总额	各城市固定资产投资总额
		当年实际利用外商投资	各城市当年实际利用外商投资总额
		人均固定资产投资总额	各城市固定资产投资总额/常住人口数
	人口条件	常住人口	各城市年末户籍人口数
		人均 GDP	各城市人均 GDP
		职工平均工资	各城市职工平均工资
		人均社会消费品零售总额	各城市社会消费品零售总额/常住人口数
		人均年末金融机构人民币各项存款余额	各城市年末金融机构人民币各项存款余额/常住人口数
		建成区人口密度	各城市常住人口数/建成区面积
发展环境	教育环境	人均科技经费支出	各城市科技经费支出/常住人口数
		人均教育经费支出	各城市教育经费支出/常住人口数
		生均小学教师数	各城市小学教师数/小学学生数
		生均中学教师数	各城市中学教师数/普通中学学生数
		每万人在校大学生数	各城市每万人在校大学生数
		每万人在校中等职业学生数	各城市每万人在校中等职业学生数
	交通环境	人均客运总量	各城市客运总量/常住人口数
		人均货运总量	各城市货运总量/常住人口数
		人均城市道路面积	市辖区城市道路面积（平方米）/常住人口数
		每万人拥有公共汽电车	市辖区每万人拥有公共汽电车

续表

一级指标	二级指标	三级指标	指标说明
发展环境	交通环境	人均全年公共汽（电）车客运总量	市辖区人均全年公共汽（电）车客运总量（万人次）
		城市道路面积密度	市辖区单位面积城市道路面积（平方米）/建成区面积
	通信环境	人均邮政业务总量	各城市邮政业务总量/常住人口数
		人均电信业务总量	各城市电信业务总量/常住人口数
		移动电话年末用户数	各城市移动电话年末用户数/常住人口数
		互联网宽带接入用户数	各城市互联网宽带接入用户数/常住人口数
	公共服务环境	公共服务密度	各城市公共服务从业人员/建成区面积
		公共服务从业人员占比	各城市公共服务从业人员占比
		每百人公共图书馆藏书	各城市每百人公共图书馆藏书/常住人口数
		每万人拥有病床数	各城市每万人拥有病床数/常住人口数
		每万人拥有医生数	各城市每万人拥有医生数/常住人口数
	生活环境	一般工业固体废物综合利用率	各城市一般工业固体废物综合利用率
		污水处理厂集中处理率	各城市污水处理厂集中处理率
		生活垃圾无害化处理率	各城市生活垃圾无害化处理率
		建成区绿化覆盖率	市辖区建成区绿化覆盖率
		人均绿地面积	市辖区绿地面积/常住人口数
		建成区供水管道密度	市辖区供水管道长度（公里）/建成区面积
		建成区排水管道密度	市辖区排水管道长度（公里）/建成区面积
	社会保障环境	城镇职工基本养老保险参保人数	各城市城镇职工基本养老保险参保人数/常住人口数
		城镇基本医疗保险参保人数	各城市城镇基本医疗保险参保人数/常住人口数
		失业保险参保人数	各城市失业保险参保人数/常住人口数

（二）数据说明

本章的研究对象为中国地级以上城市的服务业竞争力，所需指标的数据主要来源于《中国城市统计年鉴2019》《中国城市统计年鉴2018》。需要说明的是：(1) 由于统计口径不一致等问题，未包括香港特别行政区、澳门特别行政区和台湾地区的城市。(2) 针对数据缺失或者存在明显统计错误的情况，根据各省区市统计年鉴、国民经济与社会发展统计公报、统计局网站等官方口径数据进行补充和修正。若仍旧难以解决，则利用相邻年份的数据进行近似。(3) 由于海南省三沙市、儋州市，贵州省遵义市，西藏自治区的统计数据严重不足，为避免影响研究结果的稳健性，本章将上述城市从研究样本中剔除。经过上述数据搜集与处理，本章最终得到2018年中国289个地级以上城市的70个服务业指标的相关数据。

二、城市服务业竞争力计算方法

本章采用主成分分析法与专家打分法相结合的方式构建中国各个城市服务业竞争力综合评价指数。具体过程如下。

（1）根据三级指标数据，利用主成分分析法合成为二级指标。
（2）根据合成得到的二级指标数据，利用主成分分析法合成一级指标。
（3）根据合成得到的一级指标数据，通过专家打分法设置权重，最终合成城市服务业竞争力的综合分值。

$$竞争力指数 = 发展水平指数 \times 0.3018 + 发展活力指数 \times 0.2583 \\ + 发展条件指数 \times 0.2395 + 发展环境指数 \times 0.2005$$

为便于直观比较，本章对最后的竞争力综合分值进行标准化等处理，将全国范围内城市服务业竞争力最高值设为100分，全国城市平均水平设为50分。

第二节 中国城市服务业竞争力2018年报告

一、中国城市服务业竞争力2018年度排名

中国城市服务业竞争力2018年度排名见表3-2。

表 3-2　　　　　中国城市服务业竞争力 2018 年度排名

排名	竞争力指数		发展水平		发展活力		发展条件		发展环境	
1	北京	100.0	北京	100.0	北京	100.0	北京	100.0	深圳	100.0
2	上海	94.2	上海	90.6	上海	90.3	上海	99.6	东莞	83.0
3	深圳	89.5	深圳	78.3	成都	76.7	深圳	93.6	广州	76.9
4	广州	79.3	广州	77.9	深圳	74.0	广州	81.3	北京	76.2
5	苏州	71.9	苏州	70.5	武汉	69.4	重庆	80.2	珠海	76.2
6	成都	71.7	成都	67.6	广州	67.5	苏州	79.1	克拉玛依	73.7
7	武汉	70.9	无锡	66.8	长沙	64.8	天津	77.6	上海	72.4
8	杭州	70.5	天津	66.7	南京	64.5	武汉	76.9	乌鲁木齐	72.2
9	南京	68.3	杭州	66.3	太原	64.3	杭州	76.1	厦门	71.4
10	重庆	67.8	佛山	64.5	合肥	63.0	成都	73.4	杭州	68.1
11	长沙	67.3	武汉	62.8	福州	60.6	长沙	72.6	太原	66.6
12	天津	66.4	重庆	62.8	铜仁	60.4	宁波	72.3	南京	66.1
13	佛山	65.5	南京	62.8	杭州	59.9	南京	71.8	嘉峪关	66.0
14	青岛	65.2	长沙	62.3	重庆	59.5	青岛	71.5	中山	64.9
15	无锡	65.1	常州	61.6	青岛	59.4	佛山	69.4	佛山	64.7
16	东莞	64.9	廊坊	61.6	石家庄	58.4	无锡	69.0	苏州	64.4
17	宁波	64.5	南通	61.6	保定	57.6	郑州	68.1	武汉	64.2
18	郑州	63.5	青岛	61.0	郑州	57.2	东莞	66.5	舟山	64.1
19	福州	60.9	宁波	59.5	苏州	57.1	西安	65.6	郑州	64.0
20	济南	60.8	金华	59.1	泉州	57.0	福州	64.3	贵阳	63.0
21	西安	60.8	泰州	58.7	西安	56.5	合肥	64.0	海口	62.9
22	合肥	60.4	扬州	58.3	宁波	56.4	济南	63.5	济南	61.9
23	厦门	60.3	郑州	58.1	济南	55.3	南通	63.4	沈阳	61.6
24	南通	60.1	漳州	58.0	温州	55.2	嘉兴	62.8	无锡	61.3
25	珠海	59.6	福州	57.8	芜湖	55.0	烟台	62.2	昆明	61.2
26	嘉兴	58.6	沧州	57.6	晋城	55.0	珠海	62.1	三亚	60.7
27	泉州	57.4	济南	57.6	长治	54.9	厦门	61.9	天津	60.1
28	舟山	57.3	镇江	57.6	朔州	54.7	南昌	61.7	大连	59.9
29	中山	57.2	鄂尔多斯	57.4	新乡	54.6	泉州	60.7	成都	59.7
30	石家庄	57.2	温州	57.4	惠州	54.3	舟山	59.8	呼和浩特	59.5
31	太原	57.0	台州	57.1	六安	54.3	长春	59.8	长沙	59.4

续表

排名	竞争力指数		发展水平		发展活力		发展条件		发展环境	
32	温州	57.0	西安	56.8	南宁	54.0	威海	59.3	本溪	59.4
33	常州	57.0	东莞	56.7	南通	54.0	绍兴	59.1	常州	59.4
34	大连	56.8	泉州	56.4	乌鲁木齐	53.7	扬州	58.9	银川	58.8
35	扬州	56.7	潍坊	56.3	沈阳	53.7	唐山	58.6	宁波	58.7
36	南昌	56.6	哈尔滨	56.3	厦门	53.6	石家庄	58.5	兰州	58.7
37	绍兴	56.6	嘉兴	56.1	阜阳	53.6	温州	58.5	青岛	58.3
38	昆明	56.1	大连	56.1	佛山	53.5	贵阳	58.3	乌海	58.2
39	贵阳	56.1	绍兴	56.1	马鞍山	53.5	常州	58.3	威海	57.7
40	烟台	55.7	常德	56.0	南昌	53.5	昆明	58.2	包头	57.5
41	沈阳	55.7	徐州	55.8	宜昌	53.4	哈尔滨	58.1	西安	57.0
42	金华	55.5	盐城	55.7	嘉兴	53.4	东营	57.8	南昌	56.7
43	哈尔滨	55.5	岳阳	55.2	阳泉	53.4	大连	57.7	东营	56.2
44	泰州	55.5	中山	55.0	台州	53.4	淄博	57.4	合肥	56.1
45	威海	55.5	石家庄	55.0	襄阳	53.2	鄂尔多斯	57.1	鄂尔多斯	56.0
46	台州	55.3	松原	54.9	东莞	53.1	中山	57.0	嘉兴	55.7
47	乌鲁木齐	55.2	呼和浩特	54.7	忻州	53.1	泰州	56.9	南宁	55.6
48	潍坊	54.9	丽水	54.5	大同	52.9	潍坊	56.6	湖州	55.6
49	鄂尔多斯	54.8	三明	54.4	龙岩	52.9	芜湖	56.2	绍兴	55.4
50	唐山	54.7	朔州	54.3	洛阳	52.8	徐州	56.1	镇江	54.6
51	长春	54.4	张家界	54.2	兰州	52.8	惠州	56.1	长春	54.6
52	东营	54.3	包头	54.1	榆林	52.7	包头	55.7	惠州	54.4
53	徐州	54.3	合肥	54.1	滁州	52.6	洛阳	55.4	淄博	54.4
54	湖州	54.3	厦门	53.9	莆田	52.6	金华	55.3	盘锦	54.0
55	南宁	54.0	沈阳	53.7	唐山	52.5	湖州	55.2	福州	54.0
56	包头	54.0	威海	53.7	临沂	52.5	台州	55.1	西宁	53.6
57	漳州	53.7	衡阳	53.5	晋中	52.4	盐城	54.8	金华	53.4
58	芜湖	53.7	洛阳	53.3	湖州	52.2	马鞍山	54.6	石家庄	53.4
59	惠州	53.7	舟山	53.3	内江	52.2	沈阳	54.6	白山	53.3
60	洛阳	53.7	泰安	53.1	吕梁	52.1	南宁	54.4	烟台	53.3
61	淄博	53.6	烟台	52.9	常德	52.1	襄阳	54.1	秦皇岛	53.2
62	盐城	53.3	湖州	52.6	江门	51.9	三亚	54.0	哈密	53.2
63	三亚	53.3	乌鲁木齐	52.6	漳州	51.8	宝鸡	53.8	哈尔滨	52.9

续表

排名	竞争力指数		发展水平		发展活力		发展条件		发展环境	
64	兰州	53.1	太原	52.5	沧州	51.8	柳州	53.7	黄山	52.8
65	呼和浩特	53.0	淄博	52.5	柳州	51.7	克拉玛依	53.6	大庆	52.8
66	廊坊	52.9	昆明	52.4	徐州	51.7	三明	53.5	石嘴山	52.7
67	马鞍山	52.5	唐山	52.3	孝感	51.7	镇江	53.3	莱芜	52.3
68	沧州	52.5	珠海	52.2	咸宁	51.7	宜昌	53.2	南通	52.1
69	镇江	52.4	榆林	52.2	鄂州	51.6	漳州	53.1	铜陵	52.1
70	三明	52.3	怀化	52.2	南平	51.5	株洲	52.8	铜川	52.0
71	龙岩	52.1	宿迁	52.1	中山	51.4	临沂	52.6	江门	51.9
72	常德	51.9	东营	52.0	扬州	51.4	龙岩	52.5	辽阳	51.8
73	株洲	51.8	淮安	52.0	荆门	51.4	廊坊	52.1	台州	51.8
74	湘潭	51.7	临沂	52.0	无锡	51.3	淮安	52.1	芜湖	51.7
75	宜昌	51.7	郴州	51.9	铜陵	51.2	湘潭	52.1	温州	51.7
76	临沂	51.6	海口	51.8	贵阳	51.2	海口	51.8	丽江	51.5
77	淮安	51.3	长春	51.8	昆明	51.2	呼和浩特	51.6	呼伦贝尔	51.5
78	克拉玛依	51.3	湘潭	51.7	渭南	51.1	太原	51.6	新余	51.4
79	襄阳	51.2	南宁	51.6	亳州	51.0	兰州	51.5	吐鲁番	51.4
80	嘉峪关	51.2	龙岩	51.6	荆州	51.0	九江	51.2	湘潭	51.4
81	岳阳	51.1	陇南	51.4	蚌埠	51.0	德州	51.1	宜昌	51.3
82	海口	51.0	茂名	51.4	运城	50.9	江门	50.9	扬州	51.3
83	柳州	51.0	兰州	51.4	菏泽	50.9	嘉峪关	50.9	酒泉	51.1
84	丽水	50.7	济宁	51.2	邢台	50.7	沧州	50.9	攀枝花	51.0
85	江门	50.7	宁德	51.2	十堰	50.7	新余	50.9	株洲	51.0
86	银川	50.6	永州	51.1	湘潭	50.7	铜陵	50.9	马鞍山	50.9
87	济宁	50.3	株洲	51.1	娄底	50.7	莆田	50.9	衢州	50.8
88	西宁	50.3	南平	51.1	桂林	50.6	济宁	50.9	潍坊	50.8
89	泰安	50.2	贵阳	51.1	株洲	50.6	银川	50.5	大同	50.7
90	榆林	50.1	湛江	51.1	潍坊	50.6	鄂州	50.5	鹤岗	50.6
91	衢州	50.1	吉林	50.9	宝鸡	50.6	西宁	50.1	泰安	50.6
92	莆田	50.1	安阳	50.8	大连	50.5	泰安	50.1	龙岩	50.5
93	保定	50.0	滨州	50.7	周口	50.4	日照	50.0	柳州	50.5
94	南平	49.9	三亚	50.5	九江	50.4	衢州	49.9	吉林	50.5
95	铜陵	49.8	南昌	50.5	赣州	50.4	岳阳	49.9	唐山	50.4

续表

排名	竞争力指数		发展水平		发展活力		发展条件		发展环境	
96	宝鸡	49.7	衢州	50.4	绍兴	50.4	南平	49.8	鞍山	50.2
97	新乡	49.7	娄底	50.2	宿州	50.4	许昌	49.7	营口	50.1
98	日照	49.5	聊城	50.2	黄山	50.4	新乡	49.7	泰州	50.1
99	衡阳	49.5	玉溪	50.2	嘉峪关	50.3	乌鲁木齐	49.7	抚顺	50.0
100	新余	49.5	平顶山	50.1	赤峰	50.2	宣城	49.6	绵阳	50.0
101	郴州	49.4	通辽	50.1	郴州	50.2	蚌埠	49.5	伊春	49.8
102	德州	49.3	芜湖	50.1	衡阳	50.2	滨州	49.4	重庆	49.7
103	九江	49.3	益阳	50.0	锦州	50.1	常德	49.4	北海	49.7
104	鄂州	49.1	新余	49.9	德阳	50.1	邯郸	49.3	鄂州	49.7
105	秦皇岛	49.1	德州	49.7	绵阳	50.1	吉林	49.2	十堰	49.6
106	滨州	49.0	肇庆	49.6	淮安	50.0	郴州	49.2	滨州	49.6
107	黄山	48.8	马鞍山	49.6	三明	50.0	榆林	49.1	淮北	49.6
108	玉溪	48.8	日照	49.6	岳阳	50.0	荆门	49.1	洛阳	49.6
109	吉林	48.8	黄冈	49.6	舟山	50.0	聊城	49.1	金昌	49.5
110	宣城	48.7	河源	49.6	宜春	49.9	保定	49.0	晋城	49.5
111	桂林	48.7	牡丹江	49.5	秦皇岛	49.9	三门峡	49.0	阜新	49.5
112	荆门	48.7	阳江	49.5	永州	49.8	南阳	49.0	肇庆	49.2
113	德阳	48.6	西宁	49.4	汉中	49.8	滁州	49.0	枣庄	49.2
114	朔州	48.6	德阳	49.4	安康	49.8	攀枝花	49.0	锦州	49.2
115	蚌埠	48.6	周口	49.4	济宁	49.8	连云港	48.9	景德镇	49.2
116	邯郸	48.5	吉安	49.3	崇左	49.8	焦作	48.8	玉溪	49.2
117	聊城	48.5	邵阳	49.3	湛江	49.8	丽水	48.7	雅安	49.2
118	松原	48.4	南阳	49.3	怀化	49.8	黄石	48.4	白银	49.1
119	滁州	48.4	晋城	49.3	泰州	49.7	萍乡	48.4	晋中	49.1
120	三门峡	48.4	六盘水	49.2	贵港	49.7	德阳	48.3	丽水	49.1
121	许昌	48.4	惠州	49.2	钦州	49.7	北海	48.3	辽源	49.0
122	铜仁	48.3	清远	49.1	张家口	49.7	防城港	48.3	淮安	49.0
123	湛江	48.3	邯郸	49.1	宜宾	49.6	桂林	48.2	日照	49.0
124	绵阳	48.2	莆田	49.1	安庆	49.6	赣州	48.0	宣城	49.0
125	肇庆	48.2	玉林	49.1	盘锦	49.6	衡阳	47.9	宝鸡	48.9
126	宁德	48.2	上饶	49.1	金华	49.6	玉溪	47.9	连云港	48.9
127	大庆	48.1	萍乡	49.0	北海	49.5	大庆	47.7	汕头	48.8

续表

排名	竞争力指数		发展水平		发展活力		发展条件		发展环境	
128	萍乡	48.1	乐山	48.9	上饶	49.5	十堰	47.7	泉州	48.8
129	南阳	48.1	桂林	48.9	遂宁	49.5	安庆	47.6	平凉	48.6
130	连云港	47.9	运城	48.9	六盘水	49.5	汕头	47.6	七台河	48.6
131	茂名	47.9	邢台	48.9	黄石	49.5	荆州	47.5	常德	48.5
132	宿迁	47.8	驻马店	48.8	驻马店	49.4	咸宁	47.5	焦作	48.5
133	赣州	47.8	江门	48.8	衡水	49.4	绵阳	47.5	萍乡	48.5
134	永州	47.8	宜春	48.8	丽水	49.4	宁德	47.4	蚌埠	48.5
135	十堰	47.8	临汾	48.7	盐城	49.4	鹰潭	47.4	佳木斯	48.4
136	怀化	47.8	秦皇岛	48.7	衢州	49.4	莱芜	47.4	阳泉	48.4
137	张家界	47.8	保定	48.7	黄冈	49.4	菏泽	47.4	通化	48.4
138	益阳	47.8	宜昌	48.7	邯郸	49.3	黄山	47.3	张掖	48.3
139	北海	47.7	信阳	48.6	南充	49.3	秦皇岛	47.3	韶关	48.3
140	六盘水	47.6	衡水	48.6	日照	49.2	六盘水	47.3	盐城	48.3
141	乌海	47.6	云浮	48.5	梧州	49.2	酒泉	47.1	徐州	48.3
142	黄石	47.6	襄阳	48.4	宁德	49.2	肇庆	47.1	廊坊	48.3
143	攀枝花	47.6	长治	48.4	邵阳	49.1	宜春	47.0	三门峡	48.2
144	盘锦	47.5	宿州	48.4	信阳	49.1	乌海	46.9	咸阳	48.1
145	邢台	47.5	九江	48.4	西宁	49.1	景德镇	46.9	黄石	48.1
146	娄底	47.5	吕梁	48.4	吉安	49.0	孝感	46.9	鹤壁	48.0
147	乐山	47.5	许昌	48.3	益阳	49.0	宜宾	46.9	长治	47.9
148	莱芜	47.5	新乡	48.3	贺州	49.0	泸州	46.9	乐山	47.9
149	宜春	47.5	忻州	48.3	来宾	49.0	渭南	46.8	济宁	47.9
150	安阳	47.4	铜仁	48.2	漯河	49.0	宿迁	46.7	丹东	47.9
151	酒泉	47.4	枣庄	48.1	广元	48.9	牡丹江	46.7	鸡西	47.7
152	焦作	47.4	张家口	48.0	宣城	48.9	吉安	46.7	池州	47.7
153	牡丹江	47.4	银川	48.0	平顶山	48.9	咸阳	46.6	桂林	47.7
154	吉安	47.3	韶关	47.9	达州	48.9	石嘴山	46.5	淮南	47.7
155	荆州	47.3	汕尾	47.9	攀枝花	48.8	张家口	46.5	巴彦淖尔	47.6
156	晋城	47.3	鞍山	47.9	泸州	48.8	湛江	46.5	赤峰	47.6
157	张家口	47.3	三门峡	47.8	哈尔滨	48.8	开封	46.5	滁州	47.5
158	安庆	47.3	大同	47.8	商洛	48.8	上饶	46.5	荆门	47.3
159	渭南	47.3	黄山	47.8	三门峡	48.8	益阳	46.4	广元	47.3

续表

排名	竞争力指数		发展水平		发展活力		发展条件		发展环境	
160	菏泽	47.2	宣城	47.7	随州	48.8	乐山	46.4	漳州	47.3
161	六安	47.2	绥化	47.7	南阳	48.8	漯河	46.4	莆田	47.3
162	池州	47.2	锦州	47.7	茂名	48.8	池州	46.4	襄阳	47.2
163	通辽	47.1	濮阳	47.7	河源	48.8	茂名	46.3	白城	47.2
164	汕头	47.1	赣州	47.7	大庆	48.7	随州	46.3	武威	47.1
165	长治	47.1	承德	47.7	承德	48.7	邢台	46.2	牡丹江	47.1
166	咸宁	47.0	池州	47.7	许昌	48.7	临沧	46.2	三明	47.1
167	衡水	47.0	通化	47.6	商丘	48.7	安阳	46.1	朔州	47.1
168	平顶山	47.0	赤峰	47.6	池州	48.7	盘锦	46.0	宿迁	47.0
169	赤峰	46.9	崇左	47.6	河池	48.7	衡水	45.9	漯河	47.0
170	阳江	46.8	荆门	47.5	张家界	48.6	承德	45.9	德阳	47.0
171	咸阳	46.8	连云港	47.5	辽阳	48.6	枣庄	45.9	德州	46.9
172	上饶	46.8	四平	47.5	延安	48.5	南充	45.9	临沂	46.7
173	锦州	46.8	绵阳	47.5	玉溪	48.5	永州	45.9	眉山	46.7
174	孝感	46.8	曲靖	47.5	濮阳	48.4	汉中	45.8	新乡	46.7
175	承德	46.8	焦作	47.4	临沧	48.4	佳木斯	45.8	安庆	46.6
176	黄冈	46.7	梅州	47.4	金昌	48.4	信阳	45.8	岳阳	46.6
177	河源	46.7	柳州	47.3	莱芜	48.3	通辽	45.7	临汾	46.6
178	景德镇	46.7	酒泉	47.3	营口	48.3	抚州	45.7	通辽	46.6
179	鞍山	46.7	眉山	47.2	三亚	48.3	揭阳	45.7	阳江	46.5
180	鹰潭	46.6	六安	47.2	黑河	48.3	遂宁	45.7	张家口	46.4
181	宿州	46.6	定西	47.2	自贡	48.2	延安	45.5	葫芦岛	46.4
182	枣庄	46.6	菏泽	47.2	临汾	48.2	商丘	45.5	河源	46.4
183	白山	46.6	开封	47.2	防城港	48.2	黄冈	45.5	南平	46.4
184	宜宾	46.6	延安	47.1	阳江	48.2	自贡	45.4	宜宾	46.3
185	韶关	46.6	汉中	46.9	张掖	48.1	濮阳	45.4	承德	46.3
186	清远	46.5	梧州	46.9	珠海	48.1	吴忠	45.4	遂宁	46.2
187	晋中	46.5	渭南	46.9	资阳	48.1	阜阳	45.4	益阳	46.2
188	驻马店	46.5	辽源	46.9	咸阳	48.1	哈密	45.4	中卫	46.1
189	信阳	46.5	揭阳	46.8	潮州	48.0	梧州	45.4	泸州	46.1
190	大同	46.5	河池	46.8	清远	48.0	安康	45.3	九江	46.1
191	周口	46.5	呼伦贝尔	46.8	乐山	48.0	松原	45.3	南充	46.1

续表

排名	竞争力指数		发展水平		发展活力		发展条件		发展环境	
192	汉中	46.5	晋中	46.7	广安	47.9	六安	45.3	梅州	46.1
193	开封	46.4	亳州	46.7	海东	47.9	曲靖	45.3	湛江	46.1
194	邵阳	46.4	鹰潭	46.6	汕尾	47.8	驻马店	45.2	渭南	46.0
195	濮阳	46.4	商丘	46.6	鹤壁	47.8	邵阳	45.2	鹰潭	46.0
196	营口	46.4	广安	46.6	绥化	47.8	娄底	45.2	沧州	45.9
197	石嘴山	46.4	临沧	46.6	石嘴山	47.7	白山	45.2	保定	45.9
198	本溪	46.4	荆州	46.6	肇庆	47.7	齐齐哈尔	45.2	延安	45.9
199	延安	46.3	景德镇	46.5	东营	47.7	眉山	45.1	开封	45.8
200	防城港	46.3	安庆	46.5	聊城	47.7	宿州	45.1	自贡	45.8
201	运城	46.3	潮州	46.5	淮南	47.7	铜川	45.1	铁岭	45.7
202	阜阳	46.1	咸阳	46.5	葫芦岛	47.7	铜仁	45.0	双鸭山	45.7
203	眉山	46.1	阳泉	46.4	德州	47.6	营口	45.0	运城	45.7
204	丽江	46.1	铜陵	46.4	保山	47.6	赤峰	45.0	榆林	45.7
205	遂宁	46.0	蚌埠	46.4	昭通	47.6	崇左	45.0	赣州	45.7
206	临沧	46.0	朝阳	46.3	定西	47.6	海东	45.0	许昌	45.7
207	南充	46.0	大庆	46.3	佳木斯	47.6	鹤壁	44.9	聊城	45.7
208	佳木斯	46.0	安顺	46.3	韶关	47.6	丽江	44.9	濮阳	45.7
209	曲靖	46.0	丹东	46.2	银川	47.5	广安	44.9	怀化	45.6
210	随州	45.9	天水	46.1	汕头	47.5	周口	44.9	邢台	45.6
211	忻州	45.9	汕头	46.1	抚州	47.4	平顶山	44.9	荆州	45.5
212	自贡	45.9	自贡	46.1	淮北	47.4	韶关	44.9	衡水	45.5
213	辽源	45.8	白山	46.1	伊春	47.4	清远	44.8	清远	45.5
214	泸州	45.8	商洛	46.1	眉山	47.4	阳江	44.8	邯郸	45.5
215	梧州	45.8	抚州	46.1	阜新	47.4	保山	44.6	安阳	45.5
216	商丘	45.7	滁州	46.0	巴中	47.3	鞍山	44.6	娄底	45.4
217	抚州	45.7	鄂州	46.0	齐齐哈尔	47.3	怀化	44.6	平顶山	45.4
218	辽阳	45.7	达州	45.9	开封	47.3	潮州	44.6	松原	45.4
219	漯河	45.6	庆阳	45.9	朝阳	47.3	通化	44.5	张家界	45.3
220	亳州	45.6	齐齐哈尔	45.9	庆阳	47.3	安顺	44.5	随州	45.3
221	呼伦贝尔	45.6	营口	45.9	丽江	47.3	白城	44.4	孝感	45.3
222	内江	45.6	张掖	45.9	安阳	47.2	钦州	44.4	曲靖	45.2
223	揭阳	45.6	内江	45.9	曲靖	47.2	辽源	44.3	忻州	45.1

续表

排名	竞争力指数		发展水平		发展活力		发展条件		发展环境	
224	阳泉	45.5	黄石	45.8	鞍山	47.1	玉林	44.3	保山	45.1
225	广安	45.5	十堰	45.7	松原	47.1	金昌	44.2	内江	45.1
226	通化	45.5	资阳	45.7	梅州	47.0	毕节	44.2	抚州	45.0
227	安康	45.5	咸宁	45.7	鹰潭	47.0	商洛	44.1	四平	45.0
228	崇左	45.5	黑河	45.6	烟台	47.0	河源	44.1	固原	45.0
229	张掖	45.4	钦州	45.5	揭阳	46.9	达州	44.1	汉中	45.0
230	临汾	45.4	海东	45.5	七台河	46.8	锦州	43.9	六安	44.9
231	铜川	45.4	北海	45.5	丹东	46.7	广元	43.9	咸宁	44.9
232	齐齐哈尔	45.4	宜宾	45.5	雅安	46.7	亳州	43.9	吴忠	44.9
233	梅州	45.3	普洱	45.5	通辽	46.7	贵港	43.9	衡阳	44.9
234	吕梁	45.3	盘锦	45.3	连云港	46.6	巴彦淖尔	43.8	普洱	44.8
235	钦州	45.2	遂宁	45.3	武威	46.6	辽阳	43.7	齐齐哈尔	44.7
236	淮北	45.2	防城港	45.3	毕节	46.6	淮北	43.7	郴州	44.7
237	潮州	45.2	白城	45.3	萍乡	46.6	贺州	43.7	茂名	44.6
238	云浮	45.1	安康	45.3	威海	46.5	巴中	43.7	永州	44.6
239	雅安	45.1	贵港	45.2	吴忠	46.4	吐鲁番	43.7	宜春	44.5
240	汕尾	45.0	随州	45.2	乌兰察布	46.3	呼伦贝尔	43.6	乌兰察布	44.5
241	广元	45.0	孝感	45.2	牡丹江	46.3	淮南	43.5	吉安	44.5
242	玉林	45.0	本溪	45.2	云浮	46.3	张家界	43.5	菏泽	44.3
243	保山	44.9	雅安	45.2	乌海	46.1	梅州	43.5	六盘水	44.3
244	达州	44.9	贺州	45.2	百色	46.1	雅安	43.4	天水	44.3
245	商洛	44.9	南充	45.2	酒泉	46.0	乌兰察布	43.4	庆阳	44.3
246	淮南	44.8	百色	45.1	呼和浩特	46.0	四平	43.4	广安	44.2
247	鹤壁	44.8	莱芜	45.1	长春	46.0	张掖	43.3	云浮	44.2
248	丹东	44.8	佳木斯	45.0	辽源	46.0	云浮	43.2	朝阳	44.2
249	金昌	44.8	武威	45.0	鹤岗	46.0	百色	43.2	宿州	44.1
250	贺州	44.6	丽江	44.9	白银	45.9	内江	43.2	资阳	44.1
251	绥化	44.6	保山	44.8	抚顺	45.9	黑河	43.2	阜阳	44.0
252	安顺	44.6	来宾	44.8	白山	45.8	晋中	43.1	定西	44.0
253	贵港	44.6	巴彦淖尔	44.8	平凉	45.7	固原	43.1	钦州	43.9
254	四平	44.5	中卫	44.8	淄博	45.6	资阳	43.1	汕尾	43.9
255	白城	44.5	宝鸡	44.8	中卫	45.6	抚顺	43.1	宁德	43.8

续表

排名	竞争力指数		发展水平		发展活力		发展条件		发展环境	
256	资阳	44.5	阜阳	44.7	景德镇	45.6	中卫	43.0	南阳	43.8
257	抚顺	44.5	毕节	44.7	固原	45.5	普洱	42.9	临沧	43.8
258	海东	44.4	固原	44.6	陇南	45.4	运城	42.9	安康	43.7
259	黑河	44.4	淮南	44.5	包头	45.4	本溪	42.9	驻马店	43.6
260	朝阳	44.1	淮北	44.4	安顺	45.4	来宾	42.8	亳州	43.5
261	定西	44.1	乌兰察布	44.4	本溪	45.4	汕尾	42.8	安顺	43.4
262	来宾	44.1	昭通	44.3	天水	45.3	昭通	42.6	揭阳	43.4
263	武威	44.1	乌海	44.3	鸡西	45.3	丹东	42.4	黑河	43.4
264	中卫	44.0	平凉	44.2	泰安	45.3	长治	42.2	防城港	43.4
265	河池	44.0	辽阳	44.2	普洱	45.1	天水	42.2	贺州	43.3
266	吴忠	43.9	铜川	44.1	滨州	44.9	葫芦岛	42.2	绥化	43.3
267	普洱	43.9	广元	44.1	铁岭	44.9	绥化	42.2	商丘	43.2
268	乌兰察布	43.9	攀枝花	43.9	枣庄	44.8	朝阳	42.0	潮州	43.1
269	葫芦岛	43.9	嘉峪关	43.9	焦作	44.8	武威	42.0	信阳	43.0
270	庆阳	43.8	葫芦岛	43.8	宿迁	44.6	河池	41.9	铜仁	43.0
271	天水	43.8	抚顺	43.8	新余	44.4	朔州	41.8	来宾	42.9
272	固原	43.8	铁岭	43.7	铜川	44.2	临汾	41.6	玉林	42.9
273	毕节	43.8	泸州	43.6	呼伦贝尔	44.1	忻州	41.5	吕梁	42.8
274	阜新	43.7	阜新	43.6	双鸭山	43.6	白银	41.5	达州	42.8
275	百色	43.5	白银	43.2	四平	43.6	庆阳	41.5	梧州	42.5
276	白银	43.5	漯河	43.1	通化	43.4	晋城	41.5	邵阳	42.5
277	巴彦淖尔	43.4	石嘴山	43.1	玉林	43.3	吕梁	41.4	黄冈	42.5
278	平凉	43.4	克拉玛依	42.8	白城	43.2	大同	41.2	商洛	42.3
279	哈密	43.1	七台河	42.6	吉林	43.2	定西	41.1	巴中	42.3
280	吐鲁番	43.0	鹤壁	42.5	廊坊	42.6	阜新	40.7	周口	42.0
281	巴中	43.0	双鸭山	42.5	鄂尔多斯	42.6	双鸭山	40.7	上饶	41.8
282	昭通	42.9	鸡西	42.2	天津	41.6	伊春	40.6	贵港	41.7
283	陇南	42.8	金昌	42.1	常州	41.5	平凉	40.6	百色	41.5
284	伊春	42.7	哈密	41.9	克拉玛依	40.5	鸡西	40.6	河池	41.2
285	鸡西	42.5	吐鲁番	41.8	巴彦淖尔	39.4	阳泉	40.6	毕节	41.0

续表

排名	竞争力指数		发展水平		发展活力		发展条件		发展环境	
286	鹤岗	42.2	吴忠	41.7	吐鲁番	39.2	鹤岗	39.6	崇左	40.2
287	七台河	42.1	巴中	41.6	镇江	39.1	铁岭	39.3	海东	40.0
288	铁岭	42.1	鹤岗	40.7	海口	37.2	陇南	39.2	昭通	38.8
289	双鸭山	41.9	伊春	40.4	哈密	34.6	七台河	38.1	陇南	35.3

二、中国城市服务业竞争力总体格局

（一）整体竞争力格局

2018 年中国城市服务业竞争力指数排名前十位的城市依次是北京、上海、深圳、广州、苏州、成都、武汉、杭州、南京、重庆，这些城市集中于省级行政经济中心或者区域经济中心，其中，7 个城市属于东部地区，2 个城市属于西部地区，1 个属于中部地区，东北地区未有任一城市进入全国十强之列。

从区域分布来看，在服务业竞争力 50 强城市中，东部地区城市有 34 个，占比 68.0%，中部地区、西部地区与东北地区城市分别占比 12.0%、14.0%、6.0%。东部地区 87 个城市中，有 57 个城市超过全国平均水平，占比 65.5%；中部地区 80 个城市中，有 15 个城市超过全国平均水平，占比 18.8%；西部地区 88 个城市中，17 个城市超过全国平均水平，占比 19.3%；东北地区 34 个城市中，4 个城市超过全国平均水平，占比 11.8%。服务业竞争力指数排名后 30 位的城市均位于西部地区（21 个）与东北地区（9 个）（见表 3-3）。

表 3-3　　　　　中国城市服务业整体竞争力格局　　　　　单位：个

区域	城市总数	全国服务业竞争力前 50 位城市数	全国服务业竞争力平均水平以上城市数	全国服务业竞争力末 30 位城市数
东部地区	87	34	57	0
中部地区	80	6	15	0
西部地区	88	7	17	21
东北地区	34	3	4	9

(二) 发展水平格局

2018年中国城市服务业发展水平指数排名前十位的城市依次是北京、上海、深圳、广州、苏州、成都、无锡、天津、杭州、佛山,其中,9个城市属于东部地区,1个城市属于西部地区。

从区域分布来看,在服务业发展水平50强城市中,东部地区城市有36个,占比72.0%,中部地区、西部地区、东北地区城市分别占比12.0%、10.0%、6.0%。东部地区87个城市中,有60个城市越过全国平均线,占比69.0%;中部地区80个城市中,有22个城市越过全国平均线,占比27.5%;西部地区88个城市中,有15个城市越过全国平均线,占比17.0%;东北地区34个城市中,有6个城市越过全国平均线,占比17.6%。全国服务业发展水平指数排名后30位的城市都位于中西部地区和东北地区,其中西部地区占到56.7%(见表3-4)。

表3-4　　　　　中国城市服务业发展水平格局　　　　　单位:个

区域	城市总数	全国服务业发展水平前50位城市数	全国服务业发展水平均水平以上城市数	全国服务业发展水平末30位城市数
东部地区	87	36	60	0
中部地区	80	6	22	3
西部地区	88	5	15	17
东北地区	34	3	6	10

(三) 发展活力格局

2018年中国城市服务业发展活力指数排名前十位的城市依次是北京、上海、成都、深圳、武汉、广州、长沙、南京、太原、合肥,其中,5个城市属于东部地区,1个城市属于西部地区,4个城市属于中部地区。

从区域分布来看,在服务业发展活力50强城市中,东部地区城市与西部地区城市数目基本持平,东部地区城市有23个,占比46.0%,中部地区城市有20个,占比40.0%,西部地区、东北地区城市分别占比12.0%、2.0%。东部地区87个城市中,有42个城市超过全国平均水平,占比48.3%;中部地区80个城市中,有45个城市超过全国平均水平,占比56.3%;西部地区88个城市中,有19个城市超过全国平均水平,占比

21.6%；东北地区34个城市中，有4个城市越过全国平均线，占比11.8%。在全国服务业发展水平指数排名后30位的城市中，东部地区与西部地区、东北地区基本持平，中部地区最少（见表3-5）。

表3-5　　　　　中国城市服务业发展活力格局　　　　　单位：个

区域	城市总数	全国服务业发展活力前50位城市数	全国服务业发展活力平均水平以上城市数	全国服务业发展活力末30位城市数
东部地区	87	23	42	9
中部地区	80	20	45	2
西部地区	88	6	19	11
东北地区	34	1	4	8

（四）发展条件格局

2018年中国城市服务业发展条件指数排名前十位的城市依次是北京、上海、深圳、广州、重庆、苏州、天津、武汉、杭州、成都，其中，7个城市属于东部地区，2个城市属于西部地区，1个城市属于中部地区。

从区域分布来看，在服务业发展条件50强城市中，东部地区城市有35个，占比70.0%，远高于中西部地区（均为12%）、东北地区（6.0%）。东部地区87个城市中，有56个城市优于全国平均水平，占比64.4%；中部地区80个城市中，有17个城市优于全国平均水平，占比21.3%；西部地区88个城市中，有16个城市优于全国平均水平，占比18.2%；东北地区34个城市中，有4个城市优于全国平均水平，占比11.8%。在全国服务业发展条件排名后30位的城市中，中部地区、西部地区与东北地区各占30%左右（见表3-6）。

表3-6　　　　　中国城市服务业发展条件格局　　　　　单位：个

区域	城市总数	全国服务业发展条件前50位城市数	全国服务业发展条件平均水平以上城市数	全国服务业发展条件末30位城市数
东部地区	87	35	56	1
中部地区	80	6	17	8
西部地区	88	6	16	10
东北地区	34	3	4	11

(五) 发展环境格局

2018年中国城市服务业发展环境指数排名前十位的城市依次是深圳、东莞、广州、北京、珠海、克拉玛依、上海、乌鲁木齐、厦门、杭州，其中8个城市属于东部地区，2个城市属于西部地区，特别地，东部地区城市中有一半属于广东省，西部地区所有城市属于新疆维吾尔自治区。

从区域分布来看，在服务业发展条件50强城市中，东部地区有27个，占比54.0%，西部地区有14个，占比28.0%，中部地区和东北地区分别占比12.0%、6.0%。东部地区87个城市中，有46个城市优于全国平均水平，占比52.9%；中部地区80个城市中，有15个城市优于全国平均水平，占比18.8%；西部地区88个城市中，有25个城市优于全国平均水平，占比28.4%；东北地区34个城市中，有14个城市优于全国平均水平，占比41.2%。在全国服务业发展环境排名后30位的城市中，西部地区占比最大（60.0%），其次为中部地区（26.7%）、东北地区（6.7%）、东部地区（6.7%）见表3-7。

表3-7　　　　　中国城市服务业发展环境格局　　　　　单位：个

区域	城市总数	全国服务业发展环境前50位城市数	全国服务业发展环境平均水平以上城市数	全国服务业发展环境末30位城市数
东部地区	87	27	46	2
中部地区	80	6	15	8
西部地区	88	14	25	18
东北地区	34	3	14	2

总体上，从整体服务业竞争力来看，东部地区显著高于其他地区，主要以北上广深为代表，中部地区与西部地区基本持平，分别以武汉、成都为代表。其中西部地区城市竞争力两极分化相对严重，居全国平均水平以下的城市较多。东北地区最弱，以大连为代表。从服务业发展水平来看，东部地区＞中部地区＞西部地区＞东北地区。从服务业发展活力来看，中部地区＞东部地区＞西部地区＞东北地区，其中东部地区部分城市服务业发展面临后劲不足的问题。从服务业发展条件来看，东部地区显著高于其他地区，中部地区与西部地区基本持平，东北地区最弱。从服务业发展环境来看，东部地区＞东北地区＞西部地区＞中部地区。

第三节 广东城市服务业竞争力2018年报告

一、广东城市服务业竞争力2018年度排名

广东省城市服务业竞争力2018年度排名见表3-8。

表3-8　　广东省城市服务业竞争力2018年度排名　　　单位：分

排名	竞争力指数		发展水平		发展活力		发展条件		发展环境	
1	深圳	89.5	深圳	78.3	深圳	74.0	深圳	93.6	深圳	100.0
2	广州	79.3	广州	77.9	广州	67.5	广州	81.3	东莞	83.0
3	佛山	65.5	佛山	64.5	惠州	54.3	佛山	69.4	广州	76.9
4	东莞	64.9	东莞	56.7	佛山	53.5	东莞	66.5	珠海	76.2
5	珠海	59.6	中山	55.0	东莞	53.1	珠海	62.1	中山	64.9
6	中山	57.2	珠海	52.2	江门	51.9	中山	57.0	佛山	64.7
7	惠州	53.7	茂名	51.4	中山	51.4	惠州	56.1	惠州	54.4
8	江门	50.7	湛江	51.1	湛江	49.8	江门	50.9	江门	51.9
9	湛江	48.3	肇庆	49.6	茂名	48.8	汕头	47.6	肇庆	49.2
10	肇庆	48.2	河源	49.6	河源	48.8	肇庆	47.1	汕头	48.8
11	茂名	47.9	阳江	49.5	阳江	48.2	湛江	46.5	韶关	48.3
12	汕头	47.1	惠州	49.2	珠海	48.1	茂名	46.3	阳江	46.5
13	阳江	46.8	清远	49.1	潮州	48.0	揭阳	45.7	河源	46.4
14	河源	46.7	江门	48.8	清远	48.0	韶关	44.9	梅州	46.1
15	韶关	46.6	云浮	48.5	汕尾	47.8	清远	44.8	湛江	46.1
16	清远	46.5	韶关	47.9	肇庆	47.7	阳江	44.8	清远	45.5
17	揭阳	45.6	汕尾	47.9	韶关	47.6	潮州	44.6	茂名	44.6
18	梅州	45.3	梅州	47.4	汕头	47.5	河源	44.1	云浮	44.2
19	潮州	45.2	揭阳	46.8	梅州	47.0	梅州	43.5	汕尾	43.9
20	云浮	45.1	潮州	46.5	揭阳	46.9	云浮	43.2	揭阳	43.4
21	汕尾	45.0	汕头	46.1	云浮	46.3	汕尾	42.8	潮州	43.1

二、广东城市服务业竞争力2018年度综述

(一) 广东城市服务业竞争力的总体格局

1. 整体竞争力格局。

2018年广东省服务业竞争力指数排名前9位的依次是深圳、广州、佛山、东莞、珠海、中山、惠州、江门、湛江,其中,8个城市属于珠三角地区,1个城市属于粤西地区,粤东和粤北地区服务业竞争力指数排名第1位的城市分别是汕头、河源,在全省分列第12位、第14位,因此,珠三角地区的服务业竞争力在广东省处于绝对优势地位。

深圳的服务业发展水平、发展活力、发展条件、发展环境四个指标均居全省第1位,特别是发展条件与发展环境指数遥遥领先,大幅度高于其他城市;作为广东省省会城市,广州服务业发展水平指数(77.9分)与深圳基本持平,发展活力、发展条件分别以67.5分、81.3分仅次于深圳,发展环境以76.9分低于深圳和东莞;佛山、东莞两市的服务业竞争力位于广东省第二层级,佛山服务业的竞争优势在于发展水平与发展条件,均居全省第3位,而东莞服务业的竞争优势相对均衡,发展水平与发展条件居全省第4位,发展活力居全省第5位,发展环境居全省第2位。珠海、中山两市的服务业竞争力位于广东省第三层级,珠海服务业的竞争优势在于发展条件与发展环境,分列全省第5位和第4位,但发展活力指数排名靠后;中山服务业的竞争优势在于发展水平与发展环境,均居全省第5位。

珠三角地区中,除肇庆以外,其余八市的服务业竞争力指数均高于全国平均水平(50分),粤东、粤西、粤北各城市服务业竞争力指数均未达到全国平均水平,基本维持在45分左右。揭阳、梅州、潮州、云浮和汕尾的服务业竞争力指数分别以45.6分、45.3分、45.2分、45.1分、45.0分居广东省21个地市最末5位。其中汕尾服务业发展条件与发展环境指数分列全省倒数第1位和倒数第3位,是导致其服务业竞争力较弱的主要原因。

2. 发展水平格局。

2018年广东省服务业发展水平指数排名前9位的依次是深圳、广州、佛山、东莞、中山、珠海、茂名、湛江、肇庆,其中,7个城市属于珠三角地区,2个城市属于粤西地区。粤东、粤北地区服务业发展水平指数排名第1

位的城市分别是汕尾、河源，分列全省第 17 位、第 10 位。

广州服务业在总量水平、比重水平上占据绝对优势居第 1 位，但服务业劳动生产率水平明显低于佛山和深圳，居第 3 位，这也是导致其服务业发展水平指数排在深圳之后的主要原因；深圳服务业在发展规模、比重和发展效率上均居第 2 位，总量水平以 70.3 分同广州基本持平，比重水平为 64.2 分，大幅落后广州，生产率水平为 92.6 分，略低于佛山；佛山服务业发展的竞争优势在于生产率水平，高居全省第 1 位，总量水平居第 4 位，比重水平排名全省最末，综合排名第 3 位。东莞、中山两市的服务业发展情况与佛山类似，总量水平与生产率水平排名相对靠前，但比重水平相对落后（见表 3-9）。

表 3-9　　　　　　广东省城市服务业发展水平格局　　　　　　单位：分

排名	发展水平		总量水平		比重水平		生产率水平	
1	深圳	78.3	广州	73.1	广州	85.5	佛山	98.8
2	广州	77.9	深圳	70.3	深圳	64.2	深圳	92.6
3	佛山	64.5	东莞	53.2	韶关	61.2	广州	76.0
4	东莞	56.7	佛山	53.2	梅州	56.2	中山	70.4
5	中山	55.0	惠州	50.1	河源	55.5	东莞	66.0
6	珠海	52.2	珠海	49.9	阳江	55.4	珠海	58.3
7	茂名	51.4	湛江	49.8	清远	55.0	茂名	56.8
8	湛江	51.1	中山	49.7	肇庆	52.8	湛江	54.8
9	肇庆	49.6	江门	49.6	珠海	51.3	河源	51.8
10	河源	49.6	茂名	49.6	湛江	50.2	阳江	51.4
11	阳江	49.5	汕头	49.3	茂名	49.3	云浮	50.9
12	惠州	49.2	肇庆	49.0	东莞	49.2	肇庆	50.8
13	清远	49.1	清远	48.7	中山	48.4	汕尾	50.6
14	江门	48.8	揭阳	48.6	云浮	48.2	惠州	49.3
15	云浮	48.5	韶关	48.6	潮州	46.0	清远	49.1
16	韶关	47.9	梅州	48.4	江门	45.7	江门	47.8
17	汕尾	47.9	阳江	48.3	汕头	45.6	揭阳	44.4
18	梅州	47.4	河源	48.3	汕尾	42.4	潮州	44.0
19	揭阳	46.8	云浮	48.0	揭阳	42.0	韶关	43.0
20	潮州	46.5	潮州	47.9	惠州	41.3	梅州	42.7
21	汕头	46.1	汕尾	47.9	佛山	39.6	汕头	38.8

珠三角地区中，肇庆、惠州服务业发展水平指数分别为49.6分、49.2分，其余7市均越过全国50分的平均水平线。粤东西北地区中，除茂名、湛江外，其他城市的服务业发展水平指数均低于全国平均水平。汕尾、梅州、揭阳、潮州、汕头的服务业发展水平指数分别以47.9分、47.4分、46.8分、46.5分、46.1分居广东省21个地市最末5位。其中汕头服务业发展水平的短板在于劳动生产率低下。

3. 发展活力格局。

2018年广东省服务业发展活力指数排名前9位的依次是深圳、广州、惠州、佛山、东莞、江门、中山、湛江、茂名，其中，7个城市属于珠三角地区，2个城市属于粤西地区。

深圳、广州两市的服务业发展基础相对庞大，其规模活力与金融活力指数基本持平，分列全省前2位，但其他指数排名靠后，其中比重活力指数分列全省第4位、第9位，生产率活力指数分列全省第20位、第18位，投资活力指数分列全省21位、19位，消费活力指数分列全省第6位、第21位，反映出深圳、广州服务业存量规模扩张速度仍旧较快，但结构水平调整逐步趋缓，而且投资与消费等支撑性条件的发展动能被弱化。除广深二市以外，其余各市服务业的发展活力指数大致相仿，惠州服务业发展活力的竞争优势在于投资活力，而佛山竞争优势相对平均，投资活力、规模活力与金融活力均居全省前4位，江门竞争优势在于比重活力，中山竞争优势在于消费活力（见表3-10）。

表3-10　　　广东省城市服务业发展活力格局　　　单位：分

排名	发展活力		规模活力		比重活力		生产率活力		投资活力		消费活力		金融活力	
1	深圳	74.0	深圳	97.1	江门	52.9	揭阳	51.0	惠州	73.1	中山	63.1	深圳	60.1
2	广州	67.5	广州	89.6	河源	50.7	茂名	50.0	佛山	58.0	东莞	62.7	广州	57.7
3	惠州	54.3	佛山	54.7	汕尾	50.7	湛江	49.9	河源	49.1	江门	58.1	东莞	53.4
4	佛山	53.5	江门	53.9	深圳	50.1	佛山	49.5	阳江	47.1	惠州	56.6	佛山	52.7
5	东莞	53.1	东莞	52.3	湛江	49.9	阳江	49.1	湛江	47.0	湛江	56.5	惠州	51.3
6	江门	51.9	中山	51.6	中山	49.1	云浮	48.6	清远	46.9	深圳	56.2	珠海	50.7
7	中山	51.4	珠海	50.5	揭阳	48.9	肇庆	48.6	潮州	46.6	韶关	53.9	中山	50.4
8	湛江	49.8	惠州	49.7	茂名	48.8	汕尾	48.3	茂名	45.9	茂名	53.5	湛江	49.9
9	茂名	48.8	湛江	48.4	广州	48.6	韶关	48.2	梅州	45.5	汕头	53.4	茂名	49.8
10	河源	48.8	韶关	48.3	潮州	48.6	汕头	48.0	江门	44.8	阳江	53.3	肇庆	49.7

续表

排名	发展活力		规模活力		比重活力		生产率活力		投资活力		消费活力		金融活力	
11	阳江	48.2	清远	48.1	韶关	48.6	河源	47.9	汕尾	44.1	清远	52.8	江门	49.7
12	珠海	48.1	茂名	48.0	云浮	48.4	惠州	47.8	云浮	43.7	潮州	52.7	汕头	49.6
13	潮州	48.0	河源	47.7	佛山	48.3	东莞	47.8	肇庆	43.5	肇庆	52.4	阳江	49.6
14	清远	48.0	肇庆	47.6	珠海	48.3	中山	47.7	汕头	43.0	梅州	52.0	清远	49.5
15	汕尾	47.8	阳江	47.5	东莞	47.6	梅州	47.6	中山	41.6	河源	51.7	汕尾	49.4
16	肇庆	47.7	潮州	47.4	惠州	47.5	潮州	47.4	揭阳	41.1	汕尾	50.9	河源	49.4
17	韶关	47.6	汕头	47.4	肇庆	47.3	清远	46.0	韶关	39.9	揭阳	49.6	揭阳	49.4
18	汕头	47.5	汕尾	47.3	清远	47.0	广州	45.8	东莞	39.8	珠海	49.1	潮州	49.3
19	梅州	47.0	揭阳	46.9	阳江	46.9	珠海	45.4	广州	39.7	云浮	46.4	梅州	49.3
20	揭阳	46.9	云浮	46.7	汕头	46.9	深圳	44.7	珠海	37.2	佛山	43.3	韶关	49.2
21	云浮	46.3	梅州	46.6	梅州	46.7	江门	43.6	深圳	29.8	广州	36.2	云浮	49.2

珠三角地区中，珠海、肇庆服务业发展活力指数分别为48.1分、47.7分，其余7市均越过全国50分的平均水平线。粤东西北地区中，没有一个城市的服务业发展水平指数越过全国平均线。韶关、汕头、梅州、揭阳、云浮的服务业发展活力指数分别以47.6分、47.5分、47.0分、46.9分、46.3分居广东省21个地市最末5位。其中云浮服务业发展活力的短板在于规模扩张较慢及金融活力不足。

4. 发展条件格局。

2018年广东省服务业发展活力指数排名前9位的依次是深圳、广州、佛山、东莞、珠海、中山、惠州、江门、汕头，其中，8个城市属于珠三角地区，1个城市属于粤东地区。粤西、粤北地区服务业发展水平指数排名第1位的城市分别是湛江、韶关，分列全省第11位、第14位。

广深二市服务业发展条件在全省各地市中占据绝对优势地位。无论是产业条件、投资条件还是人口条件，深圳均居全省第1位，特别是人口条件大幅领先于其他城市。广州产业条件与人口条件指数分别以79.5分、78.3分仅次于深圳居全省第2位，投资条件指数以67.6分低于深圳与佛山。佛山、东莞、珠海、中山、惠州服务业发展条件居广东省第二层级，佛山服务业发展条件的竞争优势在于投资条件，东莞的竞争优势在于产业条件与人口条件，珠海竞争优势在于人口条件，中山竞争优势在于产业条件，惠州竞争优势在于投资条件（见表3-11）。

表3-11　　　　　广东省城市服务业发展条件格局　　　　　　　　单位：分

排名	发展条件		产业条件		投资条件		人口条件	
1	深圳	93.6	深圳	85.8	深圳	73.5	深圳	100.0
2	广州	81.3	广州	79.5	佛山	68.6	广州	78.3
3	佛山	69.4	佛山	65.7	广州	67.6	珠海	76.2
4	东莞	66.5	东莞	64.4	珠海	63.0	东莞	71.1
5	珠海	62.1	中山	53.6	惠州	59.5	佛山	67.0
6	中山	57.0	惠州	53.3	东莞	53.6	中山	64.3
7	惠州	56.1	江门	51.8	中山	50.5	惠州	55.6
8	江门	50.9	汕头	51.4	江门	47.8	江门	51.2
9	汕头	47.6	珠海	50.7	汕头	45.8	肇庆	47.1
10	肇庆	47.1	揭阳	50.3	肇庆	44.4	韶关	47.1
11	湛江	46.5	茂名	50.3	湛江	42.2	阳江	46.0
12	茂名	46.3	湛江	50.1	揭阳	42.1	清远	45.9
13	揭阳	45.7	肇庆	48.9	河源	41.3	潮州	45.3
14	韶关	44.9	清远	47.8	茂名	41.1	湛江	44.7
15	清远	44.8	潮州	47.6	阳江	40.0	茂名	44.6
16	阳江	44.8	阳江	47.2	云浮	39.8	云浮	43.4
17	潮州	44.6	梅州	47.2	汕尾	39.6	河源	43.3
18	河源	44.1	韶关	47.2	潮州	39.4	汕头	43.1
19	梅州	43.5	河源	47.2	韶关	39.3	梅州	42.9
20	云浮	43.2	汕尾	46.7	清远	39.3	揭阳	41.9
21	汕尾	42.8	云浮	46.4	梅州	39.2	汕尾	41.6

珠三角地区中，除肇庆以外，其余8市服务业发展条件指数均越过全国50分的平均水平线。粤东西北地区中，只有汕头一个城市的服务业发展水平指数越过全国平均线。潮州、河源、梅州、云浮、汕尾的服务业发展活力指数分别以44.6分、44.1分、43.5分、43.2分、42.9分居广东省21个地市最末5位。其中汕尾服务业发展条件的短板在于产业与人口基础不足。

5. 发展环境格局。

2018年广东省服务业发展环境指数排名前9位的依次是深圳、东莞、广州、珠海、中山、佛山、惠州、江门、肇庆，均属于珠三角城市。粤东、粤西、粤北地区服务业发展水平指数排名第1位的城市分别是汕头、阳江、韶关，分列全省第10位、第12位、第11位。

深圳服务业发展环境指数在全省处于领先地位,各项二级指标指数均居全省第1位,特别是教育环境与社会保障环境优势很大。东莞服务业发展环境在各项指标上表现相对平均,通信环境、公共服务环境、生活环境指数均居全省第2位,教育环境、交通环境、社会保障指数均居全省第4位。除公共服务环境外,珠海在教育环境、交通环境、通信环境、生活环境、社会保障环境指数上均居全省前4位。中山服务业发展环境的竞争优势在于社会保障环境,佛山与惠州服务业发展环境的二级指标分布也相对平均,前者各项指标居全省第5~6位,后者各项指标居全省第7~8位(见表3-12)。

表3-12 广东省城市服务业发展环境格局 单位:分

排名	发展环境		教育环境		交通环境		通信环境		公共服务环境		生活环境		社会保障环境	
1	深圳	100.0	深圳	100.0	深圳	67.7	深圳	100.0	深圳	100.0	深圳	100.0	深圳	100.0
2	东莞	83.0	珠海	79.9	珠海	64.3	东莞	95.5	东莞	96.9	东莞	93.9	中山	68.6
3	广州	76.9	广州	77.0	广州	63.4	珠海	82.3	广州	77.1	广州	92.5	珠海	66.9
4	珠海	76.2	东莞	72.4	东莞	55.5	中山	73.5	中山	69.8	珠海	89.6	东莞	62.8
5	中山	64.9	中山	61.2	中山	53.8	广州	73.3	佛山	67.9	佛山	73.0	佛山	62.2
6	佛山	64.7	佛山	59.6	佛山	53.2	佛山	64.7	珠海	67.3	江门	59.8	广州	62.0
7	惠州	54.4	惠州	52.4	惠州	53.2	肇庆	58.1	惠州	53.2	惠州	58.3	惠州	54.6
8	江门	51.9	河源	49.6	江门	50.8	惠州	56.2	江门	51.0	汕头	57.4	江门	52.6
9	肇庆	49.2	肇庆	49.5	韶关	49.8	揭阳	53.3	韶关	47.1	阳江	55.0	韶关	49.2
10	汕头	48.8	江门	48.6	清远	48.4	韶关	52.8	汕头	46.5	肇庆	54.3	肇庆	49.1
11	韶关	48.3	汕头	47.6	阳江	48.2	江门	52.3	肇庆	44.5	河源	53.8	汕头	49.0
12	阳江	46.5	梅州	47.3	肇庆	47.8	云浮	49.1	阳江	44.4	中山	53.6	清远	48.8
13	河源	46.4	湛江	46.8	汕头	47.6	汕头	49.0	湛江	44.3	清远	52.2	潮州	48.8
14	梅州	46.1	韶关	46.5	湛江	47.4	梅州	48.8	茂名	42.6	梅州	52.1	河源	48.5
15	湛江	46.1	云浮	45.5	河源	47.3	潮州	47.6	潮州	42.5	韶关	50.6	汕尾	48.1
16	清远	45.5	潮州	45.2	潮州	47.0	阳江	47.5	清远	42.0	云浮	48.7	梅州	47.9
17	茂名	44.6	汕尾	44.5	梅州	46.9	清远	46.4	揭阳	41.4	汕尾	47.8	阳江	47.8
18	云浮	44.2	茂名	44.4	云浮	46.9	湛江	46.0	梅州	40.7	湛江	47.6	云浮	47.6
19	汕尾	43.9	清远	44.0	汕尾	46.9	河源	45.6	河源	39.3	茂名	47.1	茂名	47.3
20	揭阳	43.4	阳江	43.8	揭阳	46.2	汕尾	45.5	汕尾	38.9	揭阳	39.2	湛江	47.3
21	潮州	43.1	揭阳	42.9	茂名	46.2	茂名	45.2	云浮	37.8	潮州	30.4	揭阳	47.0

珠三角地区中，除肇庆以外，其余8市服务业发展环境指数均越过全国50分的平均水平线。粤东西北地区中，没有一个城市的服务业发展水平指数越过全国平均线。茂名、云浮、汕尾、揭阳、潮州的服务业发展环境指数分别以44.6分、44.2分、43.9分、43.4分、43.1分居广东省21个地市最末5位。其中潮州服务业发展环境的短板在于生活环境较差。

（二）广东城市服务业发展的横向比较

1. 整体竞争力的比较。

2018年全国服务业竞争力指数进入10强之列的广东省城市有2个，占据全省的9.5%，低于江苏省（15.4%），与浙江省（9.1%）基本持平；全国服务业竞争力指数居于全国平均水平之上的广东省城市有8个，占据全省的38.1%，远低于浙江省（100%）、江苏省（84.6%）、山东省（58.8%）；广东省各地市服务业竞争力指数全国排名为127位，大幅低于浙江省（42位）、江苏省（53位）、山东省（85位）。这些结果表明，尽管深圳、广州两市的服务业发展在各项指标指数上均位居全国前列，但除此之外的其他地市的服务业竞争力较弱，从而造成广东省服务业整体竞争力要弱于江苏、浙江和山东，反映出广东省服务业发展的区域不平衡问题非常突出，多数地市的服务业相对于其他省区市并无明显优势（见表3－13）。

表3－13　　　　　广东省城市服务业竞争力指数横向比较

省份	城市总数（个）	全国服务业竞争力前10位城市数（个）	全国服务业竞争力平均水平以上城市数（个）	全国平均排名（位）
广东	21	2	8	127
江苏	13	2	11	53
浙江	11	1	11	42
山东	17	0	10	85

2. 发展水平的比较。

2018年全国服务业发展水平指数进入10强之列的广东省城市有2个，占据全省的9.5%，低于江苏省（15.4%），与浙江省（9.1%）基本持平；全国服务业发展水平指数居于全国平均水平之上的广东省城市有8个，占据全省的38.1%，远低于浙江省（100%）、江苏省（92.3%）、山东省（70.6%）；广东省各地市服务业发展水平指数全国平均排名108位，大幅低于江苏省（40位）、浙江省（41位）、山东省（90位）。因此整体上广东省服务业的发展水平弱于其他三省，主要原因在于服务业的总量水平与效率水平相对较弱。广东省地市数量最多，但全国服务业总量水平指数居于全国水平以上的城市数却都低于江苏省、浙江省、山东省，全国平均排名也相对靠后。从生产率水平来看，广东省与其他三省的差距更加明显，全国平均排名分别低于江苏、浙江、山东67位、70位、18位（见表3-14）。

表3-14　　　　　广东省城市服务业发展水平指数横向比较

指标	省份	城市总数（个）	全国服务业前10位城市数（个）	全国服务业平均水平以上城市数（个）	全国平均排名（位）
发展水平	广东	21	2	8	108
	江苏	13	2	12	40
	浙江	11	1	11	41
	山东	17	0	12	90
总量水平	广东	21	2	5	115
	江苏	13	1	9	51
	浙江	11	1	7	84
	山东	17	0	8	82
比重水平	广东	21	1	10	129
	江苏	13	0	7	138
	浙江	11	0	7	97
	山东	17	0	5	156
生产率水平	广东	21	2	13	103
	江苏	13	6	12	36
	浙江	11	0	11	33
	山东	17	0	14	85

3. 发展活力的比较。

2018年全国服务业发展水平指数进入10强之列的广东省城市有2个，占据全省的9.5%，高于江苏、浙江、山东三省；全国服务业发展活力指数居于全国平均水平之上的广东省城市有7个，占据全省的33.3%，低于浙江省（72.7%）、江苏省（53.8%），高于山东省（29.4%）；广东省服务业发展活力指数全国平均排名141位，远低于浙江省（73位）。以上结果反映出广东省服务业发展活力弱于江苏与浙江，而略强于山东。从更加细分的二级指标来看,广东省服务业比重活力、投资活力、金融活力与其他三省相差不大,甚至在后两项上表现更加突出,导致广东省服务业发展活力较低的原因在于规模活力与生产率活力不高,特别是生产率活力全国排名大幅低于浙江省、山东省、江苏省 148 位、108 位、105 位(见表 3-15)。

表 3-15　　　广东省城市服务业发展活力指数横向比较

指标	省份	城市总数(个)	全国服务业前10位城市数(个)	全国服务业平均水平以上城市数(个)	全国平均排名(位)
发展活力	广东	21	2	7	141
	江苏	13	1	7	131
	浙江	11	0	8	73
	山东	17	0	5	166
规模活力	广东	21	2	7	127
	江苏	13	1	8	91
	浙江	11	0	8	72
	山东	17	1	7	132
比重活力	广东	21	0	4	184
	江苏	13	0	1	203
	浙江	11	0	3	153
	山东	17	0	1	214
生产率活力	广东	21	0	2	220
	江苏	13	3	8	115
	浙江	11	0	11	72
	山东	17	1	11	112
投资活力	广东	21	1	2	213
	江苏	13	0	6	191
	浙江	11	0	7	134
	山东	17	0	10	150
消费活力	广东	21	0	15	108
	江苏	13	1	5	98
	浙江	11	0	9	108
	山东	17	1	6	182

续表

指标	省份	城市总数（个）	全国服务业前10位城市数（个）	全国服务业平均水平以上城市数（个）	全国平均排名（位）
金融活力	广东	21	2	7	93
	江苏	13	2	6	93
	浙江	11	1	9	56
	山东	17	0	7	104

4. 发展条件的比较。

2018年全国服务业发展条件指数进入10强之列的广东省城市有2个，占据全省的9.5%，高于江苏、浙江、山东三省；全国服务业发展条件指数居于全国平均水平之上的广东省城市有8个，占据全省的38.1%，低于江苏省（84.6%）、浙江省（81.8%）、山东省（41.2%）；广东省服务业发展条件指数全国平均排名136位，低于其他三省。以上结果反映出广东服务业平均发展条件弱于江苏、浙江与山东，背后原因在于广东服务业的投资条件与人口条件整体上不足，其中投资条件指数全国平均排名分别低于浙江、山东、江苏88位、78位、76位，人口条件指数全国平均排名分别低于浙江、江苏、山东96位、74位、41位（见表3-16）。

表3-16　　　　广东省城市服务业发展条件指数横向比较

指标	省份	城市总数（个）	全国服务业前10位城市数（个）	全国服务业平均水平以上城市数（个）	全国平均排名（位）
发展条件	广东	21	2	8	136
	江苏	13	1	11	53
	浙江	11	1	9	47
	山东	17	0	7	77
产业条件	广东	21	2	12	97
	江苏	13	1	12	40
	浙江	11	2	8	63
	山东	17	0	11	81
投资条件	广东	21	2	7	165
	江苏	13	0	9	89
	浙江	11	0	8	77
	山东	17	1	12	87

续表

指标	省份	城市总数（个）	全国服务业前10位城市数（个）	全国服务业平均水平以上城市数（个）	全国平均排名（位）
人口条件	广东	21	3	8	138
	江苏	13	2	11	64
	浙江	11	1	11	42
	山东	17	0	9	97

5. 发展环境的比较。

2018年全国服务业发展环境指数进入10强之列的广东省城市有4个，占据全省的19.0%，高于江苏、浙江、山东三省；全国服务业发展环境指数居于全国平均水平之上的广东省城市有8个，占据全省的38.1%，低于浙江省（90.9%）、江苏省（61.5%）、山东省（52.9%）；广东省服务业发展环境指数全国平均排名132位，低于其他三省。尽管以上结果反映出广东省服务业整体发展环境相对较弱，但从全国服务业各项指标指数位列前10位的城市数目来看，广东省处于领先地位。结合前面分析，可以推断出广东省珠三角地区的服务业发展环境要大幅领先全国其他地区，只是粤东西北地区的发展环境落后于全国平均水平，最终造成广东省的整体发展环境指数较低（见表3-17）。

表3-17　广东省城市服务业发展环境指数横向比较

指标	省份	城市总数（个）	全国服务业前10位城市数（个）	全国服务业平均水平以上城市数（个）	全国平均排名（位）
发展环境	广东	21	4	8	132
	江苏	13	0	8	83
	浙江	11	1	10	56
	山东	17	0	9	105
教育环境	广东	21	4	7	131
	江苏	13	1	8	98
	浙江	11	0	6	92
	山东	17	0	7	132
交通环境	广东	21	3	8	150
	江苏	13	0	7	97
	浙江	11	1	5	89
	山东	17	0	7	112

续表

指标	省份	城市总数（个）	全国服务业前10位城市数（个）	全国服务业平均水平以上城市数（个）	全国平均排名（位）
通信环境	广东	21	5	11	100
	江苏	13	1	7	91
	浙江	11	1	9	46
	山东	17	0	5	135
公共服务环境	广东	21	3	8	153
	江苏	13	1	7	89
	浙江	11	1	10	62
	山东	17	0	9	109
生活环境	广东	21	4	15	99
	江苏	13	0	12	70
	浙江	11	1	11	52
	山东	17	0	14	77
社会保障环境	广东	21	5	8	115
	江苏	13	1	8	85
	浙江	11	0	10	40
	山东	17	0	7	110

（三）广东城市服务业发展的政策建议

1. 加强顶层设计，推动服务业区域均衡。

无论是服务业整体竞争力，还是发展水平、发展活力、发展条件与发展环境二级指标，广东省服务业发展的区域不平衡问题都非常突出，珠三角九市与粤东西北城市的两极分化现象趋于严重，两者之间存在的巨大差距是广东服务业发展中长期面临的最大挑战。一是完善与各城市发展定位相适应的财政扶持制度。进一步下沉财力，推动对粤东西北欠发达地区的转移支付力度，支持重点基础设施建设项目，提升粤东西北的交通、教育、生活等各方面环境与条件。二是构建产业园区转移制度。成立珠三角地区与粤东西北地区的联席会议制度，发挥双方的比较优势，珠三角城市要发挥主观能动性，粤东西北城市要做好后勤保障，充分利用资金土地激励、考核评价、末位淘汰等方式推动珠三角与粤东西北的产业合作。三是加强粤东西北的城镇规划和管理。破除被动的"靠""要"思想,立足本地发展现状,挖掘具有地方特色的服务经济资源,加快由"输血"向自身"造血"转化。

2. 强化人才培养,提高服务业发展质效。

与其他省区市相比,广东省服务业的生产率水平与生产率活力都较低,服务业发展相对粗放。一是支持高等院校、科研院所加大对高端管理人才、技术人才和商务人才的培养力度,为拔尖人才的脱颖而出创造各方面条件,建立全球高端人才数据库,依托"珠江人才计划""广东特支计划"等重大人才工程,引进具有重大原始创新能力的科学家、科技领军人物和科研团队,广泛吸引海内外高层次人才来粤创新创业;二是搭建珠三角与粤东西北人才交流平台,采取人才流动鼓励政策,对发展相对较弱的城市采取人才补贴等优惠政策,建立粤东西北人才发展基金,吸引和号召大学生回乡创业和就业;三是加强服务业人才管理与培训,大力推行服务业职业教育,设立统一的服务业培训标准,建立长期化、规范化、系统化的服务人才培训制度,培养一批服务于一线的工匠人才。

3. 增强创新动能,提升服务业发展活力。

广东服务业发展规模在全国居于领先水平,但随着服务业基础规模的扩大,以广州为代表的珠三角城市增长动能趋于弱化。在此背景下,应采取多种措施加强发展活力。一是积极探索制度创新。贯彻落实简政放权,减少政府对企业的干预,提高政府管理与服务的质量和效率,进一步规范政商关系,破除地方保护主义,公平、公正地进行执法、司法,营造良好的营商环境,吸引企业安家落户,为产业发展注入活力。二是促进融合创新发展。鼓励和引导制造业投入与产出服务化,推动非服务业部门活动外部化,提高社会化分工程度,提升省内经济对服务业的有效需求。三是加强技术创新。支持引导研发设计、知识产权、信息技术、检验检测认证、文化创意、节能环保等领域的服务业企业加大研发投入力度,创新研发机制,鼓励服务业企业运用"服务业+网络化/数字化/智能化"思维,紧密对接市场需求,强化理念思路更新、业务流程再造、组织管理体制变革,积极发展"四新"服务业态。

4. 扩大开放水平,完善服务业投资条件。

广东省投资条件弱于其他省区市,从而导致其服务业发展条件相对不足。为改变这一现状,应采取以下措施:一是进一步推进投资便利化,强化投资主体多元化机制,进一步提高服务业固定资产投资额,实现招商引资、招商引智和招商引技一体化,在目标国家增设境外经贸代表处,推动重大利用外资项目落地投产。二是大力推进服务业对内开放。要加快打破服务业行业的行政性与国有化垄断，允许民营企业与国有企业、外资企业公平竞争，在行业准入、政策优惠、用人制度等方面一视同仁。三是大力推进服务业对外开放。全面落实2020年版外商投资准入负面清单，依托自贸区、先行示范区逐步推动教育、文化、医疗等服务领域有序开放，将外资管制政策重心由外资控股等市场准入相关的限制调整至以竞争政策、反垄断政策为主的市场竞争行为的规范。

（本章编写者：刘乾、刘恩初）

第四章 广东省服务业新技术、新业态、新模式发展研究

第一节 广东省服务业"三新"发展概况

一、"新技术"发展概况

(一)"新技术"概念及广东省新技术发展概况简介

"新技术"主要是指刚投入或者尚未投入生产使用的开发研究技术或者生产技术,任何相对于旧的技术、已有的技术、传统的技术的新研究产生、处于试用或者初步使用阶段的技术都可以称为"新技术"。

而当前全世界正在进行一场新技术革命,其中主要聚焦于高端技术领域,包括大数据、云计算、物联网、人工智能、区块链等新兴技术的不断改进和运用,并且这些各类新技术已经渗入了许多行业,可以说未来各行各业的转型升级,离不开新技术的产生以及运用。

我国各个省区市都在大力推动新技术的发展,一般而言,经济越发达的地区,用于投入研发的资本越多,新技术产生的概率也越大。而广东省作为我国的第一经济大省,其新技术的研发与运用能力也是全国领先的。从有效专利数据来看,对比中国几个经济科技强省广东省的有效专利数一直处于全国第一,并且近年来领先优势逐渐扩大,表现出广东省强大的技术研发能力。

目前广东省对某些产业投入研发具有侧重点,第一,针对战略性新兴产业。第二,近段时间大热的"5G"是典型的"新技术",同时也是许多行业升级需要用到的重要技术,广东省在这方面也是大力投入,广东省通信管理

局数据显示，2020年1月至4月，全省新建5G基站17499座，累计达54487座。到2020年底，广东将新建6万座5G基站，实现覆盖全省90%左右的人口，这是未来信息化程度的进一步加强的重要基础。①

广东省新一代信息技术、平板显示、高端软件等7个领域产值规模超过1000亿元。其中，电子信息制造业、软件和信息技术服务业规模已居全国第一位。同时，近年来，人工智能、区块链、数字货币等高新技术也越来越多地被研究及运用，而现代服务业的发展也离不开这些前沿技术。当前广东省各个市都在这方面进行了大量规划与投入。除了省份层面的规划，广东省各个市也根据自身产业特点以及发展规划，有着自身不同的推动新技术发展的方式。

1. 广州。

广州政府于2019年出台了关于进一步加快促进科技创新的政策措施，其中主要包括：（1）联合共设粤港澳大湾区（粤穗）开放基金，市财政每年投入巨资支持穗港澳联合开展基础和应用基础研究；（2）支持香港科技大学（广州）等港澳高校、科研院所（机构）互设机构建设发展；（3）港澳在穗设立的相应机构和开展创新创业活动可享受广州市相关优惠政策。

2. 惠州。

惠州的石油产业一直备受关注，作为重资本、传统的污染型产业，惠州在这方面也不断提高创新力度，2019年6月26日，惠州市政府与广东石油化工学院签署全面战略合作协议，推进惠东清洁能源等重大项目建设，并依托中科院建设省级能源实验室和产业园，加速打造粤港澳大湾区能源科技创新中心。

3. 深圳。

深圳一直以来都是中国创新城市的典范，改革开放短短几十年取得如此巨大的成就，离不开这座城市的不断创新，尤其是在高精尖领域，包括计算机、通信、电子等方面具有较强的创新实力。目前，深圳积极培育机器人、可穿戴设备、智能装备等未来产业，每年安排5亿元资金，设立相关产业发展专项资金，以支持该产业核心技术攻克、产业链关键环节培育和引进、重点企业发展及其产业化。②

---

① 广东5G"新基建"持续率先发展［OL］. 中国新闻网，http：//www.chinanews.com/sh/2020/06-09/9207228.shtml.

② 深圳智能装备产业领跑全国［OL］. 中国财经网，http：//finance.china.com.cn/roll/20160728/3833189.shtml.

（二）广东省"新技术"发展条件

广东省作为我国第一经济强省，无论是在对外开放程度抑或是科技创新水平都处于我国所有省区市前列，有着雄厚的经济条件支持，这是广东省发展新技术的重要基础。

除了经济发展水平是新技术研发的重要保障，研发机构、研发人力及投入更是直接关系到成果产出的重要指标。在研发机构数量上，广东省处于全国第三的位置，而研发人员数以及研发机构投入经费数上，广东省则是排第四的位置，可以看出，广东省在研发机构方面处于全国前列，但相较于北京、上海、江苏，还有提升进步的空间。[①]

从另一个角度来看，新技术的运用产业化离不开技术型企业，从表4-1可以看出，虽然在研发机构相关衡量指标上广东省的排名未到达第一的水平，但在高技术产业企业数量上，广东省则是遥遥领先，位于全国第一的位置，这说明广东省在新技术运用及产业化方面处于较高水平。

表4-1　　　　　2018年中国六个省区市高技术企业数　　　　　单位：家

广东	江苏	浙江	山东	上海	北京
8525	4870	2785	1978	1027	799

资料来源：各省区市统计年鉴。

金融行业对科技创新的影响也是十分重要的，许多初创企业以及有较长研发周期的企业都需要外部资金的持续大量投入才能产出结果，于是近些年"科技金融"概念被提出，同时"科技金融"也是近年来研究科技创新领域的研究热点，已有很多研究表明科技金融的发展会对地区科技创新水平产生显著的正向影响，广东省如今也在大力推动科技金融的发展，旨在进一步提升全地区科技创新实力。

科技金融包括天使投资、私募股权投资、创业投资以及多层次资本市场等融资方式及渠道，不论是投资案例的数量还是融资的金额，北京市、上海市和广东省都名列全国前3位。在创业投资方面，近年来创业也成为大学生新的就业渠道之一，而北京市拥有我国顶尖的教育机构以及大量优秀的学生创业者，所掀起的创业热潮也同样带动了大量的创业投资。上海市在科技型

---

① 资料来源：各省区市统计年鉴。

中小型企业技术创新基金立项数上一直位居全国第一。阿里研究院联合36氪等机构发布的《"移动互联网+"中国双创生态研究报告》显示,在互联网领域,上海市拥有全国19%的互联网创业公司,在数量上仅落后于北京市。广东省的创业活动大部分集中于深圳和广州,而深圳在科技创新方面走在了广州的前面。

广东科技金融发展虽在某些方面较北京、上海存在一定差距,但是自身也在不断进步,不断为全省科技创新提供条件,自2014年以来,广东省科技厅联合省财政厅、省金融局、人民银行广州分行、省银保监局、省证监局等有关部门合力完善科技与金融结合的政策体系,围绕"一个专项、两个平台、三个体系、多方联动"的科技金融工作布局,不断深化科技体制改革,加快调整科技专项资金投入方式,着力建设广东省科技金融服务体系,优化创新创业环境,在全省范围内初步形成了科技、金融、产业互促共进的良好局面,推动广东科技金融工作取得了显著成效。

(三)高新技术在广东省服务业运用概况、案例

由表4-2可以看出,广东省在服务业发展方面取得了一定的成绩,成为经济增长的主要引擎。近年来我国服务业呈现稳定向好的发展态势,而且,新兴服务占比在不断提高,智能科技、数字技术、互联网应用成为亮点。商务服务和金融服务是比较适宜应用互联网技术的领域,所以在这些领域服务业与新技术结合较为顺畅,如支付宝、微众银行、滴滴出行等巨头已经在服务领域布局并取得瞩目的成就。

表4-2　　2019年广东规模以上服务业主要指标情况

指标	绝对值（亿元）	比上年增长（%）	增幅比上年提高（个百分点）
营业收入	31468.1	11.8	-2.2
税金及附加	239.7	17.3	23.6
应交增值税	645.1	-1.5	-5.8
利润总额	4907.3	10.9	11.1
应付职工薪酬	6382.8	12	-2.3

资料来源：广东省统计局相关统计数据。

同样,广东省不仅追求服务业整体规模的快速增长,同时也在寻求服务

业升级转型之道,"新技术"便是其中发展热点,借助大数据、区块链、人工智能等新技术构成的"新兴服务业"正在崛起,发展十分迅猛。

而从表4-3中的数据可以进一步看出:2019年,广东省信息传输、软件和信息技术服务业营业收入突破万亿元,占规模以上服务业营业收入总量的31.9%,贡献率达38.5%。其中,互联网和相关服务业实现营业收入3174亿元,增长20.16%,增幅比规模以上服务业平均水平高8.5个百分点,拉动规模以上服务业营业收入增长1.9个百分点,贡献率为16.1%;软件和信息技术服务业实现营业收入4891亿元,增长17.9%,交通运输、仓储和邮政业拉动规模以上服务业营业收入增长2.4个百分点,贡献率达20.16%;租赁和商务服务业拉动规模以上服务业增长2.1个百分点,贡献率达17.9%。科学研究和技术服务业拉动规模以上服务业增长1.0个百分点,贡献率达8.9%。广东省的服务业正在不断追求创新以及与新技术的结合,结合新技术的现代服务业已经成为推动广东省服务业进一步高质量、高效率发展的主要动力。

表4-3 2019年广东省规模以上服务业分门类相关信息

行业	营业收入（亿元）	比上年增长（%）	贡献率（%）	拉动增长（个百分点）
总计	31468.1	11.8	—	—
交通运输、仓储和邮政业	8833.0	8.4	20.16	2.4
信息传输、软件和信息技术服务业	10023.1	14.6	38.5	4.5
房地产业	2159.2	11.6	6.8	0.8
租赁和商务服务业	5605.2	11.9	17.9	2.1
科学研究和技术服务业	2853.0	11.5	8.9	1.0
水利、环境和公共设施管理业	419.9	26.9	2.7	0.3
居民服务、修理和其他服务业	305.2	12.4	1.0	0.1
教育	369.9	15.1	1.5	0.2
卫生和社会工作	367.1	11.2	1.1	0.1
文化、体育和娱乐业	532.6	7.0	1.0	0.1

资料来源:广东省统计局相关指标统计数据。

结合具体现状来看,广东省政府也出台了系列文件,推动了一系列措施促进新技术服务业的发展,2020年6月9日,广东省工信厅网站挂出了《广东省培育软件和信息服务产业集群行动计划（2021—2025年）》（征求意见稿）（以下简称《行动计划》），提出到2025年，广东要培育四个千亿级软件企业，过亿级软件企业占比30%以上，软件和信息技术服务业收入达到1.8万亿元。《行动计划》还提出优化产业布局，发展新兴技术、新兴产业离不开城市产业基础的支持，所以文件提出：

推动广州、深圳加快培育自主软件产业生态，加强港澳合作，提升粤港澳大湾区核心城市协同创新水平，引领全省软件产业高质量发展。

支持东莞依托电子信息制造、工业互联网等产业基地发展嵌入式软件、新型工业软件，支持珠海做大做强集成电路设计、办公软件等优势软件产业，加快迈向千亿产业规模。

支持惠州、佛山、中山围绕电子信息、装备制造、智能家电等特色产业领域，加强大型平台企业合作，发展平台化、SaaS化软件和新型信息服务。

支持江门、肇庆及粤东、粤西、粤北地区，以新型信息基础设施为支撑，培育发展大数据、云计算、工业互联网等信息服务和相关配套产业。

有关具体的技术运用，例如区块链，该技术的运用前景也是较为广阔的，其在服务业的运用主要包括：医疗行业的电子病例、食品行业的食品溯源、保险行业的信息透明等。从2017年7月广州市区块链产业协会成立到同年12月《广州市黄埔区广州开发区促进区块链产业发展办法》正式发布，广州已经从多环节对区块链企业或机构进行重点政策扶持。2018年广东金融高新区"区块链+"金融科技产业集聚基地及孵化中心正式启动后，中关村区块链产业联盟等一批"区块链+"项目，选址广东，签约广东金融高新区，实现广东"区块链+"新概念。

而有关广东省内各个城市具体运用方面，2020年5月，江门市在全国率先上线运行市场监管智能许可平台，发出全国首张智能许可的《食品经营许可证》，这是服务监管体系、低技术制造业与新技术的有机结合，以新技术为其他产业提供更快捷高效的服务。

二、"新业态"发展概况

（一）"新业态"概念及广东省产业新业态概况

新业态按照行业综合定义是指基于不同产业间的组合、企业内部价值链和外部产业链环节的分化、融合、行业跨界整合以及嫁接信息及互联网技术所形成的新型企业、商业乃至产业的组织形态。新业态主要是指顺应多元化、多样化、个性化的产品或者服务需求，依托技术创新和应用，从现有产业和领域中衍生出的新环节、新链条、新活动形态。新业态按主业态可划分为以下三种：一是以农业为主的新业态。比如生态农业、休闲观光农业、创意农业等，是农业与服务业结合形成的新业态。二是以工业为主的新业态。例如制造环节的个性化定制、个性化服务体验，以及服务型制造等。三是以服务业为主的新业态。例如，技术创新直接催生的移动互联网、云计算等新业态，如"互联网+教育""互联网+物流""互联网+金融"等。

目前全国范围内，许多地区的各产业都发展出一定的新业态，包括文化、交通、商业产业等领域，新业态为各产业的发展带来了巨大的助力、为产业赋能。发挥新业态新模式对稳企业保就业的促进作用。得益于服务业新业态的快速发展，此次疫情期间，许多劳动人员、学生足不出户，依旧能完成办公、学习，并且人们购物、消费等均可以在线上完成，这都得益于基于移动互联网、大数据、云计算、物联网等新技术的新经济、新业态迅猛发展，催热了"新形态"。还有就业这类民生问题，通过结合技术平台也催生了一系列服务新业态，比如，"共享员工"模式，就在沃尔玛、京东、阿里巴巴等国内部分大型企业得到运用。新冠肺炎疫情突如其来，"新就业形态"也脱颖而出。要顺势而为，解决好"新就业形态"下劳动者法律保障问题、保护好消费者合法权益问题，把法律短板及时补齐，在变化中不断完善。

1. 贸易、制造业等产业处于全国领先地位，这些行业的新业态发展同样取得了一定的成绩。

中国（广东）自由贸易试验区的成立为广东各产业创新提供了条件，其成立提出了以新一代信息技术引领发展现代服务业新兴业态的发展规划，加快发展云计算、互联网、大数据等新一代信息技术，推进新一代信息技术向工业研发、设计、国际会展、文化创意等现代服务领域的融合，创新发展现代服务业新兴业态。

2. 贸易新业态方面也确实取得了一定成绩。

据海关总署广东分署统计，2019年前三季度，广东自贸试验区进出口总值达2314亿元，同比增长22.9%。数据增长背后，是以制度创新为核心的新业态的积极探索。2015～2020年，广东自贸试验区所在海关先后推出的一系列创新措施吸引了大批企业入驻。海关注册企业从2015年初的2000多家，增长到2019年9月的1.3万家，增长了近6倍，新业态起到了重要的作用，不仅满足需求，还促进创业创新，推动了广东省经济的发展。

3. 文化产业新业态同样发展迅速，初步形成了门类齐全的文化新业态产业体系。

各门类规模总量均居全国前列，在网络音乐和游艺娱乐方面，"广东制造"的总产值更是在市场上占据半壁江山，广东文化新业态迅猛发展，在多个领域领军全国，随着新业态的蓬勃发展，广东文化产业的格局不断优化，质量效益显著提升。目前，广东省数字出版产值居全国第一位；动漫业产值占全国1/3以上，游戏业收入占全国的73.9%。当前，广东省已形成较为完备的文化出口体系，出口覆盖160多个国家和地区，培育了一批具有国际竞争力的重点出口企业和品牌。[①] 除了以上贸易、文化产业新业态在不断发展，广东省还有许多产业也在寻求"新业态"的突破，并且政府也在不断出台政策及措施以促进新业态的发展。

（二）广东省服务业中的"新业态"

广东省在"十三五"规划中，明确提出了发展现代服务业的要求，着力发展高端生产性服务业，包括科技服务、信息服务、供应链管理服务、文化创意服务、节能环保服务、金融服务、现代物流服务、服务贸易等。

许多重点项目被提上议程，由表4-4可以看出，广东省在发展现代服务业以及服务业新业态方面的决心。

表4-4　　　　　　"十三五"规划中部分服务业重点项目

建设政务大数据基础平台。建设全省统一的电子政务数据中心，搭建省、市电子政务云平台，承载网上办事大厅、市场监管等公共应用以及卫生健康云、教育云、文化云、版权云、气象云等重要政务应用，到2020年省、市两级电子政务业务应用系统部署在云平台上的比例达到98%以上
建设社会大数据公共服务平台。着力提升广州、深圳超算中心应用和服务水平，合理布局和集约化建设企业数据中心，建设面向产业应用的大数据公共服务平台，到2020年建成10家以上大数据企业技术中心、工程技术研发中心、重点实验室和应用中心（其中国家级研究机构5家以上）
公共服务平台：华南地区动漫电子商务交易平台、历史文化创意展示和数字化体验服务平台（广州）、"酷狗"数字娱乐公共服务平台

---

① 广东文化产业位居全国第一成为重要支柱性产业［N］. 南方日报，2017-09-25.

续表

开展金融科技产业融合创新试点。建设"互联网+众创金融"示范区,打造"1+4"综合金融服务体系(即"互联网+金融"服务体系以及众创、众包、众扶和众筹四大平台),建设"广佛莞"地区和深圳市国家级科技金融试点区
建设"中国青创版"综合金融服务平台。依托广州股权交易中心打造中国青年大学生创业综合金融服务平台,全面对接各类青年创新创业竞赛和高校"青创空间"、创业社区等,鼓励各类种子基金、天使投资、创业投资、股权投资资金向平台集聚

资料来源:《广东省现代服务业发展"十三五"规划》。

1. 发展迅速,高科技含量和高附加值含量突出。

服务业新兴业态具有高知识密集、高技术含量、高附加值、高带动能力等特征,是落实"大众创业、万众创新"战略、推动现代服务业转型升级的核心动力。

2020年疫情期间,许多平台和企业利用网络开展一些业务,像远程医疗、在线教育;部分大学生、硕士生、博士生答辩等,都是通过计算机信息技术和数字基础设施进行的。新技术的应用,将技术转化为生产力,为疫情后经济的恢复提供支持。由表4-5中的具体事件及案例可以看出,广东省各地区服务业新业态已经初现成效。

表4-5　　　　　　　　广东省服务业新业态发展案例及事件

地区	案例/事件
深圳	2020年2月10日,位于深圳南山科技园区内的光峰科技迎来正式复工。作为一家科技企业,公司900余名管理、研发及制造人员近八成到岗,未到岗的员工则采取线上"云办公"
广州	广州市发展和改革委员会正式印发《广州市运用新技术新业态改造提升传统服务业实施方案(2019-2022年)》,提出要进一步运用新技术、新业态改造提升广州传统服务业,打造发展新动能、新增长点
中山	中山通过评审认定了新兴业态培育发展企业201家,高标准地开展了第三批市镇(区)共建服务业集聚区认定工作,经认定的7个集聚区合计总投资121亿元

资料来源:据官方文件整理得到。

2. "互联网+"为主的在线业务突出,需求巨大。

基于"线上模式"的普及与发展,广东地区由于网络的发展以及巨大的需求,线上服务新业态规模不断扩大,而此次疫情期间,许多人长期闭户不出门,这催生出了"宅经济",为了满足宅家消费者的需求,许多企业纷纷利用线上模式拓展服务范围、提高服务质量。盒马数据显示，2020年前两个月，消费者对民生商品的需求量大增，已接近2019年全年的峰值。

广东本地企业也抓住机遇发展新业态。特别是在疫情期间从在线购物到在线教育，解决了生活和工作的需求，在疫情期间在线游戏、在线诊疗、在线教育等多种形式的线上服务则让"宅经济"更加火热。根据返利网数据显示，2020年疫情暴发后，爱奇艺会员、芒果TV会员、腾讯视频会员分别环比增长1079%、708%和319%。在线文化业务的加速推动创意文化产业提升到新的发展状态。

3. 直播电商后起发力，成为服务业新业态的重要发展领域。

电子商务以及近些年兴起的直播电商是服务业新业态的重要发展领域，广东省对促进电子商务新业态发展也提出了一系列重要举措及政策建议。其中广州市商务局出台了《广州市直播电商发展行动方案（2020－2022年）》，其中提出16条政策措施，以大力发展直播电商，创新商业新模式。争取到2022年，将广州打造成为全国著名的直播电商之都。未来三年，广州直播电商的工作主要包括：第一，加强直播电商顶层设计。第二，打造直播电商产业集群。第三，积极推动直播电商在商贸领域应用。第四，培育直播电商人才体系。第五，营造直播电商发展良好氛围。

三、"新模式"发展概况

（一）"新模式"的概念及广东省产业新模式概况

"新模式"通常是以市场需求为中心、为实现用户价值和企业持续盈利目标，对企业经营的各种内外要素进行整合和重组，形成高效并具有独特竞争力的商业运行模式。新时代背景下，为寻求高质量高效率发展，各个产业都在寻求新模式发展，包括监管模式、生产模式、商业经营模式等方面，广东省的各个产业也在积极探寻发展新模式，许多传统产业纷纷寻求创新发展。以养老产业为例，出现了养老产业＋地产服务模式、居家养老模式、社区养老模式、机构养老模式。不同模式的发展既体现了创新，又展现了时代的发展。

重视养老产业＋地产服务模式和社区。目前各大地产企业都开始涉足养老产业，相关新模式层出不穷，其中湛江致力于打造旅居养老产业，沿海旅居养老市场的外溢消费者，可以为湛江旅居养老产业的发展带来契机。目前湛江以机构养老、居家养老、社区养老三种养老模式为主体，全力推进该市养老事业健康发展。

居家养老为老人自主安排自己的生活，社区在养老过程中承担联系和纽带的作用。社区养老主要是由社区或者社会服务机构帮助照顾老人。社区成为承担老人养老的重要力量。机构养老是指老人到社会上的养老机构如养老疗养院、老年公寓养老或者医养结合的养老机构养老。

（二）广东省服务业的"新模式"

随着计算机、大数据等技术与各行业深度融合，广州新兴服务业呈蓬勃发展之势。近年来，广州一大批传统制造企业通过技术延伸和提升价值链，实现了从生产型制造向服务型制造转变，成为新兴服务业态，如"互联网+家具定制""互联网+卖菜""互联网+交通"模式等服务新模式。近年来，广州传统型服务行业模式也正在重新被定义，如干洗行业，如今广州本土企业天天洗衣通过自主研发的世界第一个可视化系统，让消费者可以直接通过手机终端追踪送洗衣物的重要洗涤过程；再如人们每天必经历的买菜，也诞生了一系列新的服务模式，包括盒马鲜生、钱大妈等品牌已经形成了线上线下一体化模式，并且支持跨门店地区预约调运，这些新技术支持下的新运营模式，极大地满足了消费者的现实需求。

在金融服务领域，数字化技术得到广泛应用，特别是银行各种自助设备的运用使服务的效率大幅度提升，还有证券公司网络签约、交通出行等多个方面的创新，传统服务业向数字化、信息化的转变，使人们出行体验大大提升。可以说广东省服务业的新模式离不开新技术、新业态，三者相辅相成共同促进了广东现代服务业的发展。

（三）行业或者企业"新模式"产生的动因分析

一切商业行为的源头都是为满足市场需求，"新模式"和"新业态"一样，都是市场需求升级的产物，当前广东新模式主要包括以下五类：新商业模式、新盈利模式、新生产制造模式、新投融资模式、新管理模式。

市场需求是新模式产生的根本因素，而产业升级、企业追求更高的利润是促进新模式产生的核心因素，近年来国家大力提倡产业结构合理化，产业升级转型，各产业间竞争愈发激烈，企业须从生产模式、经营模式等多方面创新入手才能占住市场，同时服务业所占比重越来越大，各行各业和服务业都有着紧密联系，从中也催生了许多企业合作、经营模式的改变及创新，例如许多企业将一些部门如人力、财务进行外包从而降低企业经营成本等。并且新技术的不断产生，给新业态新模式的出现提供了硬件条件，各个产业及企业为了顺应发展方向潮流，自身也必须做出一定的改变。并且随着我国社会主要矛盾已经转化为人民日益增长的美好生活需要和不平衡不充分的发展之间的矛盾，市场需求进一步升级，消费者需要除产品外更优质的服务，企业需要除生产力提高外更为有竞争力的商业模式，还需要提供符合市场需求的销售、交易、生产模式（见图4-1）。

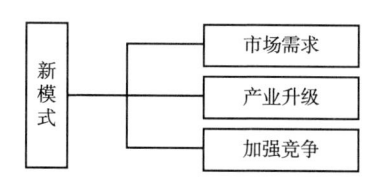

图4-1 新模式的产生原因

四、广东省服务业"新技术""新业态""新模式"发展存在的问题

服务业结合"新技术""新业态""新模式"可以说是现代服务业的具体体现，广东现代服务业发展目前也存在一些不足有待改进。

（一）新技术研发能力还有待加强

广东省是我国第一经济大省，但是在科技创新相关支持条件上还略有短板，包括科技金融、高等教育资源的建设还没完全跟上经济水平的发展，并且在前沿技术发展的企业数量不足，聚集效应还未显现，且大多都聚集在深圳，还未形成一定的辐射带动效应。

（二）服务业总量不足，现代服务业有待进一步提升

产业结构高度化是产业高质量发展的方向。第三产业占比尤其是现代服务业占比的提升是产业结构高度化的显著特点。广州现代服务业规模较大，增速也较可观，目前广州现代服务业与发达国家和国内的北京、上海等相比

较，所占比重仍然偏低，总量上有较大的上涨空间。

（三）管理体制不完善，缺乏有效监管

现代服务业领域广阔，动态性较强，在管理上需要具有科学性、系统性、多样性和动态性。但是由于我们对现代服务业认识不足，市场缺乏对新型服务业的有效指导与监管，市场自我调节起主要作用，这会使整个服务业新业态、新模式的发展处于波动状态，并且这对于初创型企业十分不友好，不利于新现代服务业企业的发展。

第二节　广东省服务业"三新"发展不足及制约因素

一、新技术

新技术的产生离不开科技创新环境的支持，从前面分析可以发现，广东省虽然在专利方面全国领先，但是在研发机构数量、科技金融发展水平上还落后于北京等地区，这是广东省未来"新技术"发展迫切需要提高的方面。

同时，目前人工智能在服务业中运用较为先进，人工智能的研发是推动服务业"新技术"发展的一大动力，而在这方面广东省需加强，从图4-2的数据中可看出，在人工智能企业数量上，珠三角地区与京津冀和长三角地区差距较大，未来在人工智能等尖端科技创新研发上，珠三角以及广东省还需进一步加强。

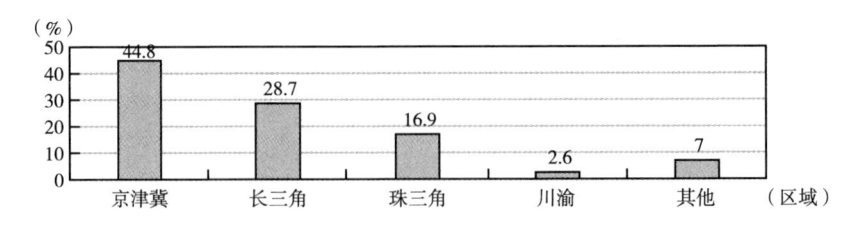

图4-2　2018年中国人工智能企业分布

资料来源：中国新一代人工智能发展战略研究院发布的《中国新一代人工智能科技产业发展报告2019》。

技术创新的核心是人才，只有吸引并留住技术性人才，才能为区域新技

术的产生提供源源不断的动力,而在这方面,广东省则是存在着明显的短板。由图4-3可以发现,深圳没有一所"双一流"大学,整个珠三角地区只有广州拥有两所,分别是中山大学以及华南理工大学;而长三角一直以来都是我国高等教育发达的区域,北京作为我国教育资源汇聚的中心,更是拥有全国最多的"双一流"高校。目前,珠三角地区的人才资源主要依靠输入,自身资源培养的能力有所不足。要想进一步提高科技创新水平,除了加强人才引进措施外,还必须大力发展和培育地方教育资源。加强人才资源保护和自主培养能力也是今后应改进的主要领域。

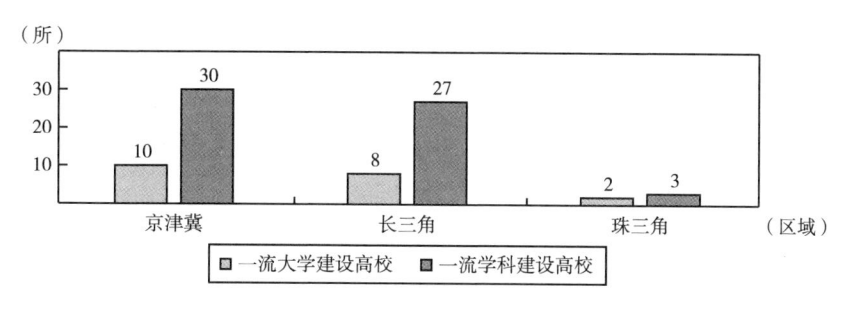

图4-3 2018中国"双一流"高校分布

资料来源:根据教育部发布的教育部全国双一流大学名单和一流学科建设高校名单整理得到。

二、新业态

(一)广东省服务业新业态众多,但还需要进一步提升

广东省服务业新业态众多,目前对传统服务业与现代服务业的认识和理解有待进一步深化,特别是对服务业既可为生产服务,也可为生活服务,同时还能为其他服务业提供更多服务这种思想的认识有待进一步提升。因此广东省的服务业新业态虽然众多,仍然在认识上还需要进一步提升。

(二)缺乏对新业态的相应分析及指导

目前广东省服务业新业态的产生主要依靠市场和企业的相互关系,包括需求的升级、企业的战略转型等,政府缺少有效发展规划,并且在新业态产生后缺乏相应的跟进研究,这些研究有助于发现服务业新业态发展规律,以预测和指导未来广东省服务业新业态的发展。

(三) 厘清服务业与其他行业如何结合产生新业态

伴随"互联网+"的浪潮，这一轮经济结构变化发展，首先出现在消费生活领域、商贸服务业领域，然后才向工业互联网蔓延。服务业的新业态离不开被其服务的行业发展，只有更好地厘清服务业与其他产业的关系模式，才能更好地促进服务业新业态发展。

三、新模式

和新业态类似，企业更容易在出现新业态的情况下改进企业的生产或者经营模式，相对被动，例如消费者有了线上购物需求，衍生出了线上购物业态，服务企业才会改进或发展线上销售模式。

目前广东省服务业"新模式"的发展制约因素主要包括以下几方面。

(一) 外部配套体系不健全

服务业的"新模式"包括多个方面，比如生产模式、经营模式等，而在企业转变模式或者该市场转变模式的过程中，大多是企业自发摸索、市场自行转变，试错成本较高。外部配套包括融资平台、监管平台、补助补贴方式等均还不完善，不利于服务业企业探索创新。

(二) 与其他产业之间结合不够紧密

服务业本身模式的改变究其原因还是为了服务其他行业，而服务业的新模式下，与其他行业企业的联系也可能发生变化，在双方存在信息差的情况下，对双方合作存在很大的影响。只有提高服务业的地位，提高服务业与其他产业的联系紧密度，才能在服务业"新模式"下更好地促进所有产业的发展。

(三) 缺乏有效指导

除了外部配套的辅助作用，服务业"新模式"的产生目前主要还是依靠行业和企业的自身探究，大部分是通过经验分析、市场调研分析等方式决定是否采用新模式，这中间需要较长的时间，并且可能存在一定的误差，消耗一定的成本，不利于企业在如今瞬息万变的市场环境下更高效地调节模式。

第三节 广东省服务业"三新"未来发展路径

一、未来广东省服务业"新技术"发展路径

（1）总体趋势上，广东省将会继续加大对技术创新的投入，同时服务业的蓬勃发展会进一步促进新技术与服务业的融合。目前广东省已经提出要打造"中国硅谷"，就是在原有的莞深科技创新长廊的基础上借助华为等高科技企业打造中国版硅谷。

（2）加大地方产业集群的投资。加大广州、深圳、佛山的产业投资与发展。如深圳高新技术产业已被政府定为支柱产业，有望成为广东省经济发展增长新的"领头羊"。佛山市顺德区北滘镇推动美的、碧桂园的高科技"转轨"推进机器人项目。预计2024年后年产机器人7.5万台，可以带动形成新的千亿级产业集群。

（3）加大对大数据、云计算等信息技术的研发投入，使广东省服务业与新技术的结合将更为紧密与深入，大数据等技术将助力广东省服务业更高效率高质量发展。目前广东省已经建成全省统一的电子政务数据中心，重点培育20个左右大数据产业园，创建3个国家级大数据产业园，建设20个左右大数据新型创业孵化平台，广东移动数据中心机柜数量接近10万台。2020年大数据及相关产业规模将达6000亿元。①

二、未来广东省服务业"新业态"发展路径

随着新技术的不断产生，服务业的不断创新，原先无法满足的市场需求，会因为新技术的融入而变得可以实现，新业态自然而然会应运而生，可以说新技术促进了新业态的产生。

---

① 广东2020年建成全省统一电子政务数据中心产业规模6000亿元［OL］．中国电子政务网，http：//www.e-qov.org.cn/artiole-160598.html．

(一) 机遇与挑战并存，未来广东现代服务业仍然处于黄金时期和战略机遇期，具有巨大的发展前景和发展空间

目前广州历史悠久，商业活动频繁，具有大量全国性甚至国际性优势的传统服务业，包括商贸业、会展业等，通过产业延伸、跨界融合、业态创新途径，还有巨大的拓展提升空间；在广州现代新城区，传统制造业的服务化水平还相对较低，服务业发展空间巨大；广州具有"广交会"等一批具有世界水平的会展平台，对广州商贸服务业的发展具有重要的影响，能够带给广州持续不断的发展契机。

(二) 广东现代服务业新业态的新路径

一是通过服务业与互联网在线技术的结合与深度融合，形成新的发展路径和发展空间，既推动传统服务业的发展，又提升现代服务业的发展空间。

二是提高服务业与制造业融合程度，推进制造业服务化进程，提升服务业的发展空间。

三是拓展服务业与新经济共享融合，推动新零售、新物流、新金融、新消费，形成新的现代服务业集群和生态系统。

四是加快数字经济的发展步伐，推进数字经济在广东省迅速发展，提升广东经济的发展。

五是加快服务业海外市场的开拓，通过国际化等加速服务业走向高端化、国际化，提升广东省服务业新业态的发展水平。

六是政策上高度支持，推动服务业新业态走向全国，实现服务业新业态的引领作用。例如金融业，为推动现代金融的发展壮大，广州在此方面走在前列，最新出台的《广州市运用新技术新业态改造提升传统服务业实施方案 (2019 - 2022 年)》支持金融机构规范发展网络保险、网络证券、网络基金销售等新兴业务和供应链金融、电商金融等金融新业态。同时，鼓励区块链研究机构和企业开展支付清算、智能合约、金融审计等领域应用开发研究。在金融科技设施建设方面，重点支持广东股权交易中心、广州商品清算中心等金融市场基础设施的新技术应用与升级，并鼓励银行业金融机构加大智能柜台、远程柜员机 (VTM)、机器人大堂助理等智能设备推广应用，打造"自助、智能、智慧"的新一代智慧银行。

而随着"粤港澳大湾区"战略的提出，各地之间沟通交流更为便捷与频繁，从而诞生出许多可以深入发展服务业的新业态，包括法律、金融、运输

等服务业都可能产生新业态。

三、未来广东省服务业"新模式"发展路径

(一) 管理方式发生变化

随着新业态的不断涌现，现有或者传统的管理经营模式有些可能不再适用，例如随着最火热的新业态之一的"电子商务"的不断推进，许多线下经营模式的企业转变为线上经营，一些完全线上经营的企业也开始转变为线下，也具有实体店铺，可以说目前没有一种完美的管理经营模式适用于新业态不断涌现诞生的服务业。

广东省未来主要还是会聚焦于新业态服务业的模式转变上，例如信息、养老、电商、金融等服务业的新模式上，以医疗养老服务业为例，在国家大力推进"医养结合"的背景下，广州市慈善医院医养结合研究院积极开展医养结合基本理论、服务模式、服务评估标准和政策制度设计等方面的研究和实践。2017年，该研究院获第四届广州市公益创投项目立项资助，进行中医药健康居家养老服务包的研究开发，将医养结合延伸到居家养老，减少老年人发病率、就医率、再次住院率，促进身体健康，提高生活质量，提升幸福获得感。

(二) 信息化和线上业务成为发展的主流模式

目前大部分服务业新模式都是基于信息技术的发展产生的线上需求新业态而诞生的。未来随着5G的普及以及大数据、云计算等技术研发的进一步加强，会有越来越多的服务行业企业转变商业模式，加入线上经营，同时某些特殊的服务行业如医疗、养老等都会因为技术和需求的产生转变经营模式，未来的服务业经营模式将更为信息化。

(三) 通过大湾区的建设，加强服务业"新模式"建设、监管及指导，尝试突破粤港澳深度服务业合作

未来广东省对服务业"新模式"的相关外部支持也会加快建设，包括监管以及指导。"粤港澳大湾区"战略的提出同样会显著影响广东省服务业的运行模式，未来要加强三地经济文化科技交流，服务业需要从广东省辐射到

整个湾区，三地的文化、经济、产业等都具有一定差异，服务业企业若想在湾区占据市场必须调整自身模式，以适应三地不同的需求。并且未来广东省的服务业将会依托政府的项目进行模式改变，例如在大湾区内充分发挥创新优势，开放港澳服务，扩大港澳金融、建筑、卫生等专业服务范围，将港澳的航空航海航线作为国内特殊航线来管理，尝试突破粤港澳深度合作的体制机制障碍，为粤港澳大湾区建设发挥示范引领作用，各个服务业行业会因外部政策以及市场运作模式的改变而改变自身商业经营模式。

第四节 广东省服务业"三新"发展对策建议

一、加速科技研发体系建立

广东省服务业新模式、新业态当前还处于起步阶段，随着科学技术的不断进步，新模式、新业态必将大量涌现，对经济发展的促进作用会更加明显。所以，新技术尤其是计算机以及电子信息技术的创新，有助于积极促进新模式、新业态发展。

从诞生逻辑上来说，新时代背景下，新模式、新业态多是建立在信息技术和数字技术之上的，以市场需求催生新业态、创造新模式就需要加强对新技术的研发及综合运用。因此要抓好新一代信息技术建设，引导企业尽快建立网络化制造平台，抢占新模式、新业态发展先机，积极拓展新模式、新业态应用范围。

（一）推动科技金融的发展

包括完善天使投资的市场体系、优化创业风险投资体系、完善互联网金融的监管体系等，同时还要发挥深圳在广东省的科创中心以及金融优势，尽快利用其辐射效应以推动整个珠三角乃至广东省的科技金融发展。

（二）推动产业聚集尤其是高技术产业聚集

产业聚集对科技创新水平是有一定的促进作用的，这是有相关理论依据的，并且高技术产业聚集的影响更为明显，应当加快高新技术产业孵化器、

(三) 加强教育资源的建立

从前面分析可以发现,广东省对比其他创新水平较高的地区,高等教育资源还是较为落后的,目前广东省的高技术人才主要是倚靠人才引进,一流高校数量太少,自主培养能力不足。应当加快提升广东省高校教育水平以及教学资源,提高人才自主培养能力。

二、加快产业结构调整

广东省的第三产业发展速度还是处于全国前列,但是从结构发展上来讲,还与北京上海存在较大差距,想要促进服务业的发展质量,必须提高第三产业带动经济增长的能力。

促进广东省服务业"新技术""新业态""新模式"发展的前提是加快广东省服务业产业的建设,调整产业结构,目前广东省服务业所占比重正在逐渐提高,其中珠三角又是广东省各产业聚集的核心区域,广东省的全面调整与发展离不开珠三角地区的辐射与带动,所以要想加快广东省产业结构调整,首先需要促进珠三角地区产业结构调整。由表4-6中的数据可看出广州第三产业占比超过70%,在未来发展中将大力借助发达的第三产业优势继续发展优质服务业以支撑区域其他产业的发展;深圳现代化城市水平较高,金

表4-6　　　　　　2018年底珠三角九市产业构成　　　　　　单位:%

城市	第一产业	第二产业	第三产业
广州	1.0	28.0	71.0
深圳	0.1	41.4	58.5
珠海	1.8	48.1	50.1
佛山	1.4	57.7	40.9
惠州	4.3	52.7	43.0
东莞	0.3	48.3	51.4
中山	1.6	50.3	48.1
江门	7.0	49.2	43.8
肇庆	15.5	36.6	47.9

资料来源:《广东省统计年鉴》。

融业、服务业等第三产业的发展程度在全国城市中也名列前茅，还毗邻香港，香港金融业与深圳科技产业的有机融合可更好地促进地区共同发展；其他城市则在广州、深圳制造业转移及产业结构升级的任务中扮演重要的角色，同时倚靠珠三角区域经济发展优势，与区域内其他城市合作，逐步完善建设第二、第三产业。

而广东省其他地区，需要结合自身产业特点与优势进行调整，充分利用珠三角地区的发展优势，与珠三角地区产业结构相辅相成，促进整个广东省地区服务业发展。

三、改善市场环境、完善保障政策

任何产业行业的发展离不开外部的市场环境以及监管，早些年的"共享潮流"是一次由信息技术的提升与实现市场需求的完美结合，但是，正因为缺少与时俱进的政策以及强有力的监管，共享概念被疯狂消费，造成了大量资源的浪费，许多公司缺乏市场前瞻性以及相关指导，陷入了经营危机。

所以，服务业也是如此，不论是新技术的运用、新业态的产生还是新模式的建立，都需要良好的市场环境指导以及有力的政府监督。才能保障服务业的高质量高效率发展。

（一）政府要做好产业引导，加大产业基础设施的投入

美国、以色列等发达国家和地区的经验表明，科技、金融创新既离不开政府的支持，又不是由政府产业政策引导的投资项目或是因招商引资而成，而是靠市场规律的发展自然形成的。政府的职责只是建立规则，确定长远规划，对创新发展实行合理指导，为企业提供良好的法律法规环境等，所以在新技术的研发运用上，政府起到建立规则、完善指导、总结运用的作用。

（二）借助市场的无形之手，推动新业态、新模式的发展

高新技术本身并不能直接带来经济效益，完成这一转化的是一种金融工具——风险投资。创业投资作为创新型金融工具以及市场的有效手段推动了新模式新业态等新经济的发展。世界上新模式新业态发达的地方其创业投资也是最发达的，为了使市场"无形的手"的效率最大化，需要合理地控制市场环境，包括促进产业聚集、产业区域划分等，以催生服务业的新业态以及新模式。

四、充分利用区域产业资源的特色和优势，扶持优势、特色企业

服务业的新型发展必须以其他行业作为载体，只有相关产业行业的发展才能催生对服务业更高更新的需求，从而促进服务业"新技术""新业态""新模式"的发展。并且随着"粤港澳大湾区"战略的推进，整个湾区内的产业分工将进一步细化。而区域内产业的特色化和专业化会进一步催生新的产业从而带动新的服务业业态及模式，如最近兴起的养老健康及医疗产业，带动了信息技术的结合发展，催生了智能化服务平台。并且在发展特色产业的同时，扶持优势、特色企业，包括服务技术研发企业、信息技术服务企业、生产性服务业企业等，先集聚领导力量，再带动整个市场发展，从而更好地促进产业专业化，推动服务业的高质量、高技术化，以及催生服务业新业态、新模式。

（本章编写者：孙波、龙晓）

第五章　广东制造业服务化发展情况研究

制造业服务化是社会生产力不断发展以及社会化分工迂回程度逐渐提高的必然要求和重要体现。在经济全球化和国际分工日趋深入的当今世界，制造业服务化对其生产效率的提高和国际竞争力的加强都有重要影响。一方面，当前制造业企业普遍重视通过各种途径促进其内部生产服务效率的提升。比如，提高人力资源质量和技术水平，加快产品研发设计，岗前培训和价值链管理，强化金融服务和法律保障等。另一方面，制造业企业对其所销售的产品外部服务给消费者所带来的主管满意程度也日益重视。当前，制造业企业不仅只重视其产品销售能否顺利进行，还开始关注产品的配套运输、上门安装、售后维护与修理等服务环节，从而提升了制造业企业的产品销售量和市场竞争力。可见深入研究广东制造业服务化的发展现状，准确把握广东制造业服务化在全国中所处位置，然后指定具有针对性的政策措施，无论是对于进一步推进广东省对外开放还是提升省内制造业竞争力水平都有重要的理论意义和实践价值。

第一节　制造业服务化释义及广东省发展现状和存在问题

一、制造业服务化的概念、典型案例与考察方法

（一）制造业服务化的概念

在产业发展和融合过程中，制造业与服务业之间并不能截然分开，而是彼此制约、交互影响的过程。制造业服务化即是制造业企业商业模式创新的

重要体现。当前,对于制造业服务化的具体内涵并没有形成一个权威的公示。

有学者认为制造业服务化是指制造企业旨在获取竞争优势,将价值链由以生产制造为中心向以服务提供为中心转变(刘继国,2006)。有学者将制造业服务化划分为服务业为制造业提供服务支持的初级阶段、服务业为制造业提供价值增值的中级阶段、服务业为制造业提供价值创造功能的高级阶段(王素云、沈桂龙,2019)。有学者认为制造业服务化是由制造企业与顾客、供应商及其他利益相关者在价值网络内合作完成的,随着服务的深化,参与创新的主体逐渐增多,创新主体之间的链接强度不断增强,主体之间的网络关系也趋于复杂化,可以认为制造业服务化是制造企业与其他主体之间合作进行的价值共创活动(李天柱、刘小琴,2020)。有学者认为制造企业服务化是以核心实体产品为载体,衍生安装、维修、配送等基础性服务,以及技术咨询、产品研发、系统集成等提升性服务的过程,其目的是面向客户问题提供集成解决方案(赵艳萍等,2020)。也有学者将制造业服务化定义为服务要素在制造企业竞争优势构建及其价值创造中扮演的角色具有越来越重要地位的趋势(胡查平等,2020)。还有学者认为制造业将战略核心由生产转向服务,产业链定位由产品制造商转向解决方案供应商,以服务代替物质要素中间投入且向市场提供更多服务,形成全球范围内制造业服务化发展现象(夏秋,2020)。

一般而言,制造业服务化不仅意味着企业内部诸如产品开发设计、人力资源管理、价值链管理、组织协调等不同类别服务效率的提升,从而对制造业自身发展及其竞争力提升所起到的作用日益凸显,媲美甚至超过了技术、人力资本等传统因素的作用,而且意味着企业的顾客日益重视与该企业物品相关的外部服务,例如产品安装运输、产品售后维护和修理以及其他技术支持。由此可见,随着消费者对产品服务化需求不断提高,生产者必须不断重视产出无形成分的服务对其产品价值和销量所起到的支撑作用。总之,制造业服务化是生产过程中投入服务化以及产出过程中业务服务化的综合体现。

制造业企业服务化程度的提高对企业的生存与发展具有重要意义。一方面,从企业内部层面来看,有助于提升企业内部组织效率,将产品的质量差异化程度从销售的有形产品进一步衍生至无形服务,进一步延伸产品的生命周期,同时还可以为企业创造更多的无形资产和企业声誉。另一方面,从企业所面临的外部环境层面来看,制造业企业服务化程度提升还能满足市场上丰富而多变的消费者市场需求,进一步凸显出企业的产品差异化程度,为企业创造更大的市场竞争优势，促使企业在激烈的市场竞争中与其他竞争对手相区别，从而更适应瞬息万变的市场需求，获取更为丰厚的企业利润。

(二) 制造业服务化的典型案例

随着全球经济竞争程度不断提高，许多国际垄断的大公司日益重视提升制造业服务化程度，致力于通过促进制造业服务化融合发展不断提升公司的生产效率和国际竞争力。以下主要列举罗尔斯—罗伊斯公司和 IBM 公司这两个制造业服务化程度颇具代表性的著名公司作为典型案例，以期为后面分析提供典型素材。

案例 5-1　罗尔斯—罗伊斯公司：制造商不卖产品卖服务[①]

罗尔斯—罗伊斯公司成立之初的主要经营领域集中在汽车设计、生产以及销售等业务，随后逐渐转向飞机发动机制造，并成为全球最大的航空发动机制造商。然而，罗尔斯—罗伊斯公司并不直接向波音、空客等大型飞机制造商直接出售发动机，而以"租用服务时间"的形式出售，并承诺在对方的租用时间段内，承担一切保养、维修和其他服务。当所提供的飞机发动机出现故障时，并不需要由飞机制造商或航空公司进行修理或者更换，而是由罗尔斯—罗伊斯公司所派驻在每个大型机场的专业修理人员提供专门的维修服务。

在这一模式的推动下，廉价航空公司由于无须支付发动机修理维护方面的高额支出费用，致使这些廉价航空公司找到了较大发展的空间。资料显示，罗尔斯—罗伊斯公司通过改变运营模式，扩展发动机维护、发动机租赁和发动机数据分析管理等服务，通过服务合同绑定用户，增加了服务型收入。公司销售的现代喷气发动机中 55% 以上都签订了服务协议，2007 年服务收入达到公司总收入的 53.7%。

案例 5-2　IBM：从硬件制造商向 IT 服务商的成功转型[②]

国际商业机器公司（IBM）作为电子计算机领域的重要制造商，经过十多年的整合逐渐转型为"提供硬件、网络和软件服务的整体解决方案供应商"。资料显示，十几年前，当所有 IT 厂商大造 PC 时，IBM 已悄然转型 IT 服务。而今天当越来越多的 IT 厂商开始意识到 IT 服务的战略重要性及极强

---

① "罗尔斯—罗伊斯：制造商不卖产品卖服务"[OL]. 吉林省制造业与服务业融合公共服务平台，http://www.jlmsp.com.cn/rhfz/viewInfo.jhtml?id=26&viewType=picArticle.

② 杨书群. 服务型制造的实践、特点及成因探讨[J]. 产经评论，2012 (4)：46-55.

的创收能力时，IBM 却再次转身，开始转入服务产品化策略。

在 IBM 全球的营收体系中，不断加大专利组合，与其他公司交叉许可，目前大约有 55% 的收入来自 IT 服务。面对巨大的中国市场空间，IBM 提出用"服务产品化"的方法来创新 IT 服务策略。

（三）制造业服务化的考察方法

如何准确测量出制造业服务化的程度是一个并未达成统一认识和公认方法的问题。随着考察制造业服务化的研究不断增多，不同学者所采取的测算方法也各不相同。比如，有学者通过测算"制造业服务化指数"反映制造业与服务业的跨产业融合程度，进而构造"制造业的服务投入额/制造业的中间投入"作为"制造业服务化指数"（罗惠欣等，2018）；有学者使用制造业的服务产出与制造业总产出之比来测算（刁莉、朱琦，2018）；还有学者利用企业其他业务收入对企业服务业务收入进行近似替代，然后用企业的服务业务收入除以企业的营业总收入得到企业的服务化率（徐振鑫等，2020）。

尽管不同学者所采取的测算方法不一样，但是有一点是明确的，那就是制造业服务化的过程应该是朝着自身价值链向两端不断攀升的过程。价值链的变动是与生产过程中的要素禀赋结构密切相关的。林毅夫等认为要素禀赋结构是国家在不同时期所拥有的生产要素中资本、劳动和自然资源的构成（林毅夫、李永军，2001）；是指经济发展所需要的各种生产要素的比例关系，当主要研究劳动和资本两种要素时，要素禀赋结构升级就是资本相对劳动越来越丰富，或者说资本的深化过程（徐朝阳、林毅夫，2010）。要素禀赋结构的变动决定了一国制造业企业在全球价值链中所具有的竞争优势和获取产品附加值的能力。

一般而言，一国的产业价值链按照该国企业在不同价值生产环节中所处的不同地位而面临着"微笑曲线"或者"苦笑曲线"。"微笑曲线"表明产业附加值集中在产品设计和销售等附加值高的环节，而在中间制造加工这一附加值较低的环节则企业较少。然而"苦笑曲线"则与此相反，我国当前制造业领域基本上就处于面临"苦笑曲线"的窘境。从本质上来看，企业附加价值是其在生产经营过程中的获利潜力。

因此，从产业中观层面来看，要推动一国产业结构升级就必须促使其国内产业朝着产业价值链的"微笑曲线"两端发展。类似地，从企业微观层面来看，制造业企业在其产品生产研发环节和产品销售售后环节都加大服务投入或者说提升制造业服务化水平是提升其外在竞争力和获利能力的迫切要求。

综上所述,制造业服务化应该是促使制造业企业由中间的低端环节向两头的高附加值环节进军,进而使得"苦笑曲线"逐渐变平(见图5-1),于是产业价值链也将逐步向两端延伸,或者沿着已有的"微笑曲线"不断向两端攀升[①]。

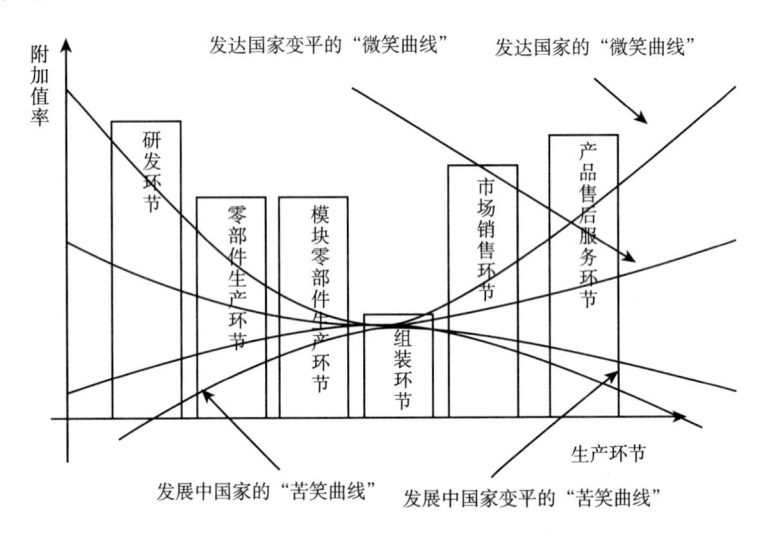

图5-1 发达国家的"微笑曲线"和发展中国家的"苦笑曲线"

基于以上认识以及数据的可得性,同时考虑到制造业服务化过程必然与其朝着价值链两端发展密切相关的事实,我们主要通过国际和国内两大维度的比较分析来考察广东制造业服务化的发展程度和所处地位。

一方面,如前所述,为了进行国内比较,我们选取了江苏、浙江两个外贸大省作为广东省的国内比较对象。在广东、江苏、浙江等地区投入产出表中,我们选取信息传输、计算机服务和软件业、租赁和商务服务业、科学研究事业以及综合技术服务业等四个行业作为制造业企业朝着价值链两端的服务业发展规模测度行业。为了确保数据的可得性以及统计口径的一致性,广东、江苏、浙江三省的数据均来自2002年、2007年以及2012年的《中国地区投入产出表》。由于国内地区投入产出表每5年统计公布一次,而目前未能获得2017年广东、江苏、浙江等省份的投入产出表数据,因此最新数据只能

---

① 徐春华. 以要素禀赋结构升级促进产业链延伸:走出"比较优势陷阱"[J]. 经济研究导刊, 2011 (35): 177-178.

到 2012 年，但这并不妨碍我们对广东、江苏、浙江这三省的制造业服务化程度进行比较分析。

另一方面，为了进行国际比较，同时考虑到经济发展水平接近性以及数据的可得性，我们选取了韩国、日本以及印度作为广东省的国际比较对象，需要说明的是，出于数据可比性的考虑，韩国、日本以及印度的投入产出表统一来自世界投入产出数据库（WIOD）所公布的最新数据，即 2000~2014年的投入产出表数据；同时，为了进一步确保本数据与广东省数据的可比性，我们还选取了 WIOD 所公布的中国的投入产出表数据，并计算了中国的制造业服务化的测度指标。为了更好地与 WIOD 所公布的中国的投入产出表相一致，我们拟将在广东省 2002 年投入产出表（122 部门）、2007 年投入产出表（135 部门）、2012 年投入产出表（139 部门）以及 2017 年投入产出表（142 部门）等不同年份的投入产出表的基础上，选用计算机服务和软件业、互联网和相关服务、商务服务、研究和试验发展、专业技术服务、科技推广和应用服务六个细分服务业行业中间投入总额作为制造业企业朝着价值链两端的服务业发展规模情况，并将这六个细分服务业行业中间投入总额在整个制造业行业中间投入总额中的比重作为广东制造业服务化的测度指标。

二、广东制造业服务化存在的发展现状及主要问题

（一）广东与江苏、浙江的比较

广东与江苏、浙江都是中等经济强省和外贸大省，其中广东是中国南大门以及改革开放的先行地，江苏和浙江的经济综合竞争力均居全国前列，是中国经济最活跃的省份之一，是全国经济和贸易的排头兵。因此，以江苏和浙江作为参照对象，对比分析广东制造业服务化的具体发展水平及其差距有助于准确把握广东的短板所在。

广东、江苏、浙江的制造业服务化指数见表 5-1。从中容易看出，在 2002~2012 年间，广东的制造业服务化指数呈现下降趋势：从 2002 年的 3.93% 下降到 2007 年的 2.94%，然后进一步下降到 2012 年的 2.65%。然而江苏和浙江的制造业服务化指数却均呈现（波动）上升态势：江苏的制造业服务化指数在 2002 年仅为 0.83%，随后上升到 2007 年的 2.63%，然后进一步上升到 2012 年的 3.43%；浙江的制造业服务化指数从 2002 年的 2.87%，

随后下降到2007年的2.65%，然后上升到2012年的3.02%。

表5-1　　　　　　　制造业服务化指数国内比较　　　　　　　单位:%

省份	2002年	2007年	2012年
广东	3.93	2.94	2.65
江苏	0.83	2.63	3.43
浙江	2.87	2.65	3.02

通过上述比较不难发现，广东省的制造业服务化指数从2002年明显高于江苏、浙江的情形变为2012年低于这两省的情形。由此表明，2002~2012年间，广东省的制造业服务化水平不仅没有得到明显提高，而且相对于江苏、浙江等外贸大省而言还呈现相对恶化的态势。

广东制造业服务化的这一变动趋势是值得警惕的。广东省作为中国对外贸易的南大门和粤港澳大湾区的关键组成部分，制造业服务化水平如果不提高则预示着其制造业竞争力将受到较大影响，而且对于广东推进经济高质量发展也将形成较大阻力。

（二）广东省与韩国、印度、日本等国的比较

在经济全球化及国际生产分工纵深发展的当今世界，中国作为世界工厂拥有全球最完备的工业门类，广东作为外贸大省成为中国经济增长的重要引擎。因此，仅与国内浙江、江苏等其他经济贸易大省比较并不能准确识别出广东在全球制造业服务化大趋势当中的具体位置和所处阶段，而应该进行国际比较才能更为深入和准确地识别出广东制造业服务化的具体情况。因此，在数据可得性的基础上，我们选取了韩国、日本、印度作为国际比较的参照样本。

广东省和韩国、印度、日本等国家和地区的制造业服务化指数见表5-2。从中容易看出，在样本考察期间，广东省的制造业服务化指数依然呈现下降的趋势，这与前面采用《中国地区投入产出表》数据所测算出来的广东制造业服务化指数变动趋势相一致——尽管本部分的结果在数值上稍微高一些。具体来说，广东省的制造业服务化指数从2002年的3.05%下降到2007年的2.61%，随后下降到2012年的2.47%，在2017年进一步下降到2.14%。

表5-2　　　　广东省制造业服务化指数与相关国家的国际比较　　　　单位:%

地区	2002年	2007年	2012年	2014年	2017年
广东省	3.05	2.61	2.47	—	2.14
韩国	6.32	4.27	2.65	2.81	—
印度	2.94	1.94	2.57	4.04	—
日本	4.69	3.76	3.59	3.69	—

在国际层面上，基于WIOD投入产出表测算的结果显示，在2002~2014年间，韩国从6.32%波动下降到2.81%，印度从2.94%波动上升到4.04%，日本从4.69%波动下降到3.69%。总体来看，广东制造业服务化程度明显低于日本和印度。

总体来看，近年来广东省的制造业服务化程度已明显低于韩国、印度、日本等东亚国家，也低于全国的平均水平。这再一次说明广东省制造业服务化确实位于相对较低的水平。因此，进一步探寻制约广东制造业服务化水平提升的主要因素，进而提出相应政策措施无疑是具有重要意义和实践价值的。

第二节　广东制造业服务化的制约因素

一、信息传输、计算机服务和软件业在制造业中的投入规模相对偏小

对比分析图5-2中广东、浙江、江苏三个省中的信息传输、计算机服务和软件业在制造业中的投入规模容易看出，2002~2012年间，尽管在2002年广东省的这一数值为108亿元，明显高于同期的江苏省和浙江省（依次为53亿元和69亿元），然而广东省的这一数值保持平稳增长态势，到2012年也仅为166亿元，增长53.7%；江苏省则增加到2012年的325亿元，增长513.2%；浙江省增加到2012年的482亿元，增长598.6%，它们的增幅均明显高于广东省。信息传输、计算机服务和软件业在制造业中的投入规模相对偏小且其增速相对缓慢的现状显著拉低了广东制造业服务化的发展速度和质量。

从行业内容及主要涵盖范围来看，信息传输、计算机服务和软件业主要包括软件开发、集成电路设计、运行维护服务、信息处理和存储支持、信息

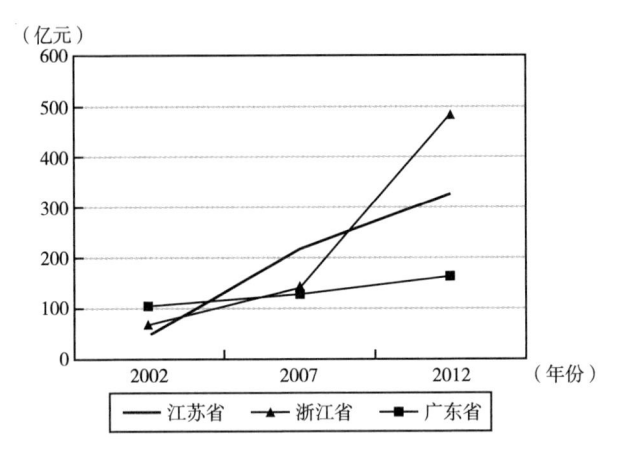

(亿元)
600
500
400
300
200
100
0
    2002   2007   2012   (年份)
—— 江苏省 —▲— 浙江省 —■— 广东省

图 5-2 信息传输、计算机服务和软件业在制造业中的投入规模

技术咨询、数字内容服务，以及对信息传输、信息制作、信息提供和信息接收过程中产生的技术问题或技术需求所提供的服务。因此，广东省信息传输、计算机服务和软件业在制造业中的投入规模于 2012 年后明显低于浙江省和江苏省的现状表明了广东省在制造业生产过程中信息传输计算机服务方面的投入相对不足，从而不利于推动广东制造业高质量发展。

二、科学研究以及综合技术服务业在制造业中的投入规模相对偏小

从图 5-3 中科学研究事业以及综合技术服务业在制造业中的投入规模的比较分析容易看出①，在 2002~2012 年间，浙江省的这一数值从 2002 年的 47 亿元增长到 2012 年的 150 亿元，增长 219.1%；江苏省的这一数值从 2002 年的 23 亿元增长到 2012 年的 189 亿元，增长 721.7%；而广东省的这一数值则从 2002 年的 22 亿元增长到 2012 年的 143 亿元，增长 550%。从上可知，广东科学研究以及综合技术服务业在制造业中的投入规模不仅在 2012 年在数

---

① 应该指出的是，虽然广东省、江苏省、浙江省三省的数据均来自 2002 年、2007 年以及 2012 年的《中国地区投入产出表》，但是在三年中关于科学研究以及综合技术服务业的行业划分与统计是存在一定差异的，2002 年的《中国地区投入产出表》中包含 "科学研究事业" 和 "综合技术服务业" 两个行业，2007 年的《中国地区投入产出表》中包含 "研究与试验发展业" 和 "综合技术服务业" 两个行业，然而 2012 年的《中国地区投入产出表》中则只包含 "科学研究和技术服务" 这一个行业。

值上低于江苏省和浙江省两省,而且其增速也明显低于江苏省。这也已经成为当前广东制造业服务化的一大制约因素。

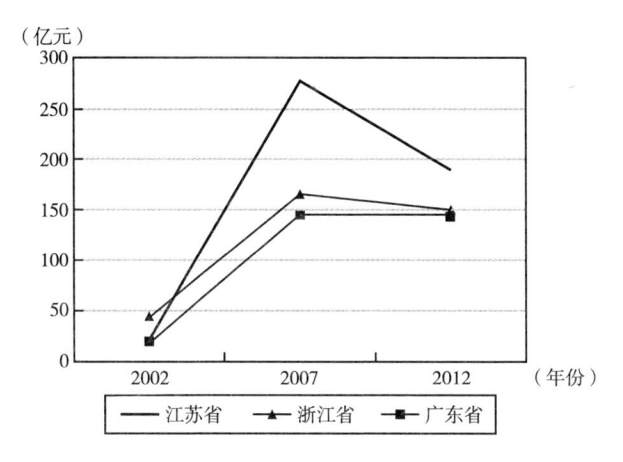

图 5-3 科学研究以及综合技术服务业在制造业中的投入规模

从统计范围来看,科学研究和技术服务业包含研究和试验发展、专业技术服务业、科技推广和应用服务业等门类,囊括了有关自然、工程、人类、文化和社会的知识以及运用这些知识创造新的应用所进行的系统的、创造性的活动。因此,广东科学研究以及综合技术服务业在制造业中的投入规模依旧比浙江省、江苏省等省份要低的现状同样表明了广东省在推动制造业高质量发展进程中的科学研究以及综合技术服务业投入不足的瓶颈。

三、制造业服务化的内在动力较弱及政策支持不足

除了本章所考察的指标构造方面所显示出来的如上制约因素外,广东制造业服务化还面临着内在动力(如核心动力以及转型动力)以及政策支持都较弱等因素的制约。

以省会广州为例。广州作为全国重要的一线城市,长期内以制造业的发展雄踞南方,但其服务业发展则相对滞后,制造业服务化水平中也存在较明显的多方面限制因素,总体上表现在制造业服务化的内在动力较弱以及制造业服务化的政策支持不足这两方面。[1] 主要体现在广州制造业服务化转型面

---

[1] 邓于君,蒋佩衿. "互联网+"背景下广州制造业服务化转型升级的动力机制、面临问题及策略建议[J]. 广东行政学院学报, 2018, 30 (5): 83-89.

临比较明显的专业知识储备不足,资金、技术、人才等生产要素相对匮乏的困境,以至于不能产生较大的助推广州制造企业服务化程度不断提高以及转型升级的内生动力。

已有研究显示,一方面,当前广州的制造企业主要依靠资源要素投入和规模扩张的粗放经济增长方式,对于制造业服务化转型与服务型制造的重要性、迫切性认识严重不足。另一方面,当前已有融资政策由于受财政管理体制约束而主要面向实体经济展开,而服务业企业往往因其缺乏实物资产保障而无法获得相应的融资资助与财政援助。

再以佛山为例,近年来佛山通过推进传统优势产业集聚加快形成了相对完整的产业链以及相对完备的配套服务,生产过程中的研发投入有较快增长,专利申请数和专利授权数均有较快增长,然而企业核心技术发明专利授权数并不多。特别是从佛山全部制造业行业来看,由于整体技术水平偏低,许多行业领域的企业尚未形成自主研发能力,产品核心技术大多来源于国外,重大技术装备的系统集成能力不强,核心能力缺失,从而导致即使企业具有服务化转型的意愿也难以有所作为(杨书群、冯勇进,2016)。

四、生产性服务业对制造业服务化的支撑作用有待加强

随着社会分工迂回程度不断提高,生产性服务业和消费性服务业慢慢从服务业这一行业中分离开来,并且对制造业发展所起到的助推作用也越来越大。一般而言,生产性服务业专门指为了确保制造业生产过程不被中断以及生产效率能有效提高而提供相应配套保障服务的服务行业。它并不向消费者提供直接的、独立的服务效用,一般被认为包括研发设计与其他技术服务,货物运输、仓储和邮政快递服务,信息服务,金融服务,节能与环保服务,生产性租赁服务,商务服务,人力资源管理与培训服务,批发经纪代理服务,生产性支持服务等主要类别的服务行业。

由于生产性服务业是从制造业内部的生产服务部门独立发展起来的,因此它天生就具有依附于制造业企业而存在的内在属性,并且贯穿于企业生产的上游、中游和下游诸环节中,有助于推动制造业企业加大人力资本及智力资本的投入,从而提升内生动力。

从近年来广东省全省生产性服务业增加值的发展情况看①，2017~2019年间，全省生产性服务业增加值从 24718.8 亿元上升到 28821.5 亿元，增长 16.6%；从截至 2019 年的最新数据来看，在已公布最新数据的生产性服务业细分行业中，增长最快的是信息服务业，从 2017 年的 3744.5 亿元增长至 2019 年的 5296.0 亿元，增长 41.4%；其次是批发经纪代理服务，从 2017 年的 5170.1 亿元增长至 2019 年的 5985.3 亿元，增长 15.8%；然而金融服务业则呈现萎缩态势，从 2017 年的 5512.3 亿元下降至 2019 年的 5314.9 亿元，变动幅度为 -3.6%（见表 5-3）。

表 5-3　　　　　　　　　广东省生产性服务业增加值　　　　　　　单位：亿元

项　目	2017 年	2018 年	2019 年
行业总值	24718.8	26664.0	28821.5
研发设计与其他技术服务	1708.4	2166.2	—
货物运输、仓储和邮政快递服务	2203.5	2233.9	2311.3
信息服务	3744.5	4710.2	5296.0
金融服务	5512.3	4817.4	5314.9
节能与环保服务	399.4	224.2	—
生产性租赁服务	186.6	232.2	—
商务服务	2833.9	3063.5	—
人力资源管理与培训服务	1189.4	1500.5	—
批发经纪代理服务	5170.1	5691.0	5985.3
生产性支持服务	1770.6	2025.0	—

资料来源：广东统计信息网公布的 2020 年《广东统计年鉴》。

尽管广东省的生产性服务业总体上有较快的发展，然而却未能对制造业服务化产生明显的支撑作用。以近年来增长最快的信息服务业为例。广东省商务厅服务业统计处发布的《广东信息服务业发展研究》②报告显示，尽管早在 2007 年广东省人民政府便已出台相关文件提出要加快发展信息服务业，并且近年来广东省在大力发展信息服务业方面也已经取得较大成就，但仍存在传统信息传输服务业增长缓慢、行业企业规模较小、互联网服务业和软件

---

① 由于广东省的生产性服务业统计方法是独自创立的，故不能和其他省份进行比较，只能进行自身纵向比较。按照 2020 年《广东统计年鉴》中的解释："考虑到可操作性，表中数据计算范围相对宽泛，生产性服务业所涉及的国民经济行业小类除货币银行服务外，其他全部计入生产性服务业。"

② 参见广东统计信息网：http://stats.gd.gov.cn/tjfx/content/post_2989777.html。

技术服务业与京沪浙等省区市存在差距等问题。特别地，京沪粤苏鲁浙6省份信息服务业2018年的经济指标比较结果显示，广东省的经济指标不论是总量还是均值都没有明显优势。广东信息服务业发展比较优势相对不足的现状不仅在一定程度上反映出广东生产性服务业的现状，而且更难以对广东制造业服务化提供有力支撑。

第三节 广东制造业服务化的内在机理与发展路径

一、制造业服务化的内在机理

大致而言，制造业服务化的内在机理主要包括内部动力和外部动力两方面。在内部动力的作用机制方面，主要致力于通过促进产品和过程开发、设计、后勤保障、扩展训练、岗前培训、价值链管理、组织开发和协调、人力资源管理、会计、法律及金融服务等内部服务人员及高层管理者的素质提升内部服务的效率，亦即通过制造业企业中的相关人员投入服务化水平的提高来强化企业制造业服务化的内在驱动力。

例如，在产品研发设计方面，应该加大研究与试验发展（R&D）经费投入，打造企业自身技术创新的基础平台，加大专利研发与申请力度，推进产学研科技合作，大力弘扬工匠文化，通过建立健全激发创新意识、保障创新环境、鼓励创新思想和行为的制度体系，营造勇于创新的企业文化氛围，使企业创新活动充分涌现，最大限度发挥和利用创新人才的作用。在制造业企业价值链管理服务方面，重视上下游不同环节价值链的资源配置效率，大力提升研发设计服务在产品设计研发这一上游环节以及产品市场售后服务在产品销售这一下游环节中的外溢效应，提高企业整体价值链的增加值水平。在提升高层管理者的素质方面，制造业企业的管理者要注重促进不同基层管理者之间以及企业内部各生产者之间技能的互补，提高企业内部横向与纵向的沟通效率。

在外部动力机制方面，主要通过提升顾客反馈参与度，有效推进维护和修理，推动购买融资、运输、安装、系统集成和技术支持等途径形成包括消费者、供应商以及其他市场竞争者在内的外部驱动力，或者说通过产出服务化的提升来增强企业制造业服务化的外在驱动力,大力提升企业服务产品在制造业产出中的地位,进而形成内在驱动力与外在驱动力有效结合、相互促进的良性互动机制。例如,在售后服务投入方面,制造业企业要积极通过提升售后服务质量及时了解产品销售情况及市场需求变动态势,力争为自身产品的客户群提供周到服务和精准服务,提升客户对商品的体验感和认可度,从而打造出制造业企业良好的企业品牌及市场信誉。

二、制造业服务化的发展路径

(一)通过柔性化、多样化、个性化催生客户市场需求

传统的制造业企业往往追求创造大批量进行产品生产的规模化生产能力和产能。随着市场经济的纵深发展以及消费者偏好的不断变动,消费者和采购商更注重所购产品的个性化以及时效性,从而客户对于产品定制化、个性化需求的要求逐渐提高,致使柔性化、多样化、个性化生产日益成为当今制造业企业的重要发展趋势。因此,制造业企业应重视从传统标准化生产向柔性化、个性化以及多样化制造转型,从而提升制造业企业对市场需求变动的反应速度,及时并有效地满足客户的市场需求。制造业企业要想顺应柔性化、多样化、个性化发展趋势,则需要保证企业的整条生产线从设备到设备之间的链接都具备较高的自动化生产能力,并且在自动化设备技术及相关服务方面加大投资力度。

特别是在制造业企业柔性化、个性化的转型过程中,要充分重视供应链服务。例如,当一个制造业企业接到两批订单后,不应该再如以往单纯制造一样让工厂拼命加班苦干赶交货,而是应该先在其生产过程中充分了解不同种类的商品销路如何,然后按照这两批订单中的商品的不同销路情况来决定优先生产那些市场走俏的产品。由此可知,互联网作为一种广域的连接工具,完全可以更低成本地将供应链的上下游连接起来,通过数据协同实现更大范围的供应链协同。

(二)通过"制造+服务"相融合推动制造业服务化

如前所述,传统的中国制造业长期中都面临着一条沉重的"微笑曲线","研发设计"和"销售渠道"等高附加值、高利润空间的环节几乎都被国外

企业所控制。通过促使先进制造业融入更多现代服务业元素，推动先进制造业和现代服务业双向融合驱动的"制造+服务"不断提升制造业服务化水平，孕育制造业服务化的新模式、新业态，实现制造业企业向研发设计、维护运行、营销、售后服务、品牌管理等环节攀升。

以中国汽车行业为例。汽车行业作为拉动中国产业发展的支柱产业，为推动中国经济增长发挥着重要作用。2019年中国民用汽车拥有量达25387.2万辆，千人汽车保有量从原来不到10辆快速增长到180多辆，达到全球平均水平。然而，当前与汽车相关的服务业种类与业态发展仍旧不足，例如二手车市场与汽车金融的发展空间有待拓展，汽车相关数据的整合、挖掘与产业化方面仍旧有很大潜力。特别是随着人工智能与大数据技术在汽车产业的应用深化，汽车逐渐从一个简单的交通工具成为一个复杂的数据交换平台，汽车成为现代城市生活的一个有机单元，融合了大数据挖掘技术与自动驾驶技术的智能汽车，对于城市生活和形态的改变将是革命性的变化。因此，我国需要重新审视汽车产业链的布局与价值链的提升，突破关键技术，大力发展汽车数据产业相关技术，提升产业的标准，配以适当的财政与金融政策，推动汽车产业走高端制造业与高端服务业融合发展的新型道路，补齐我国汽车产业链，提升我国汽车产业的价值链。①

具体到广东省而言，汽车制造行业是广东工业的支柱产业。《2018年广东汽车制造业发展情况分析》② 报告显示，2018年，广东省共有规模以上汽车制造业企业833家，完成增加值1859.70亿元，同比增长7.4%，增幅高于全省规模以上工业平均水平1.2个百分点；与此同时，广东汽车行业面临企业亏损面有所扩大以及自主品牌仍需进一步提升等困境。2018年，广东汽车制造业主营业务收入利润率为7.5%，同比回落0.5个百分点；2018年亏损企业为108家，占全部规模以上汽车制造业企业的比重为13.0%。特别是从广东自主品牌乘用车占比来看，产量和销量占全省汽车产销量的比重分别为21.2%和20.6%，均未达到1/2；从新能源汽车产量来看，广东新能源汽车产量占全国的比重为10.5%，低于广东汽车产量占全国的比重。关键技术未能有效突破，汽车产业与高端服务业融合发展依然面临较大挑战。

---

① 时杰. 走向制造与服务相融合的蓝海市场 [N]. 光明网-光明日报, http://news.gmw.cn/2020-06/18/content_33920709.htm, 2020-6-18.

② 参见广东统计信息网: http://stats.gd.gov.cn/tjfx/content/post_2226855.html。

第四节 广东制造业服务化的政策建议

一、挖掘和扩大制造业企业对生产性服务业的需求

生产性服务业的发展与制造业企业的发展是紧密相连的。生产性服务业的发展有效地保证了工业生产过程的连续性；相反地，制造业企业的快速增长以及产业分工的迂回化催生了对各种生产性服务业的有效需求。因此，大力挖掘和扩大制造业企业对其生产过程中的货物运输、仓储和邮政快递、信息金融、节能与环保、生产性租赁商务、人力资源管理与培训等服务需求，是实现制造业企业结构升级和高质量发展的必经之路。

针对广东信息服务业发展比较优势相对不足，尤其是提供传统信息传输服务的电信、广播电视和卫星传输服务业发展相对缓慢，从而难以对广东制造业服务化提供有力支撑的现状，应该大力推进信息服务业的发展。特别地，在当前百年未有之大变局以及大力投建"双循环"新发展格局的大背景下，广东省要充分利用好启动新一轮基础建设的机遇，通过大力发展第五代移动通信技术（5G）来推动信息化建设和工业生产、制造业企业的深度融合。

二、营造制造业企业组织内部战略支持性企业文化

加强战略支持性企业文化建设是制造业企业做大做强的战略选择。制造业企业要贯彻落实"以人为本"的思想，提炼企业核心价值观，综合考察社会文化历史等综合因素，注重战略与文化的匹配性，准确把握企业核心内在精神，形成指导企业运营和员工行为的根本原则。通过这些方式提升企业员工及各级管理者对企业文化的认同度，使企业员工获得精神激励，进而激发出创造力和创新热情。

作为一种软约束，越来越多的企业都下大力气加强企业文化建设，千方百计打造优秀的企业文化。战略支持性企业文化建设有助于约束和规范制造业企业员工的思想、心理和行为，营造一个具备群体的行为准则和道德规范的企业文化氛围，通过形成制造业企业自身价值观、企业伦理等的发散与传

播传递企业文化，打造能够引领战略、服务战略、支撑战略的战略支持性企业文化。由此通过提升制造业企业内部对员工行为的管理监控效率以及企业软实力，有助于提高企业的竞争力，提升企业形象，促进企业创新，增强企业的抗风险能力。

三、推动制造业企业加强高端制造并走向高附加值端

随着近年来广东珠三角地区"民工荒"持续显现，广东制造业企业的生产成本面临不断上升的压力，劳动力过剩以及人力成本低的"人口红利"时代逐渐远去，致使广东制造业企业的盈利空间大幅压缩。因此，广东制造业企业需要增强自身的核心竞争力，要在基础性、关键性和战略性领域形成强大的自主创新能力。地方政府还应该在规划引导、重点领域选择、实施路径、发挥企业主体价值等方面加大政策服务支持力度，推动广东制造业企业在全球产业分工体系中构建自主价值链，培育和打造一批具有国际影响力的跨国企业和知名品牌。

特别是，近年来美国为推动制造业回流实现"利益优先"并制约中国经济增长，以国家机器的力量对中国制造业企业进行疯狂打压，加之新冠疫情全球大流行对经济贸易全球化带来前所未有的严峻冲击。在此国际大背景和挑战下，作为改革开放的排头兵、先行地、实验区的广东省，要坚定不移贯彻新发展理念，大力推动智能化改造，加快运用信息技术改造提升现有产业，支持企业信息化、智能化成果应用、新产品开发、新工艺应用；支持优先购置和使用由广东省自主研发生产的成套装备或核心部件，鼓励重大通用装备跨领域的首次推广使用；尤其要促使研发设计、检验检测、人工智能、品牌管理等高技术含量、高附加值服务业成为推动制造业高质量发展的主要动力。

四、制造业企业要强化与国外服务市场的衔接与融合

中国要从"世界工厂"走向"制造强国"，必须鼓励制造业企业积极走出去，顺应时代发展大势，推动跨境电商、市场采购、外贸综合服务等新业态与制造业企业外贸出口有效衔接，通过共享物流信息、整合海外仓资源等方式，降低运营成本，充分利用国际市场高端服务业的优势，畅通进出口双

向渠道，提高出口产品附加值。

国际经验告诉我们，制造业和服务业各自发展的"单点开花"模式都是不可取的。因此，面对国际竞争的不断加剧，广东传统制造企业必须大力推进上下游产业整合，现代服务企业也要大力依托数据等方面优势不断向制造领域渗透，实现制造业与服务业融合发展不断加快；特别是要对标国际一流水平，大力发展金融、研发、设计、会展等现代服务业，提升服务业发展能级和竞争力，加快推进先进制造业与现代服务业深度融合。

五、通过激发省内生产要素活力为制造业服务化提供高质量的要素支撑

在当前新冠疫情全球大流行以及原有国际经贸格局遭受重大冲击的百年未有之大变局下，要通过建立健全技术、人才、资本以及数据等要素集聚与流动机制激活国内生产要素活力，完善数据要素开放共享及人才流动机制，增强突破科学技术瓶颈能力。在当今信息化、智能化迅速发展的大变革时代，经济发展的生产要素已经不再局限于劳动、资本等传统的要素层面，更多的国家和企业更为关注新型生产要素的挖掘与培育。尤其要重视培育和发展以知识为特征的技术、智力、人才、大数据等新型生产要素，促进广东省内人才、技术、数据等创新要素合理流动和共享，构建高素质创新人才更好参与培育壮大新动能的体制机制，[①] 促使高端制造业在其成长发展过程中创新发展、个性化发展所衍生的生产要素需求。

在对新型生产要素进行挖掘与培育的同时，还需要通过激发省内生产要素活力实现国内生产要素和中间品生产的技术升级，由此降低国内生产对国外中间品进口的依赖程度，缓解广东制造业企业服务化的国内生产要素瓶颈的制约。畅通国内市场和国内循环，在有序的对外开放进程中有效推进国际国内双循环优势互补，助力构建"双循环"新发展格局，从而为经济持续发展提供新动能，为通过制造业服务化促进产业结构转型升级注入新动力。

---

① 专家解读：激发新生产要素活力 加快培育壮大新动能 [OL]. 中国日报中文网, http://china.chinadaily.com.cn/2017-02/10/content_28164823.htm, 2017-2-10.

六、推动广东先进制造业和现代服务业深度融合

在当今社会生产力和社会分工高度发展的生产过程中,现代服务业已慢慢与传统服务业相区别开来,在经济发展过程中所起到的推动作用越来越大,对制造业企业生产效率的提高作用也愈发明显。一般而言,现代服务业主要指靠当今高新技术、现代管理方式特别是现代知识信息网络技术为制造业企业尤其是先进制造业企业提供金融服务、信息网络通信服务等高级生产者服务的行业。因此,现代服务业的发展将对制造业的发展产生重要的外溢效应和促进作用,推动广东先进制造业和现代服务业深度融合不仅非常必要而且意义重大。

事实上,2019 年政府工作报告明确提出"要推动先进制造业和现代服务业深度融合,坚定不移建设制造强国"。然而,从制造业服务化角度来看,先进制造业对现代服务业高端需求动力不足。广东先进制造业对现代服务业的需求主要还是停留在传统生产性服务需求上,即集中于采购、物流、保险、销售等环节;而对与先进信息技术相结合的高端服务产品有效需求不足,比如商务服务、设计服务、管理咨询、节能环保服务等环节。[1]

因此,广东省应该在推进产业结构升级过程中大力推动先进制造业的发展,引导金融服务、财税服务、商务咨询服务、保险服务以及信息技术服务等现代服务业率先有效融入这些先进制造业企业中。

(本章编写者:徐春华)

---

[1] 李晓峰,董思雁. 关于推动先进制造业与现代服务业深度融合、促进经济高质量发展的对策建议 [OL]. 民建中央网站,http://www.cndca.org.cn/mjzy/lxzn/czyz/jyxc/1497769/index.html,2020 – 3 – 4.

第六章 粤港澳大湾区现代服务业合作发展情况研究

2019年2月，国务院正式印发《粤港澳大湾区发展规划纲要》，标志着把粤港澳大湾区①打造成为世界级城市群和一流湾区的建设进程进入全面实施阶段。从世界其他三大湾区形成发展演变规律来看，现代服务业发展水平是区域经济发达的重要标志，也是产业演变的必然趋势。② 具体来看，旧金山湾区、纽约湾区、东京湾区等全球大湾区服务业比重均超过80%，其中纽约湾区更接近90%。当前粤港澳大湾区服务业占比仅为65%，与其他三大湾区服务业占比相差较远③。服务业发展相对滞后已成为粤港澳大湾区经济高质量发展面临的突出矛盾，如何释放三地现代服务业合作发展的巨大增长潜能成为社会各界密切关注的议题。《粤港澳大湾区发展规划纲要》中也多次强调要加快发展现代服务业，构建错位发展、优势互补、协作配套的大湾区现代服务业体系。因此，无论从现实需求还是发展趋势来看，以现代服务业为重点推进粤港澳大湾区一体化，既能加速推进大湾区区域经济社会一体化的发展融合，也能显著增强大湾区的全球核心竞争力。

当前，伴随广东省不断扩大对港澳服务业市场的开放及粤港澳大湾区建设进程的持续推进，为大湾区现代服务业合作发展带来巨大政策红利，粤港澳大湾区三地现代服务业合作发展正当其时。但对标世界其他三大湾区，粤港澳大湾区仍存在大湾区各城市现代服务业发展不均衡、城市同质化加剧、服务业与创新结合不足等问题，以及受到大湾区三地体制机制差异、发展环境有待提升、大湾区整体创新能力较低等因素的挑战。要成为世界一流湾区，

---

① 粤港澳大湾区包括11座城市，具体有广州、佛山、肇庆、深圳、东莞、惠州、珠海、中山、江门在内的大湾区内地9市和中国香港、中国澳门两个特别行政区。
② 魏作磊. 现代服务业是粤港澳大湾区创新发展重头戏［N］. 南方日报，2019-3-18.
③ 资料来源：CEIC、香港立法会。

大湾区应进一步推动三地以金融业、商务服务业及旅游业等为重点的现代服务业合作发展。与此同时，破除大湾区服务业体制机制障碍，拓展大湾区现代服务业合作发展广度与深度；打造大湾区法治国际化营商环境，推动大湾区成为国际现代服务业发展新高地；促进大湾区服务业科技创新发展，为大湾区服务业转型升级和深化现代服务业合作领域提供新动能、新模式、新路径。

第一节 粤港澳大湾区现代服务业合作发展现状

一、大湾区现代服务业发展基础

（一）现代服务业合作基础良好

首先，大湾区经济实力强，为现代服务业合作发展提供坚实经济基础。2018 年，粤港澳大湾区地区生产总值总量为 1.64 万亿美元，[①] 在四大湾区排名第二，虽然暂时落后东京湾区与纽约湾区，但差距不大，不影响其处于全球经济第一方阵中的经济地位，可见大湾区现代服务业合作发展潜力巨大。[②] 2019 年，大湾区地区生产总值总量突破 11 万亿元，达到 11.62 万亿元。[③] 其次，拥有庞大的一体化市场，为大湾区现代服务业合作发展提供巨大商机。大湾区位于港澳两大对外窗口城市及我国著名三大经济圈[④]的深度融合区域，经济腹地广阔，汇聚大量人才、资金、技术等服务要素，为大湾区现代服务业合作发展提供天然优势和可能性。同时，大湾区是东南亚乃至世界的重要交通枢纽，更是陆上和海上丝绸之路的重要交会点，这为大湾区现代服务业开拓国际市场提供广阔市场空间。最后，大湾区拥有自由贸易试验区、特别行政区、经济特区、自由港等国家重点扶持区域的多重身份叠加，制度红利

---

① 2018 年，东京湾区、纽约湾区与旧金山湾区经济生产总值分别为 1.92 万亿美元、1.72 万亿美元和 0.84 万亿美元（资料来源于粤开证券研究院）。
② 徐维军，陆琪琪，季昱丞，张卫国. 粤港澳大湾区科技保险与国际科创中心的互动研究 [J]. 华南理工大学学报，2020（4）：2-3.
③ 资料来源：《中国粤港澳大湾区改革创新报告（2020）》蓝皮书。
④ 三大经济圈分别为"深莞惠"经济圈、"广佛肇"经济圈及"珠中江"经济圈。

效应显著,为大湾区现代服务业对外合作发展带来巨大政策红利。

(二)现代服务业发展态势良好

一方面,大湾区现代服务业集聚水平较高。粤港澳大湾区汇集了以摩根大通、高盛、保诚为代表的金融服务企业,以联瑞集团为代表的世界知识产权服务企业,以普华永道、毕马威为代表的国际四大会计师事务所,以贝克·麦坚时、诺顿罗氏为代表的世界著名律师事务所,以深圳华侨城、香港迪士尼、广州和珠海长隆为代表的世界知名旅游企业[①]等一大批世界知名现代服务企业,现代服务产业集聚效应明显。另一方面,大湾区现代服务业合作发展空间在不断拓展。深港现代服务业合作区、佛山粤港澳合作高端服务示范区、横琴国际广告创业基地、广州南沙自贸区法律服务集聚区、深港设计创意产业园、横琴国际休闲旅游岛等平台加速建设,有助于充分发挥其在大湾区现代服务业进一步深化改革、扩大开放、促进合作中的试验示范作用,推进大湾区现代服务企业实现资源共享、服务共享、管理共享、环境共享。

(三)现代服务业竞争优势显著

近年来,随着粤港澳大湾区经济持续发展,大湾区现代服务业也得到快速发展。其中,港澳服务业高度发达,特别是金融、医疗、旅游、法律、会计、商业管理、餐饮、博彩等现代服务业较为发达。与此同时,大湾区内地九市现代服务业与先进制造业双轮驱动的现代产业体系已初步形成,现代服务业发展势头强劲。从产业结构来看,截至2018年,粤港澳大湾区服务业的比重约为65%。其中,大湾区内地九市服务业占地区生产总值比重由2005年的46.3%持续提升至2019年的57.1%,中国香港与中国澳门服务业占地区生产总值比重则长期保持在90%以上[②],大湾区服务业占主导的格局基本形成。从产业规模来看,大湾区内地九市现代服务业增加值由2018年的30279.99亿元增加到2019年的33319.70亿元,增加值占大湾区地区生产总

---

① 2019年全球主题公园发展前10位排行榜上,大湾区独占3席,其中深圳华侨城排第3位,深圳华强排第5位,广州长隆排第6位。
② 资料来源:根据粤港澳大湾区内地九市国民经济和社会发展统计公报、香港统计年刊及澳门统计年鉴整理得到。

值比重由 2018 年的 37.36% 提高到 2019 年的 38.34%①，大湾区现代服务业竞争优势在不断增强。

二、大湾区现代服务业合作情况

（一）大湾区金融业合作现状

一是人民币跨境使用机制不断健全。2009 年，广州、深圳、珠海和东莞四个大湾区城市率先开展跨境贸易人民币结算试点工作，有力推动跨境贸易人民币结算机制的发展。此后，广东自贸区建设的推进也为人民币在跨境投融资中的使用提供便利性机制，具体包括个人业务、跨境人民币贷款业务、跨境双向人民币资金池业务、跨境人民币债券发行业务、信贷资产跨境转让人民币结算业务等。同时，中国香港是全球最大的人民币离岸业务中心，中国澳门也初步建立起覆盖葡语国家的人民币清算网络，双方在推进人民币国际化进程中均扮演重要角色，人民币也成为大湾区跨境收支第二大结算货币。其中，大湾区内地九市和港澳地区 2019 年全年进行跨境人民币结算金额达到 2.32 万亿元，同比增长 17.3%，占本外币跨境收支的 45.4%，比全国高出 5.8 个百分点。② 2020 年 4 月，澳门特区在《2020 年财政施政报告》中提出，澳门将设立跨境人民币结算中心，正在研究和探索设立以人民币计价的证券交易所，人民币在跨境汇兑与使用的便利性将进一步提高，推动大湾区金融互补、互助和互动关系进一步加强。

二是特色金融产业合作不断深化。第一，绿色金融方面，大湾区具备良好的绿色金融发展基础与优势。首先，香港特区作为大湾区绿色金融中心，从 2015 年开始就积极推动内地企业在香港特区发行绿色债券，内地企业成为香港绿色债券市场的主要参与主体，并在 2019 年成功发行首批绿色债券。同时，2019 年 9 月，香港绿色金融协会与广东绿色金融专业委员会、深圳经济特区金融学会绿色金融专业委员会及澳门银行公会共同创立"大湾区绿色金融联盟"，有力推动大湾区绿色金融的进一步发展。其次，澳门特区则充分利用澳门的中葡平台优势，推动大湾区与海外葡语国家的绿色金融市场互联

---

① 资料来源：根据粤港澳大湾区内地九市国民经济和社会发展统计公报整理得到。
② 唐贵江，何肇爵. 金融融合发展助推粤港澳大湾区建设驶入"快车道"[N]. 中国新闻网，2020-2-18.

互通。最后,广州绿色金融改革创新试验区也在这一领域积极突破,试验区创新绿色企业和绿色项目认证机制,支持符合条件的港资金融机构积极参与境内绿色创业投资基金、绿色私募股权投资基金及绿色债券发行等绿色金融业务。截至 2019 年底,广州地区银行机构绿色贷款余额超 3000 亿元,累计获批发行各类绿色债券 638 亿元,新增绿色保费收入 488 亿元。[①] 第二,金融科技方面,粤港澳大湾区也具备良好的金融科技合作发展基础与优势。[②] 2017 年 6 月和 10 月,深圳市金融办与香港金融管理局分别签署金融科技合作备忘录和落地软协议,推动双方在金融科技产业应用、技术研究、经验交流等多方面展开合作,共同为大湾区金融科技合作发展创造良好环境。随着"粤港澳大湾区互联网金融联盟""大湾区金融科技促进总会"等相关金融科技服务平台相继成立,大湾区金融科技服务体制机制不断完善,成为大湾区三地金融科技交流合作的重要桥梁。

三是金融市场"互联互通"逐步深化。截至 2020 年 4 月,广东自贸区累计引入港澳创新性金融和类金融机构超 4500 家[③];创立全国首家港澳资控股或合资的基金、银行、证券机构;率先放开港澳金融机构持股比例;探索开展粤港电子支票联合结算、跨境车险与医疗保险等业务,为大湾区现代服务业合作发展提供有力支撑。2019 年 7 月,三地建立粤港澳大湾区金融纠纷调解合作机制,构建粤港澳三地共同认可的金融纠纷解决方法,推进大湾区三地金融业深度融合。

(二)大湾区商务服务业合作现状

在知识产权服务方面,早在 2006 年,内地即与港澳在《〈内地与香港关于建立更紧密经贸关系的安排〉补充协议三》以及《〈内地与澳门关于建立更紧密经贸关系的安排〉补充协议三》中第十条合作机制上达成共识:通过三地政府部门间的合作机制,加强知识产权保护领域的合作,为大湾区现代服务业合作发展保驾护航。首先,打造粤港澳大湾区知识产权交易平台。2014 年 12 月,国家知识产权运营横琴金融与国际特色试点平台成立,着力探索知识产业金融创新和跨境知识产权交易等特色业务,推动大湾区知识产

---

① 2019 年度广州金融十大新闻 [N]. 广州日报,2020 - 5 - 8.
② 粤港澳大湾区金融科技发展迅猛、潜能巨大,在 2018 年全球金融科技中心指数(GFHI)排名第 5 位。
③ 广东自贸区:各项指标居全国自贸试验区前列 [N]. 经济日报,2020 - 4 - 22.

权服务合作和现代服务业发展。其次,打造粤港澳大湾区知识产权服务中心。2018年3月,国家知识产权服务业集聚发展试验区在广州开发区揭牌,致力于建设区域性知识产业争端解决、知识产权运营、高端人才服务等服务市场,打造国际知识产权服务高地,促进大湾区知识产权服务业集聚发展。再其次,开展粤港澳大湾区知识产权交易博览会。2019年11月,粤港澳三地首次合办大湾区知识产权交易博览会,进一步深化知识产权合作。最后,建立知识产权质押专利互认机制。2019年12月,广东银保监局积极推动《广州市黄埔区 广州开发区推进粤港澳知识产权互认互通办法(试行)》出台,从多个角度拓展粤港澳知识产权合作领域,有利于推动粤港澳知识产权更好实现互认互通,促进区域现代服务业合作发展。

在法律服务方面,随着粤港澳大湾区仲裁联盟、深圳国际仲裁院北美庭审中心和"一带一路"法律服务联合会等组织机构纷纷成立,大湾区仲裁体制机制不断完善。如广州南沙片区设立广州海事法院自贸区巡回法庭,在南沙国际仲裁中心同步运行粤港澳三大庭审模式,实行法官中英文双语审判,按照三大法系国际仲裁模式进行仲裁。深圳前海发布《适用香港法裁判的制度探索与实践》,成立前海香港商会商事调解中心,并率先试点开展内地律师事务所与港澳律师事务所合伙联营试点工作。截至2020年8月,广州、深圳、珠海和东莞已获批成立12家粤港澳合伙联营律所,其中广州3家、深圳6家、珠海2家、东莞1家[①]。2020年8月,全国人大常委会授权国务院在粤港澳大湾区内地九市开展香港法律执业者和澳门执业律师取得内地执业资质和从事律师职业试点工作,截至2020年8月,有79名港澳律师取得"合伙联营所港澳律师工作证",可以在4市执业[②]。

在会计服务方面,积极推动会计政策开放,先后实施中国香港与内地注册会计师考试部分科目互免、取消港澳居民担任内地会计师事务所合伙人持股比例限制、放宽港澳人士担任特殊普通合伙会计师事务所其他合伙人条件。2019年,鼓励对不具有中国注册会计师执业资格的港澳会计专业人士,根据会计师事务所的内部协议,成为从事特定业务或执行某些管理职能的合伙人,并在大湾区内地九市执业发展。推动会计行业"放管服"改革,粤港澳大湾区三地共同建立粤港澳会计师事务所合作联盟,致力于推动三地会计师事务所在会计业务、技术、资源等方面的会计服务合作,进一步提升大湾区三地

---

①② 资料来源:广东省司法厅。

会计服务合作广度和深度。

（三）大湾区旅游业合作现状

在粤港澳大湾区现代服务业合作发展中，旅游业是走在最前面的行业之一。2017年12月，大湾区发起设立粤港澳大湾区城市旅游联合会，以推进三地旅游业合作发展。随后，中华人民共和国文化和旅游部、粤港澳政府和三地多个旅游业界代表在中国香港签署旅游合作协议，共同签署《粤港澳大湾区旅游业界合作协议书》，着力推动三地旅游融合创新发展、互学互鉴协同发展，并建立定期沟通渠道及日常联络机制，加强三地旅游信息互通。2018年4月，粤港澳大湾区城市旅游联合会第一次会议在广州召开，推出包括人文历史游、世界遗产游等10条各具特色的旅游线路，拓展大湾区三地旅游合作新领域。此外，三地旅游专业资格互认加快推进。2019年，随着《关于推进粤港澳大湾区职称评价和职业资格认可的实施方案》印发实施，港澳导游在粤执业获得制度保障，首批60名港澳导游及领队领取横琴新区专用导游证。

第二节 粤港澳大湾区现代服务业合作发展面临问题

一、大湾区内部发展不均衡

首先，大湾区内地九市内部的区域现代服务业发展不平衡，2019年深圳、广州现代服务业增加值分别为12101.47亿元、11423.18亿元，居于前两位，中山、肇庆则位于后两位，分别低于当年深圳服务业增加值11206.67亿元、11671.26亿元，如图6-1所示。大湾区内地九市现代服务产业规模差异进一步扩大了大湾区内部发展不平衡，不利于提升大湾区经济整体竞争力。其次，整个大湾区内地九市的服务业与港澳地区也存在着较大差距，进一步加大大湾区现代服务业合作难度。2019年，大湾区内地九市服务业占地区生产总值比重为57.1%，而港澳服务业占比则超过90%（中国香港为93.1%，中国澳门为95.8%）。有数据估计，若大湾区内地九市服务业发展占比能达到70%以上，粤港澳大湾区服务业占比则完

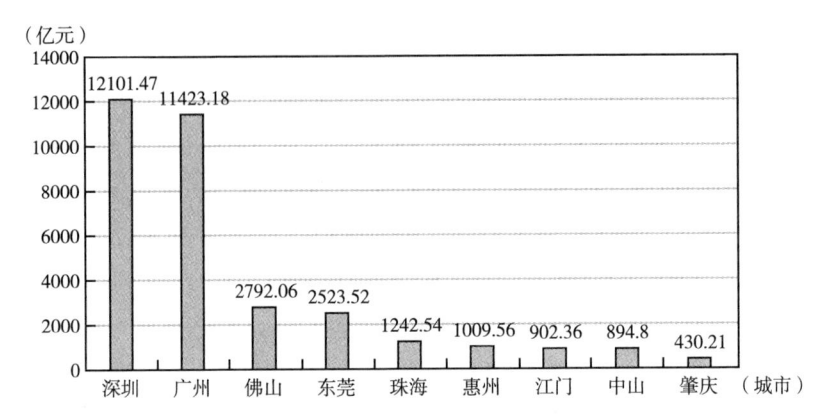

图 6-1　2019 年粤港澳大湾区内地九市各城市现代服务业产业规模

资料来源：2019 年大湾区内地九市国民经济和社会发展统计公报。

全有可能提升到 80% 以上。①

二、城市同质化加剧合作难度

首先，经过 40 多年的改革开放，粤港澳大湾区之间现代服务业功能定位趋同更加明显，造成人才以及资金等资源难以有效配置和利用，不利于产业互动发展，大大降低大湾区现代服务业合作效率，不利于大湾区的可持续健康发展。其次，虽然《粤港澳大湾区发展规划纲要》对大湾区各核心城市均有明确定位，但总体看来，仍存在核心城市定位重合、差异化不明显等问题，大大加大大湾区现代服务业合作发展难度。例如，广州、深圳和香港都提出要建设"全球科技创新中心"的目标，深圳与香港均提出要打造"国际金融中心"，澳门和广州等城市都提出要打造"国际旅游城市"的计划等。

三、服务业与创新结合不足

粤港澳大湾区高校及科研院所数量均不逊色于世界其他三大湾区，但科技创新质量和效率与世界其他三大湾区差距较大，各创新要素与服务业的协同发展能力尚待增强。由于科技创新成果产权及转化机制、收益分配制度等相对滞后，大湾区现代服务业各创新主体之间未能有效形成创新合力，高校、

---

① 迟福林. 以服务贸易为重点推进粤港澳大湾区一体化 [N]. 南方都市报，2018-4-11.

实验室和科研院所等科技创新主体的科技成果转化率偏低，对产业转型升级及创新驱动的支撑潜力未能得到最大激发，不利于大湾区现代服务业深入合作，也导致企业创新速度慢、科技创新贡献度偏低，大大制约了大湾区现代服务业高质量发展。此外，根据相关数据统计可知，2014~2018年，大湾区的发明专利施引数量均低于旧金山湾区，其中，2016年大湾区的专利施引数量仅占旧金山湾区的14.95%[1]，发明专利质量尚待提升，科技创新对现代服务业创新发展的推动作用有待加强。

第三节 粤港澳大湾区现代服务业合作制约因素

一、大湾区内体制机制存在差异

第一，粤港澳三地政府沟通协调机制不完善。一方面，大湾区三地实行两种社会制度，多种体制交汇，使得制度、政策、行业标准、职业资格等存在很大差异，客观上限制人才流、资金流、信息流等服务要素的自由流动，导致三地在现代服务业深度融合方面存在不少障碍。另一方面，尽管港澳与内地已达成更紧密经贸关系的安排，但在CEPA[2]服务贸易协议等政策落地理念、认知、行动上尚有差异，存在内地热、港澳冷和"大门开、小门不开""玻璃门""弹簧门"等现象，导致大湾区三地现代服务业合作发展步伐缓慢。第二，三地现代服务业合作缺乏法律实施机制。港澳作为特别行政区享有高度自治权，与大湾区内地九市互不隶属。大湾区现代服务业合作缺乏明确的法律实施机制，导致三地现代服务业合作主要依赖于政策推动，缺乏法制化和可问责的法律实施机制，造成相关政策落地困难，给大湾区现代服务业合作发展带来很大挑战。第三，三地现代服务业合作市场壁垒较多。如港澳现代服务业企业进入大湾区内地九市时行政审批手续复杂，审批程序过长，严重降低港澳现代服务业企业进入内地市场的积极性；港澳专业人才在内地工作，限制依然较大。

---

[1] 资料来源：《粤港澳大湾区协同创新发展报告（2019）》。
[2] CEPA即《关于建立更紧密经贸关系的安排》的英文简称。

二、发展环境有待进一步改善

《四大湾区影响力报告（2018）》显示，粤港澳大湾区除经济影响力指数排名占首位外，湾区综合影响力、文旅影响力和宜居影响力三个指标排名均靠后，宜居影响力指数排名甚至居末位（具体见表6-1），大大说明粤港澳大湾区发展环境有待进一步提高。

表6-1　　　　　　　　世界四大湾区影响力指数排名

湾区	湾区综合影响力	经济影响力	文旅影响力	宜居影响力
旧金山湾区	1	4	2	1
纽约湾区	2	2	1	2
粤港澳大湾区	3	1	3	4
东京湾区	4	3	4	3

资料来源：自中国社会科学院财经战略研究院与孙中山研究院联合完成的《四大湾区影响力报告（2018）》中查询得到。

具体而言，第一，缺乏完善的信用体系。当前，粤港澳区域信用合作尚存在各地区征信制度具有差异、不同征信技术标准不统一、信用信息共享的利益诉求不一致等诸多现实障碍，信用信息互联互通存在阻碍，在一定程度上加大了大湾区现代服务业合作交易成本和交易风险，不利于大湾区现代服务业建立长期稳定的合作关系。此外，大湾区内地九市社会信用体系为政府主导、市场服务为辅的监管模式，信用惩罚机制不完善，没有形成对企业失信行为严厉惩罚的外部约束机制，不利于构建诚实守信的市场氛围。第二，缺乏充足的市场需求。受思想观念、认识水平、市场环境等因素制约，粤港澳大湾区仍有许多企业仍尚未认识到现代服务业对企业发展所起的倍增作用，企业发展追求"小而全、大而全"，研发设计、专业咨询、现代物流等现代服务业内部化严重，服务外包意识薄弱，大大降低现代服务发展需求。[①] 第三，大湾区现代服务业人才质量有待提高。一方面，大湾区受高等教育人才占常住人口比重仅为17.47%，而旧金山湾区比重达到46%，纽约湾区也达到42%[②]，这一现象大大制约大湾区现代服务业的加速发展。另一方面，粤

---

① 顾乃华，李雨珣. 浅论粤港澳商务服务业合作［J］. 岭南学刊，2009（2）.
② 资料来源：《粤港澳大湾区人才发展报告（2018）》.

港澳大湾区特别是大湾区内地九市中通晓国际惯例、具有国际市场经验的开放型、创新型国际专业人才不足,成为制约大湾区现代服务业高质量发展的关键要素之一。①

三、湾区整体创新能力较低

第一,大湾区基础科技创新能力较弱。大湾区一直以来在科技创新方面更重视技术开发,而非源头创新,存在基础研究能力偏弱和原始创新不足的问题,科技创新对现代服务业的推动作用有限。根据《自然指数 2017 中国版》中的数据可知,广州、深圳两市科研机构整体的自然指数(nature index)得分在全国范围内横向比较中并不高,其他大湾区内地九市则更低。首先,大湾区原始创新不足,和高校及科研机构没有形成集聚效应有关。与世界其他三大湾区相比,粤港澳大湾区科研机构、高水平大学、重点实验室等科技创新机构数量偏少,且集中于香港、澳门、深圳、广州等发达城市,导致大湾区区域内前沿关键核心科技创新资源不足,在一定程度上抑制大湾区现代服务业与科技创新的深入结合。② 其次,在科技创新投入方面,2018 年粤港澳大湾区研发经费占地区生产总值比重为 2.7%,高于国内平均水平,但低于纽约湾区(2.8%)、旧金山湾区(2.8%)及东京湾区(3.7%)③,在一定程度上限制大湾区现代服务业深入融合发展。目前,大湾区内地九市大量现代服务业企业自主创新的意识还比较薄弱、动力亦比较不足。

第二,大湾区科技创新主体的联系和协作度偏低,对现代服务业科技创新成果产业化造成一定阻碍。一方面,由于粤港澳三地间的创新要素流动还存在长期流动不畅问题,导致大湾区现代服务业整体创新效能受到极大制约。另一方面,大湾区内科技创新合作机制有待完善。粤港澳三地的创新协同仍停留在自发式和分散式的程度,机制融合不够深入,例如广州和深圳均提出要建设"全球科技创新中心",容易出现科技创新资源争夺、科技创新定位

---

① 左连村,温箐. 粤港澳服务业重点领域合作的新思考//广东对外经济贸易发展研究报告(2012~2013)[M]. 社会科学文献出版社,2013:197-208.
② 杨道玲,刑玉冠,李祥丽. 粤港澳大湾区科技创新的优势与短板——基于多源数据的世界四大湾区对比研究[J]. 科学管理研究,2020:105-111.
③ 资料来源:《粤港澳大湾区协同创新发展报告(2019)》。

重合等问题，加大了大湾区内部科技创新合作难度，大湾区整体的创新效率还有很大的提升空间，不利于大湾区现代服务业深入合作发展。从专利合作的角度可以很明显印证。粤港澳大湾区跨城市专利合作比率（即同一项专利由湾区内两个及以上的城市共同研发申请）仅 0.95%，不及其他三大世界级湾区，特别是合作比率高达 10.3% 的旧金山湾区。[①] 此外，大湾区技术平台、人才平台、知识产权平台等科技创新服务平台发展相对滞后，也阻碍了大湾区现代服务业协同创新的进程，大湾区现代服务业科创环境有待进一步优化。

第四节 粤港澳大湾区现代服务业合作机遇

一、服务业对外开放力度逐步加大

要想实现粤港澳大湾区现代服务业一体化，需要服务业体系的深度合作和全面对接、市场体系的直接融合，这在很大程度上依赖于大湾区内地九市服务业市场对港澳全面开放。近年来，广东省不断扩大对港澳服务业市场的开放，为大湾区现代服务业合作发展带来巨大政策红利，尤其是自 2015 年广东自贸试验区获批以来，南沙、前海、横琴作为粤港澳服务贸易一体化重要平台的作用进一步凸显，不断优化大湾区现代服务业合作发展环境。2003 年，内地分别与香港特区政府和澳门特区政府签署《关于建立更紧密经贸关系的安排》（以下简称"CEPA"），随后至 2013 年共签订 10 个补充协议。CEPA 是内地与港澳服务贸易交流与合作的重要里程碑，为粤港澳三地现代服务业合作发展奠定坚实基础。2014 年广东省与港澳签署《关于内地在广东与香港（澳门）基本实现服务贸易自由化的协议》，率先在广东省内实现与港澳服务贸易自由化；2015 年又签署《服务贸易协议》，标志着内地与港澳基本实现服务贸易自由化；2019 年 11 月，内地与港澳签署修订《关于修订〈CEPA 服务贸易协议〉的协议》，进一步放宽港澳进入内地市场的门槛，同时推进粤港澳大湾区率先实施的特别开放措施，有利促进在粤

---

① 资料来源：《粤港澳大湾区协同创新发展报告（2019）》。

港澳大湾区内实现服务贸易全面自由化，为大湾区现代服务业合作发展拓展发展广度与深度。

二、信息技术革命催生合作新模式

新一轮科技革命和产业变革正在孕育兴起，科技创新对现代服务业的影响速度越来越快，范围越来越大，为粤港澳大湾区现代服务业合作发展注入新动能、新模式、新路径。一是以云计算、大数据、移动互联网、物联网、务联网和新型终端技术等为代表的新一代信息技术正带动服务计算、知识图谱等技术深入研究和应用，加快生产性服务业与生活性服务业集聚创新发展和转型升级，成为促进大湾区现代服务业高质量发展的重要力量。二是新材料、装备、能源及生物技术等领域不断取得突破，信息技术与各个领域交叉融合的速度正在加快，促使第一、第二产业与现代服务业更加深度融合，现代服务业新产品、新业态、新模式不断涌现，如金融科技、智慧旅游、远程教育、网络广告等大批商业模式被催生，现代服务业呈现出"跨界融合"的新态势与新特征，加速形成大湾区现代服务业发展新增长点。三是数字技术发展极大地提高服务的可贸易性，服务贸易逐渐成为全球贸易竞争新焦点，为大湾区扩大对外现代服务业合作发展提供新动能。

三、基础设施与交通网络日益发达

近年来大湾区不断加快构建支撑"一核一带一区"区域发展新格局的现代交通体系，有力促进区域物流、资金流、人流和信息流等生产要素的自由流动，为开创大湾区现代服务业合作发展新格局提供硬件基础条件。2018年10月，伴随港珠澳大桥开通及广深港高铁等大型交通基建落成，标志着以高速公路作为骨架、由珠三角为核心点向外辐射的大湾区干线公路网络基本形成，大大缩短了粤港澳大湾区三地的时空距离，为推进粤港澳大湾区现代服务业合作发展提供有力保障。同时，广东省公交卡与港澳通卡、粤港跨境甩挂运输试点及珠三角口岸和香港国际机场开通水路客运快线等大湾区交通改革措施不断推进，进一步便利化大湾区现代服务业合作发展；2019年4月，作为连接大湾区东西两岸的南沙大桥正式建成通车，极大缓解了珠江口东西两岸的交通压力，促进大湾区东西两岸人流、物流等生产要素的快速流动；2020年7月，大湾区重大交通工程——深中通道海底隧道的第一节沉管，顺利完成与人工岛的水下对接，大湾区城市间的内联外通将更加便捷。

此外，大湾区现代服务业合作发展的交通利好在未来还将持续呈现，按照规划，预计到2022年底，大湾区内将实现"12312交通圈"①，到2035年底，全面建成现代化综合交通运输体系，将为大湾区三地现代服务业企业开展密切合作、建立伙伴关系和交易创造更多机会，进一步释放大湾区现代服务业合作发展的巨大市场潜力。

四、大湾区三地资源优势互补性强

随着大湾区内地九市制造业转型升级以及港澳拓展发展空间的需求日益迫切，粤港澳现代服务业合作发展互补性明显增强。首先，互补性的空间巨大。一方面，大湾区内地九市制造业基础雄厚，且正在向先进制造业升级，使得大湾区内地九市对于研发、物流、金融、信息技术、商务、节能环保等现代服务业产生大量需求，并亟须寻求现代服务业发展新路径。另一方面，港澳地区现代服务业占产业主导地位，金融、法律、商业管理、旅游、博彩等现代服务业发达，创新主体高度集聚。在推动港澳的现代服务业特别是生产性服务业与大湾区内地九市的制造业合作发展方面，大湾区现代服务业合作空间潜力巨大、合作需求巨大、转型升级红利巨大。其次，合作的市场潜力巨大。香港要稳固提升其国际金融、贸易、航运中心地位，澳门要解决博彩业一业独大的问题，最直接、最有效的途径就是依托大湾区内地九市作为港澳重要经济腹地和进入内地的重要桥梁，通过与大湾区内地九市合作发展现代服务业，拓宽其服务业发展空间，并由此为更好融入国家发展大局提供重要支撑。同时，大湾区内地九市自然资源优势、地缘优势和市场优势明显，可以助力港澳突破土地、人力和产业单一等瓶颈，有效挖掘港澳现代服务业发展潜力，为三地旅游、养老、教育、文化娱乐等现代服务业合作发展提供广阔空间。

---

① 12315交通圈是指，以香港—深圳、广州—佛山、澳门—珠海为核心的1小时交通圈，湾区至粤东西北各市陆路2小时通达，至周边省会城市陆路3小时通达，与全球主要城市12小时通达。

第五节　粤港澳大湾区现代服务业合作发展路径

一、金融服务业合作发展路径

（一）扩大人民币跨境使用

按照人民币国际化的总体方向，坚持人民币优先原则，扩大人民币在大湾区三地之间的交易使用范围，扩大人民币在大湾区与其他国家和地区之间的跨境使用。支持港澳特区政府增加人民币储备资产，更加积极主动支持国家推进人民币国际化。支持内地与香港、澳门保险机构开展跨境人民币再保险业务。

（二）积极开展特色金融合作

一是加强粤港澳大湾区绿色金融合作。加快推进广州绿色金融改革创新实验区建设，探索与港澳绿色金融合作新机制。依托广州碳排放交易所现有平台，开展碳排放交易外汇试点，扩大绿色供应链试点城市范围。鼓励更多粤港澳大湾区企业利用港澳平台为绿色项目融资及认证，支持广东地方法人金融机构在香港、澳门发行绿色金融债券及其他绿色金融产品。支持香港打造粤港澳大湾区绿色金融中心，建设国际认可的绿色债券认证机构。

二是深化粤港澳大湾区金融科技合作。支持大湾区三地银行探索数字化跨境贸易信息共享与合作，扩大跨境金融区块链服务平台试点，鼓励金融机构打造数据化、自动化和智能化的金融服务模式。加强与港澳发展成熟的金融科技企业合作，推动大数据、区块链及人工智能等新科技在大湾区内地九市金融机构业务开展、金融风险防范和金融监管等方面的应用推广。推动支付宝、银联、微信等移动支付工具在大湾区互通使用。

（三）推进金融市场互联互通

首先，金融市场方面，持续完善"债券通""深港通"等金融市场机制，推进粤港澳三地金融市场互联互通，鼓励符合条件的港澳资基金管理公司、证券公司、期货公司、保险公司在大湾区内地九市依法设立，帮助粤港澳大湾区内现代服务业企业获得更多融资渠道，与港澳两地金融市场相对接，乃至上市。其次，金融基础设施联通方面，试点本外币合一的银行账户体系建设，同时继续做好港澳地区代理见证开立个人Ⅱ类、Ⅲ类银行结算账户业务，进一步便利移动支付工具使用，从而进一步连接三地的金融市场。最后，金融软环境联通方面，建立粤港澳征信产品和信用评级结果互认机制、建立健全粤港澳大湾区金融纠纷调解合作机制。

二、商务服务业合作发展路径

（一）深化大湾区知识产权服务合作发展

一是探索建立粤港澳大湾区知识产权合作新机制，推动粤港澳大湾区三地知识产权政府部门签署《粤港澳大湾区知识产权合作备忘录》，完善三地知识产权服务体系建设，构建粤港澳大湾区知识产权合作联盟，为大湾区现代服务业企业知识产权交易提供更便利服务，激活大湾区现代服务业科技创新活力。二是深化大湾区在知识产权跨境保护、知识产权贸易、交流研讨、引导服务、宣传教育、业界交流等领域合作，创新知识产权保护规则，充分发挥知识产权支撑现代服务业发展的制度作用，探索以知识产权推进国际化、开放性区域创新体系构建，优化大湾区现代服务业合作发展环境。

（二）深化大湾区法律服务合作发展

一是提高法律制度与国际接轨程度。一方面，在现有对港澳法律服务业开放政策下，大湾区内地九市继续加强与港澳法律领域规则的衔接，积极借鉴港澳法制经验；另一方面，逐步实现大湾区内地九市法律制度与国际通行准则协同化。二是搭建和完善大湾区法律服务合作发展公共服务平台，优化粤港澳大湾区三地法律服务合作发展环境。推进大湾区律师联盟的组建工作，深化粤港澳合伙联营律师事务所试点，拓展港澳律师和联营律所的职业范围，加强粤港澳大湾区司法及法律交流与协作。三是加快大湾区法律信息网络平台建设，促进粤港澳大湾区三地法律信息互联互通，实现各类法律服务机构便利、及时和准确获得相应法律信息，提高法律服务效率。

（三）深化大湾区会计服务合作发展

一是扩大在会计准则领域的合作。继续推进大湾区内地九市与港澳及国际会计准则趋同步伐，实现大湾区内地九市逐步适应国际财务报告准则发展趋势。二是完善大湾区三地会计职业资格认证程序，拓展"一试三证"范围，实现大湾区一次会计考试则可颁发内地和港澳三地的会计执业资格证书，达到粤港澳大湾区会计资格全面互认。其中，在一次考试方面，大湾区可吸纳智库机构相关建议：由珠三角注册会计师协会、香港会计师公会共同组织会计资格考试，考卷以中英双语命题，进而扫除会计人才参与考试所面临的语言障碍。

三、旅游服务业合作发展路径

（一）打造湾区旅游整体品牌形象

一是加强旅游信息有效整合，成立涵盖大湾区各市旅游、交通、互联网等多个行业的"粤港澳大湾区旅游联合推广营销联盟"，整合各城市旅游宣传资源和平台，形成营销推广合力，推动大湾区旅游从分散、独立的旅游营销，逐步向城市群、全湾区旅游宣传推广转变。设计统一的大湾区旅游形象、统一的宣传口号，联合开展旅游营销和宣传推介，由轮值主席城市牵头，每年至少组织两次宣传推介，促进旅游营销推广一体化。二是实行"粤港澳大湾区旅游合作首席信息员"制度，在各市旅游局、重点旅游景区等旅游单位聘用首席信息员，发挥首席信息员的积极性和主动性，形成旅游信息宣传合力，实现信息互通共享，开辟大湾区旅游专区，营造大湾区旅游宣传营销的浓厚氛围。三是创新旅游宣传营销模式，多层次、多角度、全方位宣传粤港澳大湾区旅游品牌。加强传统媒体和新媒体的交叉使用，加大大湾区旅游宣传广告的投放力度，充分利用旅游网络营销平台推广、销售粤港澳三地核心旅游城市和休闲旅游产品。精心策划推广具有标志性重大旅游节庆活动品牌，通过政府搭台、企业唱戏、媒体推广方式，实现宣传的聚合效应和放大效应，提高大湾区旅游品牌知名度。

（二）完善大湾区旅游业空间布局

粤港澳大湾区涵盖的城市都有着各具地方特色的丰富资源，要明确不同城市在大湾区旅游合作与发展进程定位，以旅游资源为基础，以文化因素为依托，以交通设施为纽带，充分利用各市旅游优势推进大湾区全域旅游，加强各地区旅游业发展内部联系。在大湾区一体化发展的态势下，将优质资源进行高密性整合，形成各具特色的三大城市群旅游路线。

一是香港—深圳—东莞—惠州城市群。结合香港的中西合璧、深圳的滨海资源、惠州的山林温泉、东莞的人文旅游资源等旅游产品，打造国际化都市旅游主题公园、商务综合游、村落文化旅游、海滨休闲旅游等特色旅游项目。同时，加强深圳、香港对东莞、惠州旅游辐射作用，发挥优势带动东莞、惠州的旅游业发展，形成联动效应，合力打造世界级海滨旅游湾区和世界级商务休闲度假中心。

二是广州—佛山—肇庆城市群。广佛肇是广东著名革命老区之一，深入挖掘整合广佛肇红色旅游资源，包括革命遗迹和名人故居等，加大红色旅游路线开发力度，打造红色旅游品牌。首先，挖掘整理红色旅游资源，建立红色旅游项目库，健全红色旅游产品体系。其次，由广佛肇三市旅游局合作牵头，规划以岭南风情文化为依托的红色旅游路线，建立以广州为旅游发展中心，辐射佛山、肇庆的旅游格局。最后，加大红色旅游宣传力度。深度解读红色文化新时代内涵，运用线上线下相结合的宣传模式设计推广活动，提升广佛肇红色旅游的知名度和吸引力。

三是澳门—珠海—中山—江门城市群。首先，澳门是旅游娱乐休闲之都，珠海是澳门游客出入集散地，应以珠澳旅游合作为支撑，借助横琴自贸区建设国际休闲旅游岛政策优势，发展海岛游、海岸度假休闲区等旅游项目，打造澳珠世界休闲游乐中心。其次，打造联合旅游路线。中山拥有"孙中山故居"这一著名历史景点，江门以"小鸟天堂"著称，有着丰富的碉楼、温泉等优质资源。利用澳珠中江旅游资源互补优势，打造"澳门博彩娱乐游＋大香山文化游＋珠江海岛休闲游＋历史村落游"联合旅游路线，将娱乐、民俗、生态、历史相结合，推进澳珠中江旅游资源整合。

（三）推进大湾区海洋旅游业发展

加快香港、广州、深圳国际邮轮母港建设，增加国际轮航线，在大鹏半岛等地区试点建设国际游艇旅游自由港，开发港澳与内地沿海城市的游艇旅游路线，大力推动大湾区游艇自由行；加快"海洋—海岛—海岸"旅游立体开发，建设贯通广东连接港澳的滨海景观公路，形成连接三地的滨海旅游轴线；建设一批各具文化 IP 主题底蕴的滨海特色风情小镇，推进粤港澳近海旅游圈建设。

第六节　粤港澳大湾区现代服务业合作对策建议

一、破除大湾区服务业体制机制障碍

（一）完善三地政府沟通协作机制

第一，在粤港联席会议和粤澳联席会议下，建立中央主导下的政府间联席会议，加强各城市政府间沟通，为大湾区现代服务业合作发展扫清障碍。同时各城市政府可加入联席会议下的专项小组，积极参与促进大湾区现代服务业合作的相关商务谈判，进一步推动大湾区现代服务业深入合作发展。第二，粤港澳大湾区三地可成立由各城市政府共同组成的现代服务合作事项小组，制定大湾区现代服务业合作规划，推进大湾区现代服务业合作事项进程，促进各城市间协商合作，协调解决合作争端；签订合作协定，适当约束双方行为，缓解地方权力之间的矛盾、分歧和摩擦，促进大湾区现代服务业合作发展。第三，大湾区应加强公共网络信息平台基础设施建设，推广采用5G技术加快形成区域性信息网络，推进信息资源整合开放共享，消除现代服务企业获取信息的障碍，实现信息共享。

（二）优化三地服务法律实施机制

第一，制定统一冲突法模式，为大湾区现代服务业合作发展提供法律基础及实施机制。在国家立法层面，或通过授权立法方式，明确粤港澳大湾区合作的行政协议的法律基础，对促进大湾区现代服务业合作与发展涉及"一国两制"的法律制度衔接等问题作出明确的法律规定。同时鼓励港澳地区的立法会和行政长官，及时将行政协议转化为在港澳受认可的法律。第二，粤港澳大湾区可成立立法研究所，加强大湾区立法学界沟通交流，举办大湾区立法学界专家立法交流研讨会，围绕大湾区立法实务进行交流研讨，加快搭建大湾区内地九市地方立法与港澳地区立法理论与实务学习借鉴的平台。第

三，由粤港澳三地法院联合设立司法管辖委员会，健全完善粤港澳大湾区合作的争端解决机制，为"一国两制"下粤港澳现代服务业磋商和沟通创造空间。

（三）降低三地现代服务市场壁垒

第一，持续深化大湾区服务业改革和扩大开放。在有序开放、防范风险的前提下，加快金融、商务服务业、电信等领域的开放进程，研究制定各行业的市场准入标准细则，进一步简化港澳现代服务业企业进入大湾区内地九市市场的审批程序，提高行政审批工作效率和审批过程透明度，进一步降低港澳现代服务业进入内地九市市场的准入门槛。第二，进一步提升大湾区市场体系一体化水平，降低三地服务业合作涉及的要素流动成本，提高大湾区要素市场配置效率，实现湾区内部资金、人才、技术等要素的自由流动，推动三地服务业合作发展步伐。第三，探索建立区域一体化利益共享和利益补偿机制，统筹推进粤港澳大湾区三地现代服务业深入合作。

二、打造大湾区法治国际化营商环境

（一）完善社会信用体系

大湾区可在信用法规制度和标准规范、联合惩戒、信用服务等方面，借鉴港澳信用建设经验成果，推动大湾区社会信用体系建设工作，为大湾区现代服务业合作与发展打造良好发展环境。一是通过政府间搭建大湾区统一的现代服务业企业信用信息平台，通过粤港澳三地信用标准建设、完善信用信息共享机制以及信用联合奖惩等多种形式构建粤港澳大湾区政府间信用合作机制，积极推动多点、多领域、多形式的跨境信用合作，促进信用信息互联互通。二是建立具有公信力、市场化的信用服务机构及行业协会，制定并执行统一行规行约和各类标准，协调现代服务业企业之间的经营行为，同时对该行业服务质量、竞争手段和经营作风进行严格监管，杜绝现代服务业企业不良行为。三是严厉打击失信、违规等破坏现代服务业市场秩序的不良行为，大力倡导守信和规范服务，加强对现代服务业企业和人才的信用教育，努力营造诚实守信的社会氛围。

(二) 推进现代服务市场化

一是进一步提高大湾区政府部门、公共机构等对现代服务的采购力度，对于不涉及机密的咨询与调查、会展服务、法律服务等服务，提倡向外部采购，强化消费刺激，激活大湾区现代服务业市场潜能。二是加快搭建大湾区现代服务业务对接平台步伐，组织大湾区咨询与调查、会展服务、广告业等现代服务业企业与生产、流通企业开展业务对接活动，深化三地在现代服务业领域合作，充分挖掘大湾区现代服务潜在市场需求。三是大力发展服务外包，积极引导大湾区本土外包企业不断增强承接服务外包的能力，着力扩大粤港澳大湾区现代服务业市场有效供给。

(三) 完善专业人才支撑体系

一是创新人才培育体系，为大湾区现代服务业合作发展提供人才支撑。大湾区各级政府应当加大财政投入，加快推进"冲一流、补短板、强特色"的高水平大学建设，鼓励广州、深圳等大湾区内地九市与港澳知名高校合作办学，联合创建大湾区大学，建设国际教育示范区，为大湾区现代服务业合作发展培育亟须的现代服务业高端人才。同时大湾区内地九市其他城市也应当根据当地产业导向培育特色院校，大力培养本土优秀现代服务业高端专业人才。引入国际优质培训资源，加快与国外开展现代服务人才教育培训项目步伐，对现代服务专业人才开展国际化、前瞻性和定制式的商务服务业专题培训，提高现代服务专业人才国际运营能力。

二是打造大湾区现代服务高端人才聚集地，为大湾区现代服务业合作发展提供人才保障。加快实施更有效的人才居留政策，在大湾区内地先行先试技术移民制度，缩短港澳籍人才申请永久居留权的审批期限。完善港澳籍高层次人才认定标准，修订港澳籍高层次人才创新创业扶持政策。优化就业环境，满足人才进入湾区工作后在住房、子女教育、医疗服务和社会保障等多方面需求，提高引入人才和留住人才的能力。推进专业人才跨境职业便利化，将南沙、前海、横琴等粤港澳人才试验区范围扩大至大湾区内地九市。对于在大湾区工作的港澳居民，实行免办《港澳人才就业证》，允许具备一定专业资格和技能的专业人才自由流动。发挥南方人才市场等人力资源服务机构集聚粤港澳大湾区优势，鼓励猎头机构发展，搭建现代服务业企业与猎头机构的供需对接和精准匹配平台，为大湾区现代服务业发展提供人才保障。

三、促进大湾区服务业科技创新发展

（一）强化基础研究创新能力

一是加大对基础科技创新发展的政策扶持。大力发挥三地各地财政对科技创新扶持专项资金作用，重点扶持物联网、大数据、人工智能等现代信息技术在现代服务业领域的应用，引导社会资金流向现代服务业科技创新项目，营造大湾区现代服务业科技创新浓厚氛围。同时，积极引导企业投入基础研究，优化研发费用加计扣除政策，加强对现代服务业新模式、新业态等创新的支持，提高大湾区现代服务业企业自主创新意识和能力。二是加强科技创新基础设施和平台在大湾区的布局建设。大力鼓励粤港澳大湾区三地研究院、研发中心、科创中心等重大创新载体建设，为粤港澳大湾区现代服务业企业基础研究创新打牢硬件设施基础。三是大湾区内地九市还要加强与港澳在科技前沿和基础研究领域的合作，提高原始创新合作水平，推动创新资源共建共享，进而更充分地释放原始创新潜力，增强大湾区现代服务业企业基础研究与核心技术创新能力。

（二）增强产业融合互促能力

大力推进现代服务业与先进制造业融合发展，推动现代服务业创新生产模式、商业模式和组织模式，拓展大湾区现代服务业合作发展空间。一是加大现代服务业与先进制造业融合的政策支持，尽快破除相关制度障碍，促进现代服务业和先进制造业的政策协调和资源整合，打造有利于产业深度融合的市场环境。二是鼓励制造业企业向服务型制造转型。鼓励先进制造业向产业链两段延伸，增强仓储物流、工业设计、技术培训等增值服务，探索柔性制造和定制制作生产新模式，推动网络化协同制造服务。三是鼓励现代服务业衍生制造，推动研发设计、电子商务、互联网等现代服务业企业通过品牌授权、委托制造等方式向制造环节拓展。四是搭建现代服务业与先进制造业融合发展平台。围绕大湾区内地九市制造业服务化的现实需求，推动产业融合发展公共服务一体化平台建设，解决产业融合过程中技术服务、协同创新等服务需求，进一步推动现代服务业和先进制造业深入融合发展。

(三）完善科技创新服务体系

一是大湾区要树立大创新大服务的发展理念，以科技创新来支撑引领现代服务业整体发展，在做强做大创新服务业的过程中，促进大湾区加速融入全球创新网络。二是建立粤港澳大湾区协同创新机制，研究成立大湾区协同创新发展领导小组，研究构建大型科技创新合作共建项目的风险共担和利益共享机制，定期召开会议并协同解决三地科技创新合作的重大问题，激发大湾区现代服务业企业创新主体跨境创新合作的能动性和积极性。三是以打造大湾区国际科技创新中心为契机，加快建设粤港澳大湾区跨境协同创新合作新平台，助力整合全球创新资源，推进科技创新成果在大湾区转移和产业转化，加强大湾区现代服务业协同创新的服务保障。

（本章编写者：陈和、欧永豪）

第七章　广东沿海旅游带发展研究*

党的十八大报告首次提出"建设海洋强国"战略，十九大报告进一步提出"加快建设海洋强国"战略，沿海旅游作为迅速发展起来的新型旅游形式，给海洋经济的健康持续发展提供了新思路，受到各沿海地区的普遍重视。发展沿海旅游带，是保护海洋、利用海洋和管控海洋综合能力的展现。广东作为我国第一旅游大省，沿海优势明显，沿海旅游带发展走在全国前列。广东沿海旅游带①发展主要依托广东沿海旅游公路、区域市场和旅游产业三大优势，通过整合全省沿海旅游资源，开展以海岸带、海岛及海洋各种自然景观、人文景观为依托的旅游经营、服务活动。

近年来，广东高度重视沿海旅游发展，《广东省海岸带综合保护与利用总体规划》《广东省沿海经济带综合发展规划（2017－2030年）》《广东省海洋生态红线》等多项海洋相关规划陆续出台，从海岛保护与利用、海洋主体功能区划、海洋综合开发等方面，为沿海旅游带发展提供了创新动力和广阔空间。同时，作为海洋新兴产业，发展沿海旅游对广东海洋经济实现高质量发展有重大战略意义。

不可忽略的是，虽然广东发展沿海旅游的决心大，行动力强，沿海旅游资源得天独厚，但与中国香港以及新加坡、泰国、马来西亚等东南亚国家和地区相比，其短板也较为明显。如丰富的沿海旅游资源开发利用率偏低、海岸线规划及海洋功能规划与沿海旅游发展不相适应、有吸引力的沿海旅游产品乏善可陈，部分地区环境破坏较严重。旅游成本较高，旅游服务不完善，旅游软环境有待提高。同时，广东沿海旅游带整体形象认可度较低、旅游接

---

* 本章中相关测评结果均为作者调研所得。

① 广东沿海旅游带覆盖广州、深圳、珠海、汕头、惠州、汕尾、东莞、中山、江门、阳江、湛江、茂名、潮州、揭阳14个地级以上市的沿海区域，沿海旅游资源丰富，形成了独具特色的沿海旅游带。

待能力与配套设施都亟待完善。因此,本章将在客观分析广东沿海旅游带发展现状的基础上,结合游客满意度调查数据,借鉴国内外沿海旅游带发展经验,提出发展战略和对策建议。

第一节 广东沿海旅游带发展意义

一、是世界沿海旅游发展的新趋势

世界旅游组织发布的数据显示,全球旅游业总收入超过一半是由沿海旅游创造的,可见沿海旅游业在全球旅游产业中占有举足轻重的地位。[1] 同时,我国沿海旅游发展规模也在持续扩大,自 2008 年以来一直保持年均 16% 的复合增长率发展。[2] 此外,伴随着海洋经济的发展,全球沿海旅游重心也逐步向太平洋地区转移。[3] 因此,广东沿海旅游带的建设与发展正当其时。

二、有利于广东打造海洋经济强省

沿海旅游作为海洋经济的重要组成部分,大力发展沿海旅游带,是发挥广东海洋资源优势,提升海洋经济与旅游经济总体实力,推进沿海经济带率先实现经济转型升级,加快发展,打造海洋经济强省的重大举措。广东大力发展沿海旅游带有利于拓宽粤港澳经济合作领域,探索海洋保护开发新途径和海洋综合管理新模式,优化海洋产业结构,提升海洋资源开发和海洋资源要素全球配置能力,促进海洋经济可持续发展,加速广东在全国率先打造海洋强省的步伐。

---

[1] 张蓝青. 泰国滨海旅游发展对我国的启示——兼论茂名市滨海旅游提升之策 [J]. 河北旅游职业学院学报, 2017(3): 25.
[2] 郑洁琳. 推动滨海旅游个性发展 [N]. 南方+, 2018-11-28.
[3] 刘子众. 广东省海洋体育休闲产业核心竞争力的影响因素研究 [J]. 科技致富向导, 2015(1): 349.

三、有利于优化广东旅游产业结构

一方面,大力发展沿海旅游带对丰富广东沿海旅游产品,促进景区的立体化、高标准化服务,延长旅游业价值收益链及提升产业品质等方面均有很大的促进作用。更重要的是,大力发展沿海旅游带,在推动广东旅游开发向集约化协调发展、保持旅游市场的鲜活性、促进旅游产业链的健壮性、延伸旅游产业与其他产业的交融性等方面都将发挥着重要作用。另一方面,沿海旅游带经营战略的调整、沿海旅游业文化的塑造、服务人员队伍的改善及创新机制等的推进,会显著增强广东沿海旅游带的适应能力和应变能力,促进广东旅游产业结构不断优化,进而提高广东旅游业的综合竞争力。

第二节 广东沿海旅游带发展现状

一、比较优势突出

(一) 沿海旅游资源丰富

广东濒临南海,拥有约 42 万平方公里海域面积、3368 公里的海岸线、1963 个海岛,优质港口众多,沿海旅游资源丰富。[①]

第一,广东沿海旅游带自然景观丰富。广东属热带和亚热带季风气候,气候温暖,动植物资源富饶。广东是我国红树林分布最广、面积较大的省份,且拥有我国大陆架浅海连片面积最大、保存最完好的珊瑚礁群。广东濒临南海,海水水质状况良好,大部分符合国家水质标准;沿海沙滩资源长达 572 公里,其中可供旅游开发的沿海沙滩有 174 处;海岛广布,有 759 个面积大于 500 平方米的海岛。[②]

---

① 罗曦光,曹卫,李新华,李好. 广东滨海体育旅游发展 SWOT 分析 [N]. 中国体育报,2014-3-1.

② 印发广东省滨海旅游发展规划 (2011-2020 年) 的通知 [OL]. 广东省人民政府网, http://zwgk.gd.gov.cn.

第二,广东沿海旅游带人文景观丰富。广东沿海旅游带有众多的文物古迹,如广州南海神庙,南沙天后宫及南沙上、下横档岛鸦片战争遗址,中山故居,虎门炮台。广州、潮州、中山及惠州还被评为国家级历史文化名城。同时,广东作为我国经济最发达的省份,个性化与多元化并存的城市景观、丰富多彩的城市生活也不断吸引着世界各地游客,如深圳盐田、广州南沙、汕头的港口与珠江新城、临港产业新城、深南大道等产业景观;珠海情侣路、深圳西海岸、广州南沙新城等城市景观与生活。

第三,广东沿海旅游带民俗文化活动多样化。如广州的乞巧节、南沙妈祖文化旅游节、南海(阳江)开渔节及珠海斗门莲州传统农艇文化节等民俗型文化活动;中山文化创意博览会、粤东茶博会展及金牌美食文化节等商务型文化活动,均有鲜明的区域文化特色。

广东沿海旅游带游客满意度测评结果显示:游客对广东沿海旅游带的沿海旅游资源满意度较高,具体为:自然景观满意度评分为3.15分(3.78分)[1];人文景观满意度评分为3.14分(3.77分);民俗文化活动评分为3.12分(3.75分),均高于均值(3.05分[2]),分别高0.10分、0.09分及0.07分,见表7-1。

表7-1　　　　　沿海旅游带旅游资源游客满意度情况　　　　　单位:分

项目名称	满意度评分	均值	离差
自然景观	3.15(3.78)	3.05	0.10
人文景观	3.14(3.77)		0.09
民俗文化活动	3.12(3.75)		0.07
合计	9.41	—	—

(二)区位优势突出

第一,广东位于我国大陆最南部,陆域与江西、湖南、福建及广西四个省接壤,濒临南海,西南端与海南省隔琼州海峡相望。第二,广东珠江三角洲区域毗邻香港澳门,和东南亚地区隔海相望;粤东地区与台湾和福建等地相连相望,华侨优势明显;粤西地区位于粤桂琼海洋经济圈,西边濒临北部

---

[1] 满意度评分这一项由原始分值和实际分值组成,括号内为原始数据。
[2] 均值为各项目原始分值标准化后计算出来的平均值。

湾，受经济区辐射。第三，广东作为古代海上丝绸之路的重要起点，位于东亚区域的经济中心，受到"南太平洋经济圈""南亚经济圈"及"北部湾经济圈"等多个经济圈的直接辐射。因此，广东对外交往和发展外向型经济方面具有得天独厚的条件。优越的区位条件也增强了广东沿海旅游带的可进入性。

广东沿海旅游带游客满意度测评结果显示：游客对广东沿海旅游带的区位条件满意度较高，评分为3.16分（3.79分），高于均值（3.05分）0.11分，见表7-2。

表7-2　　　　　　　沿海旅游带区位条件游客满意度情况　　　　　　　单位：分

项目名称	满意度评分	均值	离差
区位位置	3.16（3.79）	3.05	0.11
合计	3.16	—	—

（三）客源优势明显

广东沿海旅游带的游客来源广泛而稳定，为广东沿海旅游带发展奠定了坚实基础。一是较为稳定的国内和省内游客市场。截至2019年底，广东常住人口有1.15亿人，加上湖南、江西、福建等相邻地区也是国内人口密度大的省份，都使得广东沿海旅游带游客客源潜力巨大且稳定。二是港澳同胞众多。据广东省统计局统计数据可知，近七成的入境客源市场主要集中在港澳市场，港澳市场是沿海旅游带的重要客源。截至2019年11月，广东3353.05万人次的入境游客中，香港游客为2016.84万人次，占比超过六成；澳门游客为260.97人次，占7.78%。[①] 三是国外游客增长迅速。通过对广东省统计年鉴数据整理可知，2018年广东沿海旅游带接待入境游客3452.49万人次，同比增长2.49%。[②]

二、硬件设施持续增强

（一）旅游交通网络日益完善

广东沿海旅游带游客人数不断增长离不开背后高速发展的交通网络。首

[①] 全省旅游住宿设施接待过夜游客情况（2019年11月）[OL]. 广东统计信息网, http://stats.gd.gov.cn/lyjdrs/content/past_2729339.html.

[②] 资料来源：2019年《广东统计年鉴》。

先，航空方面，除拥有国际复合型门户枢纽机场广州白云国际机场外，还拥有深圳宝安国际机场及珠海金湾国际机场、汕头外砂机场等全省民用机场布局。其次，陆路运输方面，包括：广州—珠海—澳门高速铁路、广从轻轨、武广高铁、粤西沿海高铁、广梅汕铁路的建成与开通；广深高速、深汕高速、汕湛高速及惠盐高速的逐步建成与开通。最后，水路运输方面，广州港、深圳港、珠海港的不断完善，港珠澳大桥的建成，省内游艇码头布局的完善，都提高了水路运输能力。广东交通运输设施的日益完善也使得游客出入广东沿海旅游带的旅游通道更为便捷。

广东沿海旅游带游客满意度测评结果显示：游客对广东沿海旅游带的交通可达性满意度较高，评分为3.20分（3.84分），高于均值（3.05分）0.15分，见表7-3。

表7-3　　　　　沿海旅游带硬件设施游客满意度情况　　　　单位：分

项目名称	满意度评分	均值	离差
交通可达性	3.20（3.84）	3.05	0.15
住宿条件	3.10（3.71）		0.05
合计	6.30	—	—

（二）住宿接待体系结构日趋完善

广东沿海旅游带住宿接待满足多元消费需求能力不断提升。通过对广东省统计年鉴数据整理可知，2018年，广东沿海旅游带拥有549家星级饭店，其中五星级酒店91家，四星级118家，三星级295家，二星级43家。2017年广东沿海旅游带客房有82.57万间，床位114.61万张，客房平均出租率达到58.73%。

广东沿海旅游带游客满意度测评结果显示：游客对广东沿海旅游带的住宿条件满意度较高，评分为3.10分（3.71分），高于均值（3.05分）0.05分，见表7-3。

三、软服务逐步提升

（一）社会治安秩序良好

广东沿海旅游带十分重视社会环境的稳定性，各级政府不断完善并有效落实安保措施及人群、交通的疏导及管制措施，有力维护广东社会大局持续稳定，各地大型民俗节庆活动顺利举行，各重点景区秩序井然有序。广东沿海旅游带良好的社会治安秩序为广大游客营造一个良好的社会治安环境，有效确保游客的相关出行活动安全、欢乐、祥和，大大提高游客满意度。

广东沿海旅游带游客满意度测评结果显示：游客对广东沿海旅游带的社会环境满意度较高，评分为 3.10 分（3.72 分），高于均值（3.05 分）0.05 分，见表 7-4。

表 7-4　　　　　沿海旅游带软服务游客满意度情况　　　　　单位：分

测评项目	满意度评分	均值	离差
社会环境	3.10（3.72）	3.05	0.05
餐饮服务多样性	3.12（3.75）		0.07
合计	6.22	—	—

（二）旅游餐饮服务较丰富

"食在广东"，孙中山先生曾经说过，"惟饮食一道之进步，至今尚未各国所不及"。广东菜是中国传统的八大菜系之一，由广州菜（顺德菜）、客家菜、潮州菜（汕尾菜）三大菜系发展而成。广东沿海旅游带作为美食天堂也不断吸引着全国各地乃至全球游客前来品尝和游玩。

广东沿海旅游带游客满意度测评结果显示：游客对广东沿海旅游带的餐饮服务多样性满意度较高，评分为 3.12 分（3.75 分），高于均值（3.05 分）0.07 分，见表 7-4。

四、游客忠诚度较高

广东沿海旅游带持续增强自然景观、人文景观、旅游住宿等硬件设施，逐步提升社会治安环境及旅游餐饮服务等软服务，为来此游玩的游客提供良好体验。游客满意度的增加在一定程度上提升了游客对广东沿海旅游带的忠诚度，使游客对广东沿海旅游带旅游产品及服务产生信任，并愿意将其推荐给亲戚或朋友。

广东沿海旅游带游客满意度测评结果显示：广东沿海旅游带游客表示会再次选择该地作为沿海旅游目的地，以及愿意将广东沿海旅游带推荐给亲戚或朋友，评分分别为 3.17 分（3.81 分）及 3.16 分（3.79 分），高于各类指标均值（3.05 分）0.12 分和 0.11 分，见表 7-5。

表 7-5　　　　　　　沿海旅游带游客忠诚度项目评分　　　　　　单位：分

游客忠诚度项目	满意度评分	均值	离差
再次光临	3.17（3.81）	3.05	0.12
推荐他人	3.16（3.79）		0.11
合计	6.33	—	—

第三节　广东沿海旅游带发展存在的问题

一、沿海旅游带品牌认可度有待提高

（一）沿海旅游带整体知名度较低

目前，由 14 个地级市组成的广东沿海旅游带没有一个综合的旅游形象，直接影响沿海旅游带的整体知名度。如提起广东，大家最先想到的只是广州、深圳及东莞等一些代表性城市，而对于景点，很多游客也只知道深圳世界之窗、广州黄埔军校旧址、东莞虎门、惠州巽寮湾、珠海长隆等著名景点，但是却少有人知道这些景点同属于广东沿海旅游带。可见，广东沿海旅游带作为一个综合体的知名度并没有打响。

广东沿海旅游带游客满意度测评结果显示：游客对广东沿海旅游带的品牌知名度满意度较低，评分为 2.99 分（3.58 分），低于均值（3.05 分）0.06 分，见表 7-6。此外，有 8 名测评游客认为广东沿海旅游带的品牌知名度较低，甚至有 2 名游客表示不清楚广州、深圳等地区也属于广东沿海旅游带。

表 7-6　　　　　　　沿海旅游带整体形象认可度情况　　　　　　单位：分

项目名称	满意度评分	均值	离差
品牌知名度	2.99（3.58）	3.05	-0.06
连贯整体性	2.99（3.58）		-0.06
合计	5.98	—	—

(二) 沿海旅游带一体化程度较低

一方面,广东沿海旅游带地区发展严重失衡。海洋经济过分集中于珠三角一带,其海洋生产总量占广东省的80%左右,但也导致珠三角海洋资源开发利用过度。① 如深圳海岸线(不包括岛岸线)为247.9千米,近年来由于高强度开发,海岸线只有99.97千米。② 粤东、粤西两翼海域情况则相反,海洋资源丰富却由于经济等原因没有得到合理利用,长期处于闲置状态。广东沿海旅游带旅游业发展不平衡,还表现为旅游线路和旅游点的过冷过热及冷热不均等现象。另一方面,广东沿海旅游带各自为战,未形成集群。目前广东已有一批在国内小有影响的沿海旅游区,如汕头南澳岛、汕尾红海湾、惠州巽寮湾、深圳小梅沙等,但各自为战,未形成集群,因而广东沿海旅游带未能在国内外形成统一品牌产品。

广东沿海旅游带游客满意度测评结果显示:游客对广东沿海旅游带各沿海城市的连贯整体性满意度较低,评分为2.99分(3.58分),低于均值(3.05分)0.06分,见表7-6。此外,有3名测评游客认为广东沿海旅游带应加强一体化发展,在发挥各景区自身资源特色化优势基础上,多开发线上或面上的点状几日游旅游产品。

二、硬件设施有待完善

(一) 旅游基础设施配套建设滞后

与广东沿海旅游带高速发展的形势相比,公共基础设施及配套建设滞后,整体仍存在薄弱环节,特别是粤东西地区沿海带。旅游标识系统、停车场、高速公路游客服务区、旅游集散地及旅游厕所等设施建设滞后,旅游综合发展支撑能力弱,不能很好地满足游客旅游需求,特别是旅游高峰期的需求。在旅游旺季,各沿海旅游城市经常会出现景点周边交通拥堵,停车位紧张,休憩设施、标识系统、安全设施等公共基础设施相对不足的情况,这在一定程度上制约了广东沿海旅游带的进一步发展。

---

① 广东省社会科学院海洋经济研究中心、广东新经济杂志社课题组. 广东省滨海旅游业调研报告之二 广东滨海旅游业的发展问题、发展潜力与发展对策 [J]. 新经济杂志,2011 (8):78.

② 邹锡兰. 广东转身向海 [J]. 中国经济周刊,2012.

广东沿海旅游带游客满意度测评结果显示：游客对广东沿海旅游带的公共基础设施满意度较低，评分为 3.01 分（3.61 分），低于均值（3.05 分）0.04 分，见表 7-7。此外，有 28 名测评游客认为广东沿海旅游带部分公共基础设施较老旧，应定期翻修更新，而且其旅游公共基础设施配套建设相对滞后，尚未形成规模化、上档次的接待能力。

表 7-7　　　　　　　　沿海旅游带硬件设施游客满意度情况　　　　　　　　单位：分

项目名称	满意度评分	均值	离差
公共基础设施	3.01（3.61）	3.05	-0.04
娱乐服务设施	3.03（3.64）		-0.02
合计	6.04	—	—

（二）娱乐配套设施较简单

广东沿海旅游带整体娱乐配套设施较简单，特别是粤东、粤西地区，娱乐配套设施建设与广东沿海旅游带发展和国际级沿海旅游带及市场需求还存在一定距离。如海水浴场、海上游乐园、冲浪基地等沿海主要娱乐服务设施配备不齐全，缺乏休闲娱乐、文化娱乐、健康养生及沿海体育等丰富多彩的富有参与性的一站式旅游城市建设，无法满足游客的沿海旅游娱乐需求，大大降低游客满意度。

广东沿海旅游带游客满意度测评结果显示：游客对广东沿海旅游带的娱乐服务设施满意度较低，评分为 3.03 分（3.64 分），低于均值（3.05 分）0.02 分，见表 7-7。此外，有 8 名测评游客认为广东沿海旅游带景点娱乐服务设施不能有效满足游客日常游览以外的休闲、度假等多元化娱乐需求。

三、软服务有待提升

（一）沿海旅游资源开发深度不够

首先，尽管当前广东沿海旅游带出台了很多沿海旅游扶持政策和规划，但仍存在一定程度重开发轻规划或先开发后规划的状况，使得部分海域和海岛存在开发秩序混乱、产品粗放和低水平的重复建设，严重影响了广东沿海旅游带健康发展，并在一定程度上削弱了其在国际市场上的竞争力。其次，广东沿海旅游带旅游业态缺乏创新。旅游资源开发多数尚处于满足游客观光需求上,缺乏文化娱乐、体育、购物等丰富多彩的富有参与性的项目,属低层次开发。尤其是沿海小镇、邮轮游艇旅游、生态旅游、海洋温泉等新兴沿海旅游领域开发严重不足,不能满足旅游市场需求日益分化、细化的发展趋势。最后,广东沿海旅游带旅游产品结构有待优化。从现有沿海旅游产品来看,产品设计缺乏独特性和创新性,特别是岭南文化旅游产品的创新性和文化性价值有待提高;除长隆、华侨城等少数有影响力的品牌外,缺乏知名度高的地标性旅游产品,中远程游客市场吸引力较弱。

广东沿海旅游带游客满意度测评结果显示:游客对广东沿海旅游带的旅游业态创新和旅游产品满意度较低,评分分别为 3.02 分(3.62 分)和 3.03 分(3.64 分),低于各类指标均值(3.05 分)0.03 分和 0.02 分,见表 7-8。有 19 名测评游客认为广东沿海旅游带对于邮轮游艇旅游、生态旅游、海洋温泉等新兴市场需求挖掘不足,广东沿海旅游带旅游产品需求与供给结构不平衡现象日益突出。

表 7-8　　　　　沿海旅游带旅游资源开发深度游客满意度情况　　　　　单位:分

项目名称	满意度评分	均值	离差
旅游业态创新	3.02（3.62）	3.05	-0.03
旅游产品	3.03（3.64）		-0.02
合计	6.05	—	—

(二) 沿海旅游带旅游成本较高

广东沿海旅游带游客满意度测评结果显示:游客对广东沿海旅游带的旅游成本满意度较低,评分为 2.93 分(3.52 分),低于均值(3.05 分)0.12 分,见表 7-9。此外,有 23 名测评游客认为广东沿海旅游带旅游消费比较高,特别是在节假日,景区门票、餐饮及酒店等价格涨价明显,旅游性价比亟待提高。

表 7-9　　　　　沿海旅游带旅游成本游客满意度情况　　　　　单位:分

项目名称	满意度评分	均值	离差
旅游成本	2.93（3.52）	3.05	-0.12
合计	2.93	—	—

(三) 沿海旅游带旅游服务不完善

首先,现行旅游管理体制机制在旅游公共服务体系建设、景区秩序管理、危机处理机制、投诉机制等方面亟待完善,使得游客对广东沿海旅游带的需求与期盼不相适应,大大降低游客满意度。其次,广东沿海旅游带的部分旅行社组织松散,内部管理不够严格,服务人员的就业素质和服务水平普遍较低,存在着虚假广告、欺客宰客、退团扣费不合理、违反合同约定、非法经营出境游和港澳游等问题。最后,广东沿海旅游带购物体验较差。景点节假日乱涨价、乱收费现象普遍,旅游从业人员经营分散,质量缺乏保障,产品以假乱真,损害游客正当权益,影响了广东沿海旅游带旅游业的健康发展。此外,有21名测评游客认为广东沿海旅游带应进一步提高旅游公共服务质量和服务效率。

广东沿海旅游带游客满意度测评结果显示:游客对广东沿海旅游带的旅游管理、旅行社服务、购物体验及旅游公共服务满意度较低,评分分别为2.95分(3.54分)、2.98分(3.57分)、3.00分(3.60分)及3.00分(3.60分),比均值(3.05分)分别低0.10分、0.07分、0.05分和0.05分,见表7-10。

表7-10　　　　　沿海旅游带软件服务游客满意度情况　　　　　单位:分

项目名称	满意度评分	均值	离差
旅游管理	2.95 (3.54)	3.05	-0.10
旅行社服务	2.98 (3.57)		-0.07
购物体验	3.00 (3.60)		-0.05
旅游公共服务	3.00 (3.60)		-0.05
合计	11.93	—	—

(四) 沿海环境破坏较严重

第一,开发性破坏。广东沿海旅游带近岸海域围填海、过度捕捞及过密化养殖等传统用海方式亟须改善,在一定程度上制约了沿海旅游的发展。第二,经营性破坏。广东沿海旅游带景区旅游企业的不合理运营带来的环境影响也是不可忽视的一部分。例如,酒店、餐饮、饭店等旅游服务企业在经营活动中经常会排放出大量的生活污水、固体废弃物及大气污染物等,珠江口等部分近岸海域的入海排污超标、赤潮(绿潮)等问题依然较为突出;沿海景区在夏季等旅游高峰时期超规模超负荷接待游客,对海洋生态平衡产生了巨大威胁。第三，旅游型破坏。在各景区，特别是热门景点随手乱丢垃圾现象随处可见，大多数游客环保意识不牢固，景区环境质量不断下降，这也进一步降低游客游玩体验质量。所以无论是政府、景区旅游企业还是游客都必须加强环保意识，加强对广东沿海旅游带生态环境的保护。

广东沿海旅游带游客满意度测评结果显示：游客对广东沿海旅游带的生态保护和景点环境卫生满意度较低，评分分别为2.95分（3.53分）和2.91分（3.49分），分别低于均值（3.05分）0.10分和0.14分，见表7-11。此外，有65名测评游客认为广东沿海旅游带不能涸泽而渔，在旅游开发过程中应注重人、环境和资源的协调发展。还指出应加大旅游环境卫生治理力度，有效引导和规范游客行为，促进旅游带健康可持续发展。

表7-11 沿海旅游带生态环境游客满意度情况　　　　　　　　单位：分

项目名称	满意度评分	均值	离差
生态保护	2.95（3.53）	3.05	-0.10
环境卫生	2.91（3.49）		-0.14
合计	5.86	—	—

（五）沿海旅游专业人才较缺乏

景区旅游市场开发人才、经营管理人才及旅游服务人才等专业人才队伍建设与广东沿海旅游带跨越发展要求不相适应；沿海从业人员综合素质较低，缺乏一定的专业技能，应对市场的能力较低。避暑度假、文化休闲、乡村休闲等新兴旅游是未来沿海旅游的发展重点，但是与之相对的更高要求的专业型人才却是极度缺乏的，不利于广东沿海旅游带的持续、健康发展。

广东沿海旅游带游客满意度测评结果显示：游客对广东沿海旅游带的专业人才配备满意度较低，评分为2.99分（3.59分），低于均值（3.05分）0.06分，见表7-12。此外，有2名测评游客认为广东沿海旅游带缺少在沿海旅游中业务操作熟练的旅游专业人才。

表7-12 沿海旅游带专业人才配备游客满意度情况　　　　　　　　单位：分

项目名称	满意度评分	均值	离差
专业人才配备	2.99（3.59）	3.05	-0.06
合计	2.99	—	—

第四节　国内外沿海旅游带发展经验借鉴

一、提高旅游带品牌认可度经验借鉴

（一）加大旅游带品牌整体宣传力度

泰国作为一个旅游大国，在世界旅游业排行榜中位列前十，也是东南亚乃至世界热度极高的滨海度假胜地，吸引着来自世界各地的游客前去游玩。这些都离不开泰国沿海旅游的成功宣传推广，抱团是泰国沿海旅游宣传的一大亮点。

案例 7-1　泰国抱团开展沿海旅游推广

一方面，注重与周边国家抱团。首先，泰国十分重视旅游业，为广辟游客来源，在世界各地均设立专门的旅游推广办事机构，用来宣传泰国沿海旅游等相关优惠政策和景点以鼓励全球游客前来泰国观光旅游。目前越南、老挝、柬埔寨和泰国实现合作推广。同时，泰国政府已经在荷兰、美国、日本与中国等国家设立旅游驻外办事机构，并定期举办泰国旅游推介会推广宣传泰国沿海旅游相关信息，使越来越多的游客把泰国作为沿海旅游目的地热门之选。

另一方面，政府搭台，让沿海旅游相关企业抱团做推广。泰国利用"政府搭台、企业唱戏"的模式促进酒店、饭店、景区、旅行社等涉旅企业建立长期稳定的合作关系，充分发挥市场推广作用，抱团推广提升泰国沿海旅游整体品牌形象的对外影响力。此外，政府还注重宣传推广措施的全面性。为做好旅游宣传，除了常用的广告、报刊、电影、录像等传统宣传手段外，还结合互联网等新媒体宣传泰国的文化和重大节日等。

资料来源：薛云建，吴惠子. 泰国旅游市场的营销策略——以赴泰中国顾客为例[J]. 企业研究，2016（5）：58.

夏威夷群岛由 124 个小岛和 8 个大岛组成，岛上环境优美，居民热情，再加上没有受到污染的阳光、空气、海水及载歌载舞的热闹氛围，素有"太平洋上的明珠"和"人间天堂"之称。其沿海旅游品牌形象得以闻名于全

球，不仅得益于它先天的自然资源条件，还在于其成功的营销策略。

案例 7-2　夏威夷注重营销策略

夏威夷州政府十分注重开发沿海旅游市场，具体的旅游营销手段有：首先，注重全球营销。州旅游署在旅游宣传上投入大量人力物力扶持，全球营销扶持资金每年达到两千万美元左右，并在东京、伦敦等国际大都市均派出宣传办事员进行推广，把夏威夷的宣传册摆满这些大都市的公共场所。其次，外包专业推广。请专业公司 Marketing Garden 负责亚洲、东南亚市场的推广。再其次，注重市场调研。夏威夷建立专门的旅游市场调查机构，并注重本地游客满意度调查，详细了解和分析游客旅游体验，并在此基础上，及时调整自己的各项服务。如1990年夏威夷旅游开始走下坡路时，负责夏威夷旅游规划的部门对其旅游市场作了一系列的市场分析、竞争分析及滑坡根源的分析之后，就其当时现状重新制定了新的旅游形象理论——Aloha 在旅途，及时且正确地扭转了不利趋势。最后，借助承办世界赛事推广夏威夷旅游品牌。夏威夷每年均承办许多世界级的大型水上运动比赛，例如火奴鲁鲁马拉松比赛、职业高尔夫锦标赛、建伍杯赛等。

资料来源：朱淑琴，席玲玲. 国外海岛旅游开发经验对海南国际旅游岛建设的启示[J]. 湖北经济学院学报，2010（5）：50.

（二）加强沿海旅游带协调发展

"大三亚"主要由海南的三亚、陵水、乐东、保亭等市县组成，是海南沿海旅游资源最丰富的区域，也是我国唯一的热带沿海区域。为进一步推进"大三亚"旅游的一体化发展，海南省积极协调各市县形成合力，树立大三亚一体化意识，推动新经济增长极的形成。2019年春节假期，"大三亚旅游经济圈"共接待游客149.73万人次，实现旅游总收入106.1亿元。①

案例 7-3　"大三亚"沿海旅游的联动发展

首先，政府高度重视"大三亚"的旅游一体化发展。早在1999年，三亚就提出设立三亚旅游圈，实现区域旅游抱团发展。为加快推进"大三亚"旅游经济圈的发展，区域协调发展指导思想战略地位也逐步提升，从原先的市县自发状态上升到省级战略高度；其建设实现路径也越发清晰明确。其次，为把"大三亚"打造成世界级顶级沿海旅游目的地，政府从宏观层面不断推

---

① 王晓斌. 春节假期"大三亚旅游经济圈"收入逾百亿元[N]. 中国新闻网，2019-2-12.

进区域协调发展,不仅强化三亚的领头羊的地位,强调沿海旅游的高端化发展,进一步增强和优化三亚集聚辐射带动功能。陵水、保亭、乐东等市县沿海旅游发展始终坚持地方化发展、特色化发展,与三亚形成优势互补、互利共赢的发展格局。最后,"大三亚"各市县一体化合作日益紧密,区域联动效果渐显。在坚持"三个联动"的基础上,"大三亚"旅游经济圈各县市有意识、分步骤地开展合作,促进一体化发展。如坚持规划联动、管理联动及推广联动,在旅游产品设计、旅游市场管理、营销推广等方面旅游联动成效显著。

资料来源:黄艺."大三亚"旅游圈:全面加强联动发展 [N].海南日报,2018 - 12 - 12.

辽宁省濒临黄海、渤海,位于我国沿海地区的最北部。辽宁沿海六城市主要包含大连、锦州、葫芦岛、丹东、盘锦及营口,沿海旅游资源丰富。近年来,辽宁沿海六城市通过实施旅游一体化发展战略,充分发挥自然资源优势,打造沿海黄金旅游带。

案例7 - 4 辽宁沿海六城市联手打造黄金旅游带

辽宁沿海大道六城市旅游行政管理部门在实现旅游一体化发展过程中始终坚持"资源共享、信息互通、客源推介、交通互联、营销互动、互惠互利"的原则,充分发挥各城市的资源优势,坚持特色发展的同时实现联动发展,联手打造辽宁沿海黄金旅游带,将其打造成为全国甚至全世界知名沿海旅游品牌。具体措施有:鼓励旅游带旅游企业开展合并、收购、战略联盟及连锁经营等多形式合作组织形式,推进无障碍旅游区建设;鼓励与引导旅行社、景点景区、酒店等旅游企业加强信息交流及业务往来;完善旅游带规划及相关企业条例实施细则,确保区域旅游同团同价,打破地域界限,促进共同发展;建立和完善旅游带六城市间旅游突发事件的联合应对处理机制。

资料来源:辽宁省沿海六城市"抱团"打造滨湖黄金旅游带 [OL].中国政府网,http://www.gov.cn/jrzg/2009 - 10/27/content_1450087.htm.

二、完善硬件设施经验借鉴

(一)强化公共设施的旅游服务功能

"红瓦绿树,碧海蓝天",沿海旅游一直是青岛旅游的最大特色和亮点。近年来,青岛以打造国际一流沿海度假旅游胜地为契机,通过统筹规划,投入大量资金兴建基础设施,服务沿海旅游发展战略。

案例 7-5 青岛强化公共设施的旅游服务功能

其一,优化景区导览服务功能。在相关沿海旅游景区内的停车场、景区路口的关键节点处及游客中心等公共设施场所设置景区导向牌,提供给游客路线指引;在游客服务点等人员密集处设置解说标识牌、旅游地图、分区平面图牌等服务引导标识牌,方便游客随时查询旅游信息和及时享受到相应公共服务。其二,强调公共交通工具的旅游服务功能,以公共交通促旅游发展作用。青岛在设计公共路线安排时,注重公共交通与地区旅游资源的关系,设置多趟旅游线路,通过城市工具、班轮及轨道交通等交通工具把青岛沿海景点串联起来。在保障旅游者出行需求的同时,为青岛相关沿海资源的一体化发展助力,构筑起凸显青岛特色文化的沿海旅游。其三,建立五大旅游集散中心。根据游客需求,青岛构筑了以火车站汽车站旅游集散中心为中心,其他旅游集散中心为辅的前海旅游通道,五大旅游计算中心均设置旅游超市,主要是为游客提供车辆停泊、代购景区门票、购物、餐饮等旅游配套服务。其四,合理布局公厕。青岛在各旅游景点特别是热门景点配备充足的公厕数量及流动公厕,以满足游客需求。其五,整合沿海旅游项目,打造全域沿海休闲健身带。除了沿海步行道、轮滑道及自行车道的设计,该道路还结合慢行交通系统不断完善沿海休闲健身带的游览功能。

资料来源:杨宏. 青岛打造国际时尚旅游之城的路径 [OL]. 澎湃新闻网,2019-7-9.

(二)丰富娱乐配套设施

黄金海岸位于澳大利亚东南部沿海,由一段长约 42 公里、10 多个连续排列的优质沙滩组成,是一个著名的沿海度假胜地。黄金海岸在众多资源的加持下,以刺激的冲浪运动闻名于世,且建造了众多富有趣味的主题乐园,通过打造各类娱乐配套设施造就海边度假天堂。

案例 7-6 黄金海岸打造各类娱乐配套设施造就海边度假天堂

一方面,黄金海岸的中心是冲浪者天堂。位于繁华地带的"冲浪者天堂"是冲浪爱好者的天堂。除冲浪外,这里还有其他丰富的项目:潜水、钓鱼、扬帆、水上电车、高尔夫球及沙滩排球。另一方面,黄金海岸还享有"主题公园之都"之称,拥有三个世界级的主体公园,同时还拥有 30 多个活动游乐区。众多的主题乐园群落具有对家庭度假娱乐客群直接吸引力。"海洋世界"有海豚、鲸鱼、海狮、鲨鱼及划水表演。"梦幻世界"是一个迪士尼式的主题公园、水上乐园及野生动物园三者合一的娱乐世界。"华纳兄弟电影世界"是南半球唯一一个以电影为主题的游乐区。水上运动是黄金海岸最引以为豪的活动。此外，黄金海岸沿线还有30多个主题式游乐园、12座热带雨林国家公园，以及50座以上的高尔夫球场，为创设多元化度假生活场景提供了足够的空间载体。

资料来源：全球海岛旅游目的地综合开发的六大策略[OL]．房地产观察家，2018－10－24．

三、优化软服务经验借鉴

（一）深度开发沿海旅游资源

青岛市黄岛区又称青岛西海岸新区，拥有得天独厚的沿海旅游资源。近年来，青岛西海岸新区政府不断完善沿海旅游产品体系，已初步建立多元化的度假产品体系，为打造世界级沿海度假区奠定坚实基础。

案例7－7 青岛构建沿海度假目的地产品体系

为打造世界级沿海度假区，青岛在发展海洋旅游产品方面，重点针对影响当前青岛市黄岛沿海旅游发展的"三热三冷"（夏天热冬天冷、白天热晚上冷、南部热北部冷）等旅游气候性问题，围绕反季节旅游、夜间旅游及海洋旅游三大特色旅游不断完善沿海度假目的地产品体系。同时，针对西海岸新区旅游产业链条短及产品创新不够等问题，依托新区沿海旅游发展战略，从环境提升、新业态开发、产业融合及创新发展等方面完善沿海旅游度假产品体系，打造世界级沿海度假新高地。

资料来源：王志．青岛发展海洋旅游产品：打造世界级滨海度假区[OL]．中国发展网，2018－9－18．

坎昆是墨西哥著名的沿海旅游城市，位于加勒比海北部，沿海资源得天独厚，被誉为世界七大海滩度假胜地之一，是全球热门沿海度假旅游目的地之一。近年来，墨西哥大力扶持坎昆的沿海旅游开发，并不断追求沿海旅游产品的特色开发，现在每年接待国际游客700多万人次，[①] 成功实现从加勒

---

① 巴西旅游部多举措吸引游客[OL]．南美华侨新闻网，2020－4－16．

比海的小渔村到世界沿海旅游度假胜地的转变。

案例7-8　坎昆特色开发沿海旅游资源

为提高沿海旅游产品的开发层次，坎昆主要从以下几个方面着手：其一，规划先行。墨西哥在开发坎昆旅游度假区时始终坚持规划先行的基本原则，并邀请国际知名企业参与规划编制。同时，墨西哥对坎昆旅游区的常规旅游六大要素坚持以"高起点、高标准、国际化"的统筹规划标准，致力于打造国际化的沿海旅游度假目的地。如：在住宿方面，坎昆着力于打造本地化的国际知名综合度假酒店，除了考虑酒店的住宿、餐饮及会议等基本功能，还注重结合游客的多样需求；在本地特色旅游自然资源方面，在酒店兴建水上乐园、海洋馆、红树林探险馆、游乐园等为一体的特色主题馆，成为吸引游客的一大卖点。其二，坎昆拥有历史悠久的玛雅文化，在旅游开发上注重与本土文化相结合，吸引大量游客慕名前来。墨西哥在统筹规划沿海旅游开发时，突出"玛雅世界"思想，并经常推出"玛雅大海岸"生态旅游项目，也带动了坎昆周边区域的旅游发展。据统计，入境游客中有1/3会选择去附近尤卡坦半岛各玛雅古迹参观。其三，大力发展海上旅游。据有关部门的统计，2009年到访坎昆的外国游客中，有近1/3来自海上邮轮，占到了33.72%（60%来自航空，6.28%来自陆路）。为发展海上旅游，坎昆还倾力打造国际邮轮母港。

资料来源：王胜. 借鉴坎昆经验加快国际旅游岛建议［N］. 南方日报，2010-9-29.

（二）降低沿海旅游成本

越南被视为海洋海岛资源发展潜力和优势巨大的国家之一。越南沿海面积在世界上156个沿海国家中排在第27位，同时在东南亚地区排名第1位。为吸引更多的游客，越南旅游总局启动"印象越南"全包式优惠旅游计划，进一步降低越南沿海旅游成本。据越南旅游总局的统计数据可知，2007~2017年间，赴越南沿海各省旅游的国际游客人数增长了两倍，国内游客增长了2.8倍。[①]

案例7-9　越南全方位降低沿海旅游成本

为吸引更多游客前来，越南旅游总局启动"印象越南"全包式优惠旅游

---

① 越南海洋海岛发展［N］. 越南人民网，2018-12-8.

计划。该计划主要是提高越南旅游产品的性价比，鼓励航空、服务、酒店等旅游企业以优惠30%~50%的价格推向市场，大大降低旅游成本。同时，政府对部分旅游产品实行降免税，最高幅度可达到50%，并可延期九个月纳税，进一步降低旅游企业经营成本，大大提高旅游产品的国际竞争力。此外，"印象越南"全包式优惠旅游计划还从旅游项目的高性价比、进一步降低交通费用及住宿成本等方面出台具体优惠政策，以全方位降低旅游成本。

资料来源：越南旅游局启动"印象越南"全包式越南优惠旅游计划［OL］. 中国海岛旅游网，2009 – 3 – 10.

（三）强化旅游服务

山东威海是一座美丽的沿海城市，旅游资源丰富，有海岛海岸、城市园林、历史遗迹、民俗风情等众多的旅游资源。除了丰富的沿海旅游资源，优质的服务也是威海作为著名沿海城市不可或缺的重要组成部分。

案例7-10　威海多措并举提升旅游服务水平

为提高游客满意度，威海多措并举提升其整体服务水平。

其一，改革旅游管理体制，以联动机制确保游客合法权益。威海建立旅游警察、旅游法庭、旅游工商等"1+3"旅游综合管理和执法体系，推动威海旅游向综合管理机制转变。强化旅游警察、旅游法庭、旅游工商等机构职能作用，及时有效解决涉旅纠纷，提高旅游市场综合监管水平。建立健全旅游业统计指标体系，加强旅游行业统计和经济核算工作，为旅游业发展提供科学支撑。

其二，大力整顿旅游市场秩序，优化旅游服务环境。加强对非法经营旅行社业务打击力度，重点整顿旅行社的合法资质、欺客骗客、虚假宣传、恶意提价等行为，打击不合理低价游和非法从事非法出境游。

其三，整顿和规范导游队伍。重点查处导游资质问题，禁止非法取得导游证和无证从事导游行为；加强导游继续教育，规范导游行为，禁止导游私拿回扣、擅自变更行程及索要小费等不法行为，全面提高导游素质。

其四，大力整治旅游购物市场，营造放心消费环境。逐步取消定点购物，严禁变相安排和诱导购物，保障游客的自主购物权利；加强旅游商品的质量监管，组织开展打假治劣行动，严禁旅游企业制售假冒伪劣商品，规范旅游购物市场秩序，保障游客的合法权益，提高游客满意度。

资料来源：沈道远. 威海大力发展全域旅游［N］. 新华社，2016 – 9 – 29.

(四) 坚持生态化的发展模式

马尔代夫沿海资源丰富,是全球热门沿海旅游度假目的地之一。为保障其资源的可持续发展,马尔代夫政府十分注重环境监管政策的不断完善,以及注重在旅游发展与环境保护之间求得平衡。

案例 7-11　马尔代夫坚持可持续发展的生态旅游理念

马尔代夫沿海旅游开发与保护的成功秘诀可归纳为以下两方面。

一方面,马尔代夫沿海旅游开发始终遵循可持续开发理念,采用低层建筑、低密度开发、低容量利用及高绿化率"三低一高"的开发原则。在马尔代夫所开发的海岛中,所有的建筑物最高只有两层,且都是离海岛两岸海滩至少保持五米距离建设;海岛开发面积严格控制在20%以内;海滩部分有33%的部分不准用于商业开发;为保障岛屿生态资源的持续发展,禁止砍伐树木,只能钓鱼不能拖网捕鱼,机械化施工前须经过严格环境评估。

另一方面,马尔代夫沿海旅游开发与保护并重,注重对自然环境的严格保护。马尔代夫在1978年就成立旅游部,制定和实施环境保护政策,对海洋及陆地环境实施严格的自然环境保护。如:马尔代夫度假区的运营如果破坏生态环境较严重的话,旅游部有权关闭这些旅游度假村;酒店必须配备完善的垃圾压缩及焚烧装置,具备自我处理垃圾能力。同时,针对日益增长的垃圾处理压力,马尔代夫还专门成立国有控股的垃圾处理公司。此外,政府为避免环境垃圾处理给环境造成的副作用,专门开辟一个垃圾处理岛。

资料来源:平潭滨海旅游发展浅探 [OL]. 福州社科网,2011-3-17.

海南位于我国南端,海南岛面积为3.4万平方公里,为我国第二大岛屿。在建设国际旅游岛、大力发展沿海旅游的背景下,海南积极推动生态旅游发展。

案例 7-12　海南坚持生态旅游发展

在建设国际旅游岛背景下海南生态旅游发展的主要对策有:结合海南现有资源及环境保护等方面制定的生态旅游规章,积极推动生态旅游发展;旅游开发最大限度地保护原有海岛、海岸等地自然状况,合理开发旅游资源,旅游区建立环境影响评价机制,禁止开发建设对生态环境有影响的工业设施及项目;开发强度严格依据环境容量与资源承载力进行分类指导与控制;在旅游区引入废水、废气、废渣的处理设备、处置设施,配备垃圾分类收集及处理装置、环保型公厕等设施。

资料来源:《海南国际旅游岛建设发展规划纲要(2010—2020)》。

(五)打造沿海旅游专业人才"磁场"

针对沿海旅游人才资源短缺等问题,三亚提出创建"旅游人才海绵城市",并实施梳理人才入户、培训及评价等具体举措,精准施策构建吸良纳才新格局,促进三亚沿海旅游产业发展。

案例7-13 海南三亚精准施策构建吸良纳才新格局

针对沿海旅游人才资源短缺等问题,三亚提出创建"旅游人才海绵城市",并实施梳理旅游人才结构、精准满足不同代际的旅游人才发展需求、提高文化自信、推动国际旅游岛人才创业基地二期建设、促进本土劳动力参与旅游经济、引导企业建立雇主满意评价机制、发布"三亚旅游人才治理指数"、将人才发展环境评估纳入行政考核体系等具体举措,精准施策构建吸良纳才新格局,促进三亚沿海旅游产业发展。

同时,三亚市委市政府还积极推动全民学英语工程,通过对年轻公职人员、旅游从业人员和城市服务人员进行系统英语培训,创建"全域旅游英语角",打造"友好三亚"全民学英语品牌,积极培育和发掘国际化人才,为提升三亚旅游目的地国际化水平奠定了重要的人才基础。

资料来源:林诗婷. 精准施策,海南三亚8项举措构建吸良纳才新格局[N]. 海南日报,2018-5-3.

第五节 提高广东沿海旅游带发展的战略选择

一、品牌化战略

加大旅游带品牌宣传力度,创新旅游带品牌宣传方式,促使"活力广东、欢乐沿海"的旅游整体品牌形象深入人心。适应消费需求升级趋势,优化沿海旅游产品供给体系,重点发展具有地方资源、环境、文化特色的高品质沿海旅游度假产品,构筑由旅游城市品牌、旅游小镇品牌、旅游节企业品牌、旅游商品品牌、旅游特色民俗品牌、旅游活动品牌及旅游节会品牌等构成的广东沿海旅游带品牌体系。完善旅游标准化建设，坚持广东沿海旅游产品高品质化发展，支持珠海万山群岛、汕头南澳岛、惠州巽寮湾沿海旅游度假区等创建国家AAAAA级旅游景区或国家级旅游度假区，培育一批国际一流的沿海旅游产品品牌。

二、国际化战略

借鉴国际沿海旅游带发展经验，以国际市场为导向，加强和国际先进沿海旅游带的合作，积极引入国际发展理念、国际服务标准、国际经营模式、国际企业、国际专业人才，开发国际级的沿海旅游度假产品，建设世界级沿海旅游带。积极拓展国际市场，推动广东沿海旅游带产业运行机制、软服务、基础设施配套水平的国际化发展。依托广东沿海旅游公路有机串联沿海旅游带各沿海旅游景区，将广东沿海旅游带打造成世界知名的美丽"珍珠链"。

三、新业态驱动

以不断满足沿海旅游市场需求为核心，创新沿海旅游发展理念、管理机制、营销策略及产品供给体系，引领广东沿海旅游带旅游产品和旅游产业转型发展、创新发展。进一步推动文化旅游、体育旅游、乡村旅游、购物旅游、邮轮旅游、生态旅游等沿海旅游产品融合创新，促使形成新的消费热点，增强广东沿海旅游带旅游发展新动力。建立更加开放的"旅游+"和"+旅游"产业融合发展格局，积极培育旅游产业新业态，推动形成广东沿海旅游带经济增长的新动能。

四、协调发展战略

统筹沿海旅游带生态环境与旅游经济协调发展，促进广东沿海旅游带健康持续发展；优化沿海旅游业产业结构，推进广东沿海旅游带旅游产业结构与产业集聚的空间关联与协调发展；加强沿海旅游业与其他产业的外部联动与产业融合发展，优化广东沿海旅游带产业布局，促进区域经济协调发展；深化沿海旅游带区域协调发展，加速广东沿海旅游带的一体化发展进程。

第六节 促进广东沿海旅游带发展的对策措施

一、优化整体形象，提高沿海旅游带品牌认可度

（一）加大整体宣传推广力度

第一，实施品牌发展战略，构建世界级沿海旅游目的地品牌、产品品牌、企业品牌、服务品牌、线路品牌等多层次品牌营销体系，加大广东沿海旅游带品牌形象的宣传推广，全方位提升"活力广东，欢乐沿海"的知名度、美誉度。第二，优化"政府搭台、企业唱戏"的营销模式。充分发挥政府营销的优势作用，整合政府资源，促进涉旅企业抱团宣传，在主要客源市场建立和推广联盟等各类合作平台，构建政府、行业、媒体、公众等共同参与的沿海旅游宣传格局。第三，借鉴泰国及夏威夷等地区经验，创新促销方式。运用科学的方法加强旅游市场调研，使宣传事半功倍；制作以游客为本的旅游宣传材料，及时推送新鲜旅游资讯，加强面向北方市场和境外市场的沿海旅游宣传推广；立足国内、面向国际，策划、组织和利用具有社会影响的会展活动、体育赛事等事件，不断丰富事件内容，提高活动规模和档次，进而不断提升广东沿海旅游带的品牌知名度与美誉度。

（二）加快沿海旅游带区域协调发展

一方面，促进广东沿海旅游带各地区旅游合作。借鉴"大三亚"和辽宁旅游一体化发展经验，在沿海旅游带各区域旅游资源与生态环境容量具有显著差异性的现实基础上，引导旅游带各市旅游合作与联动发展。鼓励广东沿海旅游带旅行社、餐饮业、住宿等旅游企业多形式合作，开展业务往来。大力推进广东沿海旅游带客源市场的互动，确保各方互访的游客同本地游客享受同等优惠，实现大区域旅游市场共享。进一步强化珠江三角洲地区产业的辐射带动作用，加速粤东、粤西地区的沿海旅游产业发展，缓解珠江三角洲的生态环境压力，实现旅游资源和旅游人才的"双转移"，促进广东沿海旅游带旅游协调发展。

另一方面，推动形成广东沿海旅游空间格局。根据旅游带不同地区的资源特色引导相应的旅游资源开发，完善广东沿海旅游空间布局。整合全域资源，推进"海洋—海岛—海岸"旅游立体开发，进一步巩固环珠江口、川岛—银湖湾、海陵岛—水东湾、环雷州半岛、大亚湾—稔平半岛、红海湾—碣石湾、汕潮揭—南澳"七组团"沿海旅游布局。以旅游发展格局为引领，加快沿海旅游业全区域、全要素、全产业链综合发展，加快由景点旅游发展模式向全域旅游发展模式转变。

二、补齐硬件短板，提高旅游接待能力

（一）加快公共基础设施建设

加大广东沿海旅游带的旅游基础设施投入，借鉴青岛经验，不断强化公共设施的旅游服务功能。结合游客需求，不断推进旅游标识系统、停车场、高速公路游客服务区、旅游集散地及旅游公厕等设施建设，定期翻修旅游基础设施，完善旅游服务接待功能。尤其是在旅游黄金周期间，政府和旅游相关企业要提前预测并协调好，有效利用已有接待设施，做好接待工作；不断完善旅游带旅游公共交通体系，增加旅游专线并加大宣传力度，缓解热门景点旅游高峰期交通压力；通过扩建、新建和协调调用等渠道完善停车场建设，缓解旅游景区停车难问题；多措并举深入推进旅游厕所革命，重点加强旅游景区、交通集散点、旅游娱乐购物场所等地的旅游公厕建设和管理，不断满足广大游客需求，助推广东沿海旅游带发展。

（二）完善娱乐服务设施

结合当前沿海旅游新业态、产品，借鉴澳大利亚黄金海岸带经验，一方面，不断丰富海上垂钓、独木舟探险、双体船、滑翔伞、观光潜水艇、水上自行车、滑水摩托艇、滑水、风帆冲浪等多元化沿海娱乐服务配套设施，建设世界级标准的海水浴场、海上游乐园、冲浪基地等娱乐设施。另一方面，将观光旅游充分结合家庭度假、休闲度假、养生、商务、运动、文化等主题打造出完整的旅游度假体系，提高沿海旅游度假区旅游功能的多元化发展。以深圳、珠海、汕头、湛江、茂名、汕尾等市的沿海城区或沿海新区为重点，发挥自然风光、历史文化、多彩生活、商务交流高度交集的优势，构建湾城

一体的城市建设格局，打造富有沿海特色的城市风貌和旅游吸引物，营造浓郁的沿海城市氛围。

三、完善软件配套，优化旅游环境

（一）提高旅游资源开发层次

其一，不断完善沿海旅游资源开发的统筹规划。借鉴坎昆等地区经验，紧紧围绕国际一流沿海旅游度假目的地的战略定位和市场需求，不断完善广东沿海旅游带相关专项规划和旅游区建设规划的修订。同时，要提高相关规划的可操作性，增强规划的科学性、针对性和指导性。此外，对广东沿海旅游带的现存文化遗址进行调研摸底，统一规划，全面保护，深入发掘历史典故，增添文化底蕴。

其二，根据市场需求，推动旅游产品的多元化发展。借鉴青岛黄岛区经验，根据市场需求，通过组合优化广东沿海旅游带各市的旅游资源，突出各市旅游产品的特色化发展，实现从"观光旅游"到"立体旅游"的转变。重点支持深圳大鹏半岛、珠海万山群岛、惠州稔平半岛、江门川岛—浪琴湾、阳江海陵岛、湛江五岛一湾和吉兆湾、茂名水东湾、汕头南澳岛、汕尾红海湾、揭阳金海湾等区域进行高品质、高标准、整体性的旅游开发。同时，细分旅游市场，结合广东沿海旅游带旅游产品的季节性特点有针对性地为游客提供个性化旅游产品方案，平衡沿海旅游淡旺季问题。

其三，培育新业态新产品，丰富产品层次。研究制定广东游艇旅游发展指导意见，鼓励广州、深圳、珠海、汕头、惠州、湛江、中山、江门等大力发展游艇旅游及相关产业。以邮轮母港为核心打造集旅游运营、餐饮购物、免税贸易、酒店文娱等于一体的邮轮母港区和邮轮产业链。鼓励深圳、汕头、汕尾、珠海及惠州等地发展帆船、冲浪、海钓、潜水等沿海体育项目。在保障沿海旅游产品观光性基本特性基础上，不断丰富旅游产品的文化内涵及创新内涵，丰富产品层次，完善产品体系。不断优化旅游产品结构，充分发挥地方资源优势，推进汕头南澳岛、阳江海陵岛、江门川岛、茂名放鸡岛、湛江特呈岛和硇洲岛等发展具有岭南特色的海岛度假项目。

其四，扶持广东沿海旅游带旅游特色乡村。结合省级新农村连片示范建设，在保护乡土性的前提下，充分调动当地居民和社区积极性，开发海鲜美食、渔乡风俗、渔村体验、海上垂钓、观光休闲渔农业等具有鲜明沿海特色的乡村旅游产品，加强沿海乡村旅游示范建设。重点打造深圳大鹏半岛、珠海斗门、中山南朗、湛江南三岛、汕尾红海湾等乡村旅游片区。

（二）全方位降低旅游成本

深化广东沿海旅游带旅游价格改革，切实降低游客旅游成本。借鉴越南经验，调整完善价格机制，规范旅游市场价格行为，推动旅游业加快由门票经济向产业经济转变。整合广东沿海旅游带旅游资源，全面开展景区门票定价成本监审或成本调查、价格评估工作，适时适度降低部分景区偏高价格。同时，加大对游客反映强烈的交通车、住宿、购物等服务价格监管力度，健全相关价格管理制度，打击各类旅游价格违法行为。此外，降低旅游相关企业的税收成本，进一步减轻其运营成本，推动景区及旅游业实现持续健康发展。

（三）完善旅游服务体系

为进一步提高游客满意度，广东沿海旅游带可在借鉴威海经验的基础上不断完善其旅游服务体系。首先，结合游客实际需求，不断完善旅游咨询服务、投诉处理、旅游公共信息、应急处置、紧急救援、旅游保险等旅游管理机制。实现全省沿海地区3A级以上景区和3星级以上饭店实现免费无线网络全覆盖，实现全省沿海4A级以上景区智能导游、电子讲解、在线预订、信息推送等功能全覆盖。强化沿海旅游统计数据监测、出入境口岸客流监测、景区客流常规监测、黄金周与节假日旅游高峰预警、游客消费行为特征监测、酒店价格监测、导游征信系统监测等功能。其次，规划行业管理，提升旅游企业和从业人员服务质量。大力推动广东沿海旅游带旅游服务质量标准体系建设，规范旅行社市场经营管理及服务行为，提升旅行社服务品质。建立诚信经营机制，整治旅游市场秩序，严厉打击虚假广告、退团扣费不合理、违反合同约定、非法经营出境游和港澳游等行为，全面提高游客满意度。健全旅游投诉处理和服务质量监督机制，提高服务质量。最后，合理设置旅游购物场所，加快发展旅游商品品牌专卖连锁店，创新开展电商业务。推进广州南沙、珠海闸口口岸及深圳福田、皇岗、沙头角、文锦渡口岸设立进境免税店。营造良好购物体验环境，规范广东沿海旅游带旅游购物市场，加强旅游购物企业的信用建设。

（四）强化可持续资源生态保护

借鉴马尔代夫和海南的沿海旅游开发的可持续发展原则，坚持生态旅游发展。一方面，完善广东沿海旅游带发展规划，坚持发展与保护并行。开发沿海旅游资源时始终遵循"规划先行、范围明确、专家参与、容量控制、实时监测"基本原则。另一方面，强化对环境影响的源头监督和过程控制。建立和完善广东沿海旅游带旅游发展规划的环境影响评价制度，严格按照《中华人民共和国环境影响评价法》等法则科学有效评估，实现环境保护的源头监督。同时，不定期或定期监测广东沿海旅游带景区环境，完善环境影响的过程控制，加强景区投资经营行为的监测，以保证环境影响监测体系的全面性及可持续性。

此外，规范广东沿海旅游带游客行为，引导游客文明旅游，强化游客环保意识。利用宣传册、标识牌、游客集散中心及广告报纸多媒体等途径对游客进行环境教育，进一步加大游客的环境保护宣传力度。制定相关规章制度，加强对游客旅游行为的环境管理，提高游客环境破坏违反成本，有效遏止环境破坏行为。

（五）优化旅游专业人才队伍

借鉴三亚吸良纳才政策，完善人才培养与引进制度，推动广东沿海旅游带发展。一方面，完善旅游专业人才培养体系，优化沿海旅游人才结构。充分发挥广东教育体系完备优势，坚持院校培训与在岗培训相结合，坚持学历教育和非学历教育相结合，坚持本地培养和外地引进相结合，把广东建成全国沿海旅游专业人才的培训基地和输出基地，大力培养沿海旅游专业人才，全面提高沿海旅游人才业务素质和文化素质，优化人才队伍结构。另一方面，加大沿海旅游教育资金扶持。加大用于沿海专业人才培养的资金投入，有计划地选调一批优秀人才到国内外大学和研究机构学习、深造。此外，健全广东沿海旅游带旅游人才流动市场机制，畅通人才流动渠道，实施更加积极、更加开放、更加有效的人才政策。优化广东沿海旅游带人才环境，集聚沿海旅游专业人才。大量引进外语人才，充实各大旅行社、酒店、景区（点），特别是导游队伍。

（本章编写者：隋广军、陈和、周阳城）

第八章 广东外贸出口预测指数研究

第一节 广东外贸出口预测指数编制背景与意义

一、广东外贸出口预测指数编制背景

中国作为出口大国，货物出口值自 2009 年以来持续位居全球前茅，有力地拉动了我国经济发展。为了及时把握我国外贸出口形势，稳定和扩大国外需求，中国海关总署作为我国进出口货物贸易统计的官方机构，编制了"中国外贸出口先导指数"，并将其应用于预测和指导外贸出口。在我国外贸出口中，加工贸易进口、外商直接投资、经合组织①综合领先指数等宏观指标均为其重要的统计指标。

后危机以来，影响我国外贸出口走势的国际国内因素日益增多，外贸形势错综复杂。经历一波三折，中美第一阶段经贸谈判在 2019 年 12 月中旬取得实质性进展，关于贸易摩擦再升级的担忧暂时得以平息。但美国挑起的中美经贸争端相关加征关税、科技禁令、加剧地缘政治紧张局势等措施，正在搅动全球制造业价值链布局，加速了部分制造企业由中国内地向外迁移的步伐。特别是，自 2020 年 1 月以来，新冠疫情肆虐全球，世界经济和国际贸易遭受了重大外部冲击。在此大背景下，外贸大省广东身处改革开放前沿阵地，其外贸出口形势将对全国外贸产生重要影响。因此，有必要具体分析广东外贸出口的影响因素，并由此构造出符合自身实际的"广东外贸出口预测指数"。

---

① 经合组织是指经济合作与发展组织。

为了能够准确反映广东的实际外贸情况，并对它未来的出口形势进行预测预警，就必须开拓新的思路，寻找新的编制方法。研究发现，多项宏观指标都对广东的外贸出口具有预测作用，据此可以选取其中对广东外贸出口具有重要预测作用的影响因素来编制符合广东实际情况的"广东外贸出口预测指数"，将其专门应用于预测和指导广东的外贸出口。

二、广东外贸出口预测指数编制意义

编制"广东外贸出口预测指数"，不但是为了顺应外贸形势发展，也是为满足完善进出口贸易统计指标体系的迫切需要。特别地，随着美国对中国挑起的贸易摩擦不断升级，广东全省商务工作稳增长、稳外贸、稳外资的任务更加艰巨繁重，致使当前广东外贸面临前所未有的复杂性。广东外贸出口预测指数的构造有助于及时研判广东外贸出口形势，提高宏观调控的科学性、前瞻性和针对性，增强广东外贸出口的预测预警能力，更好地提供应对中美贸易摩擦以及外贸稳增长、提质量的宏观管理决策服务，推动广东外贸稳健发展。

第二节 广东外贸出口预测指数指标体系构建与指标说明

一、广东外贸出口预测指数指标体系构建

在借鉴中国外贸出口先导指数构造体系的基础上，课题组再结合广东的实际情况选定相应指标，构造出符合广东实际情况的指标体系。项目运行之初所构建的广东外贸出口预测指数指标体系如图8-1所示。

在广东外贸出口预测指数中，宏观指标合成指数的分项指标包括广东加工贸易进口额、广东一般贸易进口额、中国进口商品价格指数、广东制造业外商直接投资、中国出口集装箱运价指数、IMF人民币实际有效汇率、经合组织综合领先指数以及广东主要出口市场需求状况指数；微观指标出口经理人指数的分项指标是出口新增订单指数、出口经理人信心指数和出口企业综合成本变动指数。

```
总指数                    广东外贸出口预测指数
              ┌──────────────┴──────────────┐
分项指标    宏观指标合成指数              出口经理人指数
```

图 8-1 中各分项指标（从左至右）：
广东加工贸易进口额、广东一般贸易进口额、中国进口商品价格指数、广东制造业外商直接投资、中国出口集装箱运价指数、IMF人民币实际有效汇率、经济合作与发展组织综合领先指数、广东主要出口市场需求状况指数、广东保税物流进出总额、广东一般贸易进口中间产品总额、出口新增订单指数、出口经理人信心指数、出口企业综合成本变动指数

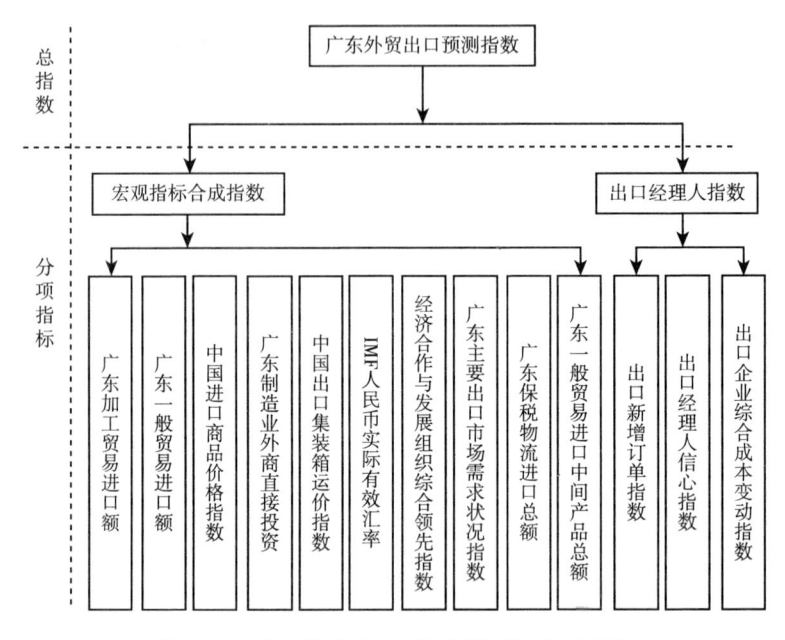

图 8-1　广东外贸出口预测指数指标体系结构

需要说明的是，从 2018 年 2 月开始，由于广东海关不再提供出口经理人的微观数据，而商务厅所提供的微观数据却因其时期跨度太短从而无法满足构建计量回归模型所需要的自由度要求，故随后的预测仅使用宏观数据而没有加入微观数据。课题组在充分考虑指标重要性和数据可得性的情况下，最终选择和构造了如下 8 个宏观指标作为模型的解释变量：广东加工贸易进口（亿元）、广东一般贸易进口（亿元）、中国进口商品价格指数（上年同月 = 100）、广东制造业外商直接投资实际使用外资金额本年数（亿元）、中国出口集装箱运价指数（基期 1998 年 = 1000）、IMF 人民币实际有效汇率（基于消费价格指数，基期 2010 年 = 100）、经济合作与发展组织综合领先指数 CLI（OECD total，波幅调整，长期平均 = 100）、广东主要出口市场需求状况指数（基于 CPI 编制）。同时，在模型中还分别加入这 8 个解释变量的平方项。被解释变量为广东外贸出口额（亿元）。

二、广东外贸出口预测指数指标说明

广东外贸出口预测指数合成中所采用的各指标的说明详见表 8-1。限于篇幅，这部分仅对最终选定的 8 个宏观指标的构造进行说明。

表 8-1 各指标的说明

指标		指标含义
被解释变量	X	广东出口总额
宏观指标合成指数	M	广东加工贸易进口额
	YBM	广东一般贸易进口额
	JKJZS	中国进口商品价格指数
	FDI	广东制造业外商直接投资
	JZX	中国出口集装箱运价指数
	REER	IMF人民币实际有效汇率
	CLI	经济合作与发展组织综合领先指数
	CPI	广东主要出口市场需求状况指数
	BSWL	广东保税物流进口总额
	ZJPJK	广东一般贸易进口中间产品总额
出口经理人指数	ZDD	总体订单
	DQ	短期订单
	ZC	中长期订单
	BX	本月信心
	WXX	未来信心
	ZCB	总体成本
	LCB	劳动力成本
	YCL	原材料成本
	HL	汇率

（一）广东加工贸易进口额

广东经济的起飞，源于大力发展加工贸易。加工贸易的发展，使广东在全国经济排名中获得了多项第一：吸收外资最多的省份，经济总量最大的省份，外贸总额最大的省份，非农就业最多的省份等。凭借加工贸易的翅膀，广东已初步达到了经济起飞和工业化的目的。加工贸易具有"先进口，后出口"的自然属性，而加工贸易又是广东主要的贸易方式，因此其进口对其出口具有非常重要的预测作用，且加工贸易与国际市场的关联程度更为紧密，对外需的变动通常比其他贸易方式更敏感，因而加工贸易进口最终也可作为整体出口的预测指标。该数据在广东统计信息网上有非常详细的月度数据。①

(二) 广东一般贸易进口额

2016年以来，广东一般贸易进口额逐渐增加，并一举超过广东加工贸易进口额，随着一般贸易进口额的比重不断加大，其对广东出口的影响也越来越不容忽视，因此，需要考虑将一般贸易也作为预测广东未来外贸出口走势的指标之一。该指标的数据与广东加工贸易进口额的数据可以在广东统计信息网查询。

(三) 中国进口商品价格指数

"进口商品价格指数"又称"进口商品单位价值指数"，是表示在给定的时段内一国所进口商品的平均价格变化的一种指数，主要反映进口商品价格变动的趋势和幅度。当一个国家中进口价格指数上升，则表明这个国家经济通胀压力上升，当一个国家中进口指数价格下降，则表明这个国家经济通胀压力下降。进口价格指数也是会对未来出口产生重要影响的因素之一，据海关总署研究表明，国际市场商品价格经由进口价格依次传导到国内工业品出厂价格和国内居民消费价格，并最终影响到未来一定时期出口商品的成本和价格。

该数据可以在广东外语外贸大学的中经网统计数据库中查到。出于数据的可得性和完整性考虑，本章所采用的是上年同月 = 100 而非上年全年 = 100 的统计数据，再根据该数据换算成符合编制预测指数使用的数据。

(四) 广东制造业外商直接投资

外商直接投资，也叫国际直接投资，它以控制经营管理权为核心，以获取利润为目的，是国际投资的基本形式之一，与国际间接投资相对应。外商直接投资主要采取中外合资以及中外合作两种方式，在我国境内开办外商独资企业，与我国境内的企业或经济组织共同举办中外合资经营企业、合作经营企业或合作开发资源。中外合资经营企业，也称股权式合营企业，它是外国公司、企业和其他经济组织或个人同中国的公司、企业或其他经济组织在中国境内共同投资举办的企业。中外合资经营企业是我国利用外商直接投资

---

① 需注意的是，该数据是 2010 年 1 月 ~ 2014 年 12 月的数据，单位为亿美元，而 2015 年 1 ~ 12 月的数据，官方统计网站将单位改为亿元，基于单位的一致性，2015 年 1 ~ 12 月的数据是由商务厅提供的，统计单位仍是亿美元。

各种方式最早兴办和数量最多的一种，目前在吸收外资中还占有相当大的比重。中外合作经营企业，亦称契约式合营企业，它是由外国公司、企业和其他经济组织或个人同中国的公司、企业或其他经济组织在中国境内共同投资或提供合作条件举办的企业。举办中外合作经营企业一般由外国合作者提供全部或大部分资金，中方提供土地、厂房，以及可利用的设备、设施，有的也提供一定量的资金。外商独资经营企业，指的是外国的公司、企业、其他经济组织或者个人，依照中国法律在中国境内设立的全部资本由外国投资者投资的企业。根据《中华人民共和国外资企业法》的规定，设立外资企业必须有利于我国国民经济的发展。自20世纪90年代以来，外国投资者开始更多地采取独资方式在我国开办外商独资经营企业。合作开发资源，这是海上和陆上石油合作勘探开发的简称，也是目前国际上在自然资源领域广泛使用的一种经济合作方式。

至今，外商投资企业仍是我国外贸出口的主力军，一直占据着我国外贸出口较大的份额，吸收外商直接投资恰恰是外商投资企业运营的基础，是这部分企业出口的重要影响因素，因此也可作为广东外贸出口的预测指标之一。广东制造业外商直接投资的统计数据由广东省商务厅提供。

（五）中国出口集装箱运价指数

中国出口集装箱运价指数，指的是反映从中国港口出口的集装箱货物运输价格变动趋势和程度的相对数。该指数客观地反映了中国出口集装箱的市场状况，可作为出口市场景气程度的重要判断依据，是航运市场的"晴雨表"，在现代航运市场中的应用非常广泛。它由交通部主持，上海航交所编制，被联合国贸发会海运年报作为权威数据引用，也是世界了解中国航运市场的重要指标。

基于理论上的推导、证明，利用受各种因素影响的综合运价来编制指数是可行的，能够反映在内在性因素影响下集装箱运价的波动情况。中国出口集装箱运价指数所采用的运价就是在各种因素影响下的综合运价，即所有港口的主要船公司运价的总体加权平均，船公司的运价指的是采用CY—CY条款的运价。

简而言之，该指数是从16家航线市场份额较大的中外船公司中选取11条主要航线（包括国内10大港口作为出发港口）作为样本航线，采集运价信息编制而成，数据真实可靠，实用性强。自中国出口集装箱运价指数编制以来，其反映市场走势的"晴雨表"功能得到充分显现，并以其科学性、权威性而成为继波罗的海干散货运价指数之后的世界第二大运价指数。该指标的数据，来源于中国港口网，当月各期的运价指数都会发布于该网站首页，将当月各期发布的指数取均值得到当月的中国出口集装箱运价指数，该指数以1998年1月1日为基期，基期指数1000点。

（六）IMF人民币实际有效汇率

有效汇率是一种加权平均汇率，通常以对外贸易比重为权数。它是一个非常重要的经济指标，通常被用于度量一国贸易商品的国际竞争力，也是研究货币危机的预警指标。

实际有效汇率指数是本国价格水平或成本指标与所选择国家价格水平或成本指标加权几何平均的比率与名义有效汇率指数的乘积，并且排除了物价因素的影响。实际有效汇率指数上升代表本国货币相对价值上升，反之则相反。

当一国的实际有效汇率下降时，意味着该国货币的贬值幅度较之其主要贸易伙伴国货币贬值的幅度更大，该国商品的国际竞争能力相对提高，有利于出口而不利于进口，反之则相反。本章研究采用IMF所公布的实际有效汇率则更具可靠性和权威性。该数据可于IMF的国际金融统计（International Financial Statistics，IFS）数据库中查询得到，是基于消费价格指数计算的，基期2010年=100。

（七）经济发展与合作组织综合领先指数

领先指数是一系列引导经济循环的相关经济指标和经济变量的加权平均数。综合领先指数在预测世界整体经济转变情况及衡量未来数月经济趋势方面都具有重要的参考价值，而世界经济的发展状况同样是出口的重要影响因素之一。目前，研判世界经济最权威的领先指标就是经济合作与发展组织（OECD）依据美、德、法、日本等34个成员国以及选取的其他样本国家国民经济各领域的指标数据构建的、反映世界宏观经济发展周期的合成领先指标（CLI）。该指数可以在OECD的统计数据库中查到，具体的查找路径是：OECD官方网站首页→主要统计→OECD Statistics，该指数是经过振幅调整的，长期平均=100。

(八）广东主要出口市场需求状况指数

根据广东近5年统计年鉴所整理的统计数据分析得到，2010~2014年，广东前七位的出口国家（地区）均为中国香港、美国、日本、韩国、德国、英国和荷兰，而且这5年广东前七位出口国家（地区）的出口额占比均接近70%，是广东主要的出口市场。其中，中国香港的比重尤其大，占了前七位出口总额的50%以上，是重中之重。

出口市场需求状况主要包括消费和生产投资两方面，根据广东主要出口国家（地区）的情况，广东主要是向它们出口消费品，因此，从理论上来看，这些国家的消费者物价指数（CPI），相较于它们的制造业生产者物价指数（PPI），应该更能反映出其对广东进口的需求，即会对广东的出口具有更大的影响，但为了使编制结果更具科学性和合理性，避免主观上的先入为主，该指数的编制仍将基于广东前七位出口国家（地区）的CPI、PPI分别进行计算。最后，通过两者与广东出口总额的相关系数进行验证，CPI是否更能体现广东主要出口市场的需求状况。

在编制的过程中将采用"单位价值法"，数量指数根据指数体系推算，为费氏指数（即"理想指数"）体系，包括费氏价格指数、费氏数量指数和价值指数。该指数是按月度编制，按年度排列，年度之内再按月份排列。权重的选择将会根据广东连续五年（2010~2014年）前七位出口国家（地区）的出口额整理计算得到。然后，再基于广东前七位出口国家（地区）的CPI、PPI分别计算得到两个广东主要出口市场需求状况指数，各指数都以2010年为基期100和长期平均等于50两种形式表达。最后，根据两个指数分别与广东出口总额的相关系数以及有关的理论依据决定采用哪一个作为广东的主要出口市场需求状况指数。关于权重和指数的计算过程及结果将在接下来的部分进行更加详细的说明与解释。

在权重的确定方面，根据广东连续五年（2010~2014年）主要出口国家（地区）的出口额进行排序，选取最近五年广东出口一直居于前七位的国家（地区）用于编制广东主要出口市场需求状况指数，其中包括中国香港、美国、日本、韩国、德国、英国和荷兰，所选国家（地区）的出口额占比达到70%，即样本覆盖率达到70%，可以说编制的结果是科学的、可靠的。

随后，整理计算得到广东此七位出口国家（地区）2010~2014年出口额的均值,以此作为编制广东主要出口市场需求状况指数各国(地区)的权重,计算结果见表8-2。

表8-2　　　广东前七位出口国家(地区)的出口额及其权重

出口国家	出口额(亿美元)					权重 Q_i
(地区)	2010年	2011年	2012年	2013年	2014年	(均值)
中国香港	1527.86	1870.52	2199.60	2621.97	2293.69	2102.73
美国	838.53	881.44	910.96	936.95	998.83	913.34
日本	216.39	247.71	268.37	263.96	259.39	251.16
韩国	99.34	105.44	101.26	107.85	125.19	107.82
德国	138.58	160.87	207.02	238.36	257.38	200.44
英国	108.66	135.79	142.83	141.15	152.02	136.09
荷兰	99.78	113.98	114.87	123.46	142.65	118.95

资料来源:中国香港的数据来自香港特区政府统计处,其余各国数据均来自OECD数据库。

广东主要出口市场需求状况指数须基于广东前七位出口国家(地区)的消费者物价指数(CPI)、制造业生产者物价指数(PPI)进行计算编制,因而首先需要收集和整理相关国家(地区)的CPI和PPI数据。广东前六位出口国家(地区)的消费者物价指数和制造业生产者物价指数均来源于OECD Statistics,基期2010年=100。此外,中国香港的综合消费物价指数和制造业生产者价格指数都可在香港特区政府统计处网站下载,综合消费物价指数基期2009年10月至2010年9月=100,为月度数据,制造业生产者价格指数基期2008年=100,对于该数据,香港特区政府统计处仅提供季度数据,后期还需要将其处理成编制所需数据。

各国(地区)的PPI数据中,中国香港只有季度数据且基期为2008年=100,其他各国均为月度数据且基期均为2010年=100。因此,首先需要将低频数据转换为高频数据,即将中国香港的季度数据转换为月度数据;然后将各国(地区)数据的基期统一,即将中国香港的转频数据再转化为以2010年为基期100的月度数据。CPI数据的处理过程参照PPI数据的处理方法,也都须转化为基期2010年=100的月度数据。各国(地区)数据处理完成后,再用上述各国(地区)的权重分别基于CPI、PPI计算得到加权结果,计算的结果分别都以2010年为基期100和长期平均等于50两种形式表达。根据最终的编制结果可以分别做出基于不同指数得到的广东主要出口市场需求状况指数。

基于 CPI 编制广东主要出口市场需求状况指数计算公式为：

$$广东主要出口市场需求状况指数(基期 2010 年 = 100) = \sum_{i=1}^{7} Q_i \times CPI_i / 加权结果 2010 年均值 \times 100$$

$$广东主要出口市场需求状况指数(长期平均 = 50) = \sum_{i=1}^{7} Q_i \times CPI_i / 所有加权结果均值 \times 50$$

其中，Q_i 为 i 国（地区）的权重，CPI_i 为 i 国（地区）的 CPI，i = 1，2，3，…，7。

基于 PPI 编制广东主要出口市场需求状况指数计算公式为：

$$广东主要出口市场需求状况指数(基期 2010 年 = 100) = \sum_{i=1}^{7} Q_i \times PPI_i / 加权结果 2010 年均值 \times 100$$

$$广东主要出口市场需求状况指数(长期平均 = 50) = \sum_{i=1}^{7} Q_i \times PPI_i / 所有加权结果均值 \times 50$$

其中，Q_i 为 i 国（地区）的权重，PPI_i 为 i 国（地区）的 PPI，i = 1，2，3，…，7。

为判断采用哪个指数更加合理科学，须将基于 CPI、PPI 编制的广东主要出口市场需求状况指数分别与广东出口总额进行相关关系检验，检验结果表明，基于 CPI 编制的广东主要出口市场需求状况指数与广东出口总额的相关系数高于基于 PPI 编制的，因此采用基于 CPI 编制的主要出口市场需求状况指数，无论从理论分析还是实证结果上看，都是比较合理的，由此表明广东主要出口国家（地区）的消费者物价指数（CPI）对广东的出口具有更大的影响。

第三节　广东外贸出口预测指数构造方法

一、计量回归分析方法

传统的经济计量方法是以经济理论为基础来描述变量关系的模型，但是经济理论通常并不足以对变量之间的动态联系提供一个严密的说明，而且内生变量既可以出现在方程的左端，又可以出现在方程的右端，这就使得估计和推断变得更加复杂。为了解决这些问题可考虑一种用非结构性方法来建立各个变量之间关系的模型，如1980年西姆斯（Sims）提出的向量自回归模型。

计量经济学是当今分析经济数据背后作用关系的重要工具，向量自回归模型（vector autoregression model，VAR模型）是一种用非结构性方法来建立各变量之间关系的模型。VAR模型是处理多个相关经济指标的分析以及预测操作性最强的模型之一，并且在一定的条件下，多元MA和ARMA模型也可转化为VAR模型，众多的经济工作者都十分重视和青睐VAR模型。

一般而言，VAR模型一般可以表示为：

$$y_t = \Phi_1 y_{t-1} + \cdots + \Phi_p y_{t-p} + Hx_t + \varepsilon_t, t = 1, 2, \cdots, T$$

其中，y_t是k维内生向量，x_t是d维外生变量的列向量，p为滞后阶数，T为样本个数，H是$k \times d$维待估计的系数矩阵，$\Phi_1, \cdots, \Phi_p$是待估计的k阶系数方阵，ε_t是k阶扰动列向量。

VAR模型在建模过程中有两个关键步骤：首先，需要确定共有哪些变量是相互有关系的，进而把有关系的变量纳入VAR模型中；其次，使用AIC准则和SC准则确定滞后期k，使模型能反映出变量间相互影响的绝大部分。

基于VAR模型的预测是通过对广东出口总额具有预测作用的变量的滞后进行拟合实现的。模型选定思路如下：将17个宏观指标和微观指标及其平方项都统一滞后三期放入VAR模型中，经过不断地重复调试各个变量的滞后期数，然后对不显著的变量的滞后期从滞后三期逐渐向滞后十二期调整，依据回归结果的显著性及AIC准则和SC准则确定是否保留改变量，并通过排列组合回归逐渐剔除回归模型中不显著的变量。特别地，在具体的回归过程中，如果内生向量y_t由于不显著而被剔除时，原VAR模型就进一步退化到类似于OLS回归模型的广义VAR模型。

特别地，为了更好地捕获广东外贸出口的波动特征，我们在不同的回归模型中依据回归结果的效果变化情况加入相应变量的平方项。

二、专家调整方法

为了尽可能提高本预测指数的预测效果，课题组在计量模型估计结果的基础上，组织相关专家对模型的估算值进行研判和调整。比如通过咨询具有代表性的外贸企业对当前外贸形势的预判，可以为本模型估算出来的广东外贸出口变动趋势的合理性提供最直接的验证途径。特别地，专家调整过程中将重点分析一些有代表性的外部冲击有可能对广东外贸出口所造成的明显影响，例如中美贸易摩擦、新冠疫情、广东春秋季广交会、国内外外贸政策变动等方面因素变动对外贸出口可能造成的不同影响。

第四节 广东外贸出口预测指数预测效果及其解读[①]

一、广东外贸出口预测指数的预测效果分析

现以2017年1月~2020年6月总体预测情况为例进行分析。

（一）2020年一季度预测情况

2020年1~3月，广东外贸出口预测指数[②]分别为98.1、53.3和61.5（见表8-3），与2019年1~3月的实际指数相比，变动幅度分别为-9.9、-3.2与-30.8。

表8-3　　　　　　　　2020年1~3月预测情况

月份	2020年预测指数	2019年实际指数	变动幅度
1	98.1	108.0	-9.9
2	53.3	56.5	-3.2
3	61.5	92.3	-30.8

---

① 本节广东外贸实际数据均来自广东统计信息网（http://www.gdstats.gov.cn/tjsj/dwmy/）查询所得。

② 第t个月的外贸出口预测指数=第t个月出口预测值/基期出口预测值，本项目选定2017年6月的出口预测值（3747亿元）作为基期。第t个月的外贸出口实际指数=第t个月出口实际值/基期出口实际值，本项目选定2017年6月的出口实际值（3604亿元）作为基期。

第一季度，本课题组所预测的外贸出口总额为7976亿元，同比预测值为-13.8%，第一季度广东外贸出口实际值为7926亿元，同比实际值为-14.3%。尽管由于疫情外部冲击致使具体到个别月份预测数值与实际值之间存在一定差异，但是在预测季度总额及其变动趋势方面仍然能够与实际值保持较小偏差，预测效果较为理想。总体上来看，尽管新冠疫情冲击使得广东对外出口面临重大冲击和不确定性，但是预测出口同比的变动趋势与实际出口同比仍能保持一致。

（二）2020年第二季度广东外贸出口指数预测情况

2020年4月，广东外贸出口预测指数为83.4（见表8-4），与2019年4月的实际指数相比，变动幅度为-10.9，预测出口总额3125亿元，实际出口总额3244亿元，偏差-119亿元。

展望第二季度5月、6月，世界经济衰退致使外需萎缩，新冠疫情全球蔓延导致国外订单大幅减少，广东外贸出口面临很大压力，课题组预测5月、6月的广东外贸出口同比变化为-28.0%和-8.2%，预测数据显示5月、6月两月广东外贸出口将会出现大幅下降，见表8-4。

表8-4　　　　　　　　　2020年4~6月预测情况

月份	2020年预测指数	2019年实际指数	变动幅度
4	83.4	94.3	-10.9
5	72.4	100.4	-28.0
6	89.5	97.7	-8.2

（三）2017年1月~2020年6月总体预测情况

广东外语外贸大学自2017年开始对广东外贸出口情况进行预测。自2017年1月~2020年6月，广东外贸出口预测指数总体情况见表8-5。在2017年1月~2020年4月这40个月的预测结果中，除了在受到中美贸易摩擦或新冠疫情等外生冲击较大的月份以外，出口预测值与出口实际值之间的偏差绝对值基本都在10%的范围之内。

表 8-5　　2017 年 1 月~2020 年 6 月总体预测情况

时间	预测指数	上一年同期实际指数	出口预测值（亿元）	出口实际值（亿元）	预测指数与实际指数变动幅度	预测值与实际值偏差
2017 年 1 月	90.1	83.1	3375	3256	7.0	119
2017 年 2 月	53.9	57.3	2021	2159	-3.4	-138
2017 年 3 月	96.3	78.4	3608	3486	17.9	122
2017 年 4 月	102	90.1	3821	3605	11.9	216
2017 年 5 月	104	86.6	3901	3683	17.4	218
2017 年 6 月	100	88.8	3747	3604	11.2	143
2017 年 7 月	93.9	94.3	3520	3565	-0.4	-45
2017 年 8 月	102.8	97.2	3851	3449	5.6	402
2017 年 9 月	91.2	101.1	3416	3808	-9.9	-392
2017 年 10 月	83.4	93.0	3125	3333	-9.6	-208
2017 年 11 月	103.4	105.0	3874	3906	-1.6	-32
2017 年 12 月	117.5	121.4	4402	4482	-3.9	-80
2018 年 1 月	93	90.3	3484	3400	2.7	84
2018 年 2 月	62.2	59.9	2331	2784	2.3	-453
2018 年 3 月	86.8	96.7	3251	2955	-9.9	296
2018 年 4 月	94.2	100.0	3530	3248	-5.8	282
2018 年 5 月	90.2	102.2	3381	3314	-12.0	67
2018 年 6 月	90.4	100.0	3387	3422	-9.6	-35
2018 年 7 月	96.1	98.9	3601	3757	-2.8	-156
2018 年 8 月	97.6	95.7	3656	3803	1.9	-147
2018 年 9 月	109.0	105.7	4084	4055	3.3	29
2018 年 10 月	93.8	92.5	3512	4005	1.8	-493
2018 年 11 月	112.7	108.4	4222	4050	4.3	172
2018 年 12 月	111.0	124.4	4160	4115	-13.4	45
2019 年 1 月	105.2	94.3	3942	3891	10.9	51
2019 年 2 月	66.4	77.2	2488	2035	-10.8	453
2019 年 3 月	85.7	82.0	3212	3326	3.7	-114
2019 年 4 月	92.1	90.1	3451	3401	2.0	50

续表

时间	预测指数	上一年同期实际指数	出口预测值（亿元）	出口实际值（亿元）	预测指数与实际指数变动幅度	预测值与实际值偏差
2019年5月	98.9	91.9	3705	3620	7.0	85
2019年6月	95.5	94.9	3580	3523	0.6	57
2019年7月	101.4	104.2	3799	3757	-2.8	42
2019年8月	104.5	105.5	3914	3886	-1.0	28
2019年9月	108.9	112.5	4078	3837	-3.6	241
2019年10月	96.7	112.4	3624	3729	-15.7	-105
2019年11月	107.6	114.2	4032	3917	-6.6	115
2019年12月	106.9	114.2	4005	4376	-7.3	-371
2020年1月	98.1	108.0	3675	3533	-9.9	142
2020年2月	53.3	56.5	1996	1386	-3.2	610
2020年3月	61.5	92.3	2305	3008	-30.8	-703
2020年4月	83.4	94.3	3125	3244	-10.9	-119
2020年5月	72.4	100.4	2711	3499	-28.0	-788
2020年6月	89.5	97.7	3352		-8.2	

总体来看，2017年1月~2020年5月，预测指数与实际出口值的整体变动趋势吻合程度较高（见图8-2）。

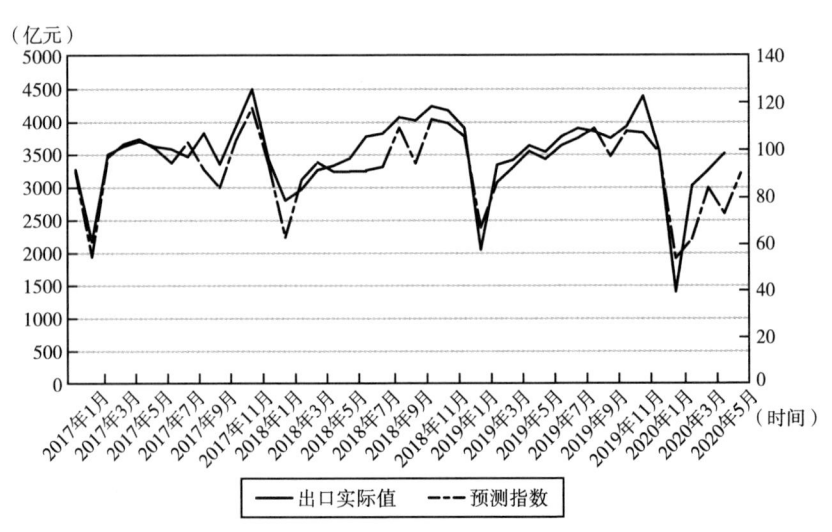

图8-2 预测指数与出口实际值变动趋势

二、广东外贸出口预测指数的解读及政策启示

(一) 影响因素分析

当前,影响2020年6月预测指数效果的宏观指标以及其他外部因素主要有以下几种。

(1) 疫情冲击致使世界经济可能长时间疲弱。受新冠疫情影响,北美、欧盟、日韩和东盟等全球重要经济区的市场需求断崖式下滑。世贸组织报告显示,2020年全球贸易将下降13%~32%,这是该组织20多年来少有的预测全球贸易量大幅下降。6月,IMF更新的预测报告认为2020年全球经济将出现4.9%的萎缩,而中国是2020年唯一保持增长的主要经济体。[1]

(2) 中美摩擦升级态势增大世界经济不确定性。美国将新冠疫情甩锅中国增大了中美摩擦。特朗普为赢得总统选举而加强对华强硬姿态的前景难以否认。美国对华强硬派寻求通过养老金远离中国和上市限制,实现中美经济的全面"脱钩"。不仅限于贸易和高科技的主导权争夺,还计划对资本市场施加压力,阻碍中国企业的融资。中美摩擦升级增大了外贸企业的不确定性风险预期。

(3) 出口订单减少成为外贸企业面临的最大困难。调查问卷及实地深度走访结果显示:受外需下降影响,广东外贸企业面临的最大困难是外需下降,很多受访企业表示出口订单被取消、被延期,很难获得新订单。广东省商务厅调研问卷数据显示,高达55.1%的受访企业反映境外需求下降是当前外贸出口面临的主要问题;62.6%的受访企业认为境外需求下降是影响企业后续接单的主要问题。

(4) 医疗物资产品出口增长托底广东出口下滑。应该看到的是,调研样本与受访企业没有包含医疗物资企业,医疗物资产品出口增长在一定程度上对冲了机电产品、纺织服装等传统出口产品的大幅下降。

(二) 政策建议

政策层面,一是大力发展"互联网+外贸"数字贸易模式。以广州、深

---

[1] IMF预测今年经济萎缩4.9%,呼吁加强国际合作 [OL]. 人民网, 2020-6-25.

圳、珠海、东莞、佛山、汕头6个国家跨境电商综试区为依托，快速提升全省跨境电商平台能级和服务水平。二是倾力打造"日不落、数字化"网上广交会。充分利用腾讯、阿里等数字化平台优势，着力打造"线上广交会"，为广东、中国和全球贸易商提供全球领先的"日不落、数字化"线上交易平台。三是支持外贸企业将出口产品销往国内市场。对于具备在国内市场销售条件的企业，建议政府有关部门出台相关资金扶持政策，引导企业积极主动搭建国内市场销售渠道，切实降低因其出口市场单一而带来的外部市场不确定性风险。四是加大为民营外贸企业纾难解困力度。切实推动已出台的各项政策落地，让普惠政策惠及全省民营外贸企业；对民营大中型企业，特别是民营工贸一体化企业进行"一对一"帮扶，切实解决它们运营中遇到的融资难融资贵融资慢、要素成本高等问题。五是加大对数字贸易发展政策的推进力度。制定数字贸易发展战略、发展规划和发展政策，抢抓数字贸易发展先机，带动全省对外贸易向数字贸易发展转型，为稳定广东外贸和经济增长提供新动能。

（本章编写者：徐春华）

第九章　广东稳外贸政策研究

受新冠疫情全球大流行和中美贸易摩擦等国内外不利环境叠加影响，2020年上半年广东外贸发展受阻，全省稳外贸压力持续加大。以此为背景，本章将广东省与东部发达省份进行比较，梳理了2008年以来广东外经贸发展现状，并归纳了2020年以来广东外贸发展出现的新变化：外贸进出口逐步回暖；外贸结构不断优化；服务贸易下降明显，服务外包实现逆势增长等。在总结外贸总体现状和2020年以来新变化基础上，发现当前广东外贸发展存在外贸结构有待优化、传统外贸比较优势加速弱化、外贸企业海外拓展市场能力有限及出口转内销存在困难等方面的问题。因此，应保根本，支持企业获多方政策支援；稳大盘，积极开拓国内外市场；促长远，推动外贸稳中提质；谋发展，依托重大战略促外贸发展，以此来应对当前国内外不利环境对广东外经贸高质量发展可能带来的冲击。

第一节　广东稳外贸的外部挑战

一、国际规则日趋加速重构

近年来国际经济贸易格局发生重大变化。一方面，世界贸易组织（WTO）框架下现行贸易规则影响力逐渐减弱，主要贸易大国针对新规则的博弈日益凸显，WTO多边贸易规则正常运行机制遭到破坏，贸易保护主义、单边主义升温。另一方面，区域性多边贸易谈判不断兴起，并受到越来越多国家的关注和参与。以美欧日等发达经济体主导的几个超大型区域自贸协定，如《全面与进步跨太平洋伙伴关系协定》（CPTPP）、《经济伙伴关系协定》

(EPA)、《美国—墨西哥—加拿大协定》(USMCA),开始成为构建全球贸易新规则体系的新平台,其所构建的规则体系开始对多边贸易体制形成冲击,并对现有全球化规则存在一定替代趋势。另外,各大区域自贸协定强调更严格的原产地规则、更大的知识产权保护范围和更严格的知识产权保护措施、更明确的服务业开放承诺、更明晰的数字贸易规则。这一趋势目前正在改变着既有国际贸易规则并日益影响着国际贸易格局,有可能形成未来国际贸易规则的变革趋势。当前,中国尚难满足以上几个超大型自贸协定宽领域和严要求的标准,加上以美国为主的发达市场有意将中国排除在合作体系之外,未来将会对广东省产品与服务进出口带来一定冲击和挑战。

二、全球保护主义持续盛行

近年来全球贸易保护主义愈演愈烈,贸易保护主义在美欧国家等全球多国大范围推行,现阶段贸易保护主义掺杂着民粹主义,引发"逆全球化"运动。主要表现为英国"脱欧"运动,特朗普政府实行"美国优先"政策,一味追求本国自身利益,不愿承担更多国际责任,强化单边主义和孤立主义倾向,导致世界秩序发生重大变化。以关税、进口配额、外汇管制、烦琐的进出口手续、歧视性的政府采购政策等手段为主的贸易保护主义行为将严重影响国际贸易活动,阻碍国际资本要素自由流动,破坏全球经济规则。当前,贸易保护主义呈现反建制特征,本次新冠疫情将使得贸易保护主义更加复杂多变,民粹主义与极端民主主义合流将可能引发"逆全球化"运动,阻碍发展中国家特别是新兴市场经济国家参与全球化,复杂多样的贸易保护主义手段也将影响中国(广东)外贸出口,进一步加大广东外贸压力。

三、中美贸易摩擦向纵深发展

2018年以来,中美贸易摩擦持续升级至科技战、金融战、舆论战等全方位博弈,广东外经贸面临多重压力。第一,特朗普政府对中国2500亿美元和3000亿美元商品加征关税,致使广东外贸企业出口成本增加;伴随着中美贸易摩擦不确定性持续提升,部分订单和产能向东南亚国家转移,广东外贸进出口均受到一定影响。第二,中美虽达成阶段性协议,但长远来看中美贸易摩擦仍面临巨大不确定性,仍会影响广东外贸发展外部环境。从中美第一阶段贸易协定执行效果来看，2020 年 1～4 月中国自美国进口制成品、农产品、能源产品明显低于预期。按照 2017 年 1～4 月美国对中国出口占全年比例分配协议额度可知，2020 年 1～4 月美国向中国出口（中国向美国进口）上述三类产品金额已落后协议进度 49% 左右，其中，制成品落后进度 32.72% 左右，农产品和能源产品则落后进度高达 60.01% 和 90.74%（见图 9-1）。第三，美国改变对华战略方针，威胁取消中国香港单独关税区地位，中美摩擦全方位升级，给广东外经贸发展带来巨大冲击。2020 年 5 月，美国政府发布《对华战略报告》，报告指出过去 40 多年美国实施的"接触使中国融入美国体系"政策未达到预期目标，接下来将以"有原则的现实主义"为指导，采取对华全面竞争方针。与此同时，美国取消中国香港特殊贸易地位待遇，意味着中国香港或将丧失其亚洲地区转口贸易中心的地位，这将对与中国香港双边贸易量较大的广东外经贸发展带来一定冲击。

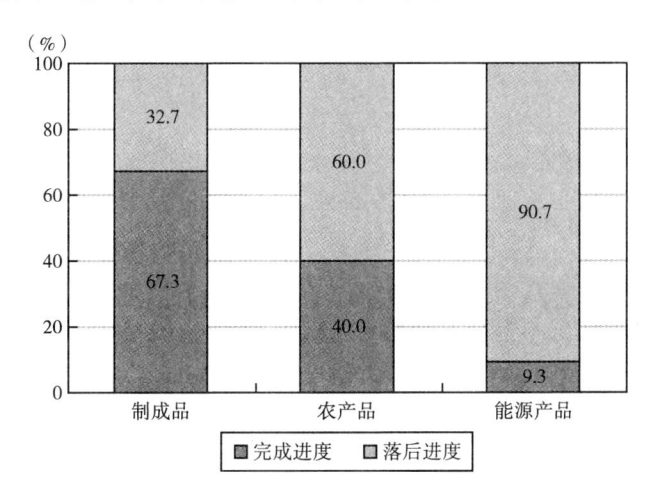

图 9-1 2020 年 1～4 月中美贸易协议三类产品贸易落实情况

资料来源：根据《中华人民共和国政府和美利坚合众国政府经济贸易协议》中中国自美进口制成品、农产品和能源产品指标整理计算所得。

四、全球经济下行压力增大

第一，受新冠疫情全球大流行持续影响，全球经济增速持续下滑，国际市场需求疲软，给广东外贸发展带来较大压力。根据国际货币基金组织（IMF）6 月最新《世界经济展望报告》可知，2020 年全球经济增长预期由 4 月的 -3% 下调至 -4.9%，增长预期下降 1.9 个百分点。其中，发达国家经济增长预期由 4 月的 -6.1% 下调至 -8%，亚洲新兴发展中国家经济增速由 4 月的 1.0% 下调至 -0.8%（见图 9-2）①。此外，根据 2020 年第一季度 WTO《全球服务贸易晴雨表》可知，全球服务贸易增长继续呈放缓态势，全球服务贸易最新读数为 96.8，低于 2019 年 9 月的 98.4，也远低于 100 的基准值②，未来几个月全球服务贸易将进一步下降。第二，新冠疫情全球大流行冲击广东外贸产业链。在新冠疫情全球蔓延背景下，越来越多的国家意识到产业链对国家经济安全具有重要意义，可以预见，疫情后很多国家都会重新评估本国产业体系，回收、扶持基础产业和民生产业，这将可能冲击世界产业格局。由于部分先进制造业、高新技术产业的关键材料几乎由韩日、欧美各国等发达国家垄断供给，一旦疫情在这些国家进一步扩散传播，势必造成企业停工、物流停运、出口减少，从而冲击广东中下游行业的生产经营。第三，全球航运物流持续下降表明广东稳外贸压力正持续加大。航运经济与物流研究所（ISL）2018～2020 年全球集装箱航运月度指数显示，2020 年全球集装箱航运指数出现明显下滑（见图 9-3）。2019 年下半年全球航运物流业有所放缓，在新冠疫情全球大流行后其放缓程度进一步加大，2020 年 5 月全

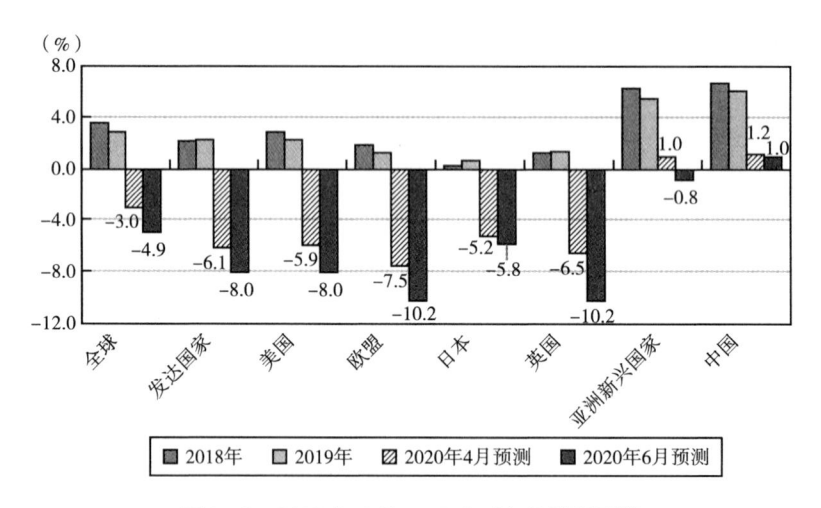

图 9-2　2020 年 6 月 IMF 全球经济增长预期

资料来源：根据 IMF《世界经济展望报告》整理所得。

---

① 资料来源：国际货币基金组织于 2020 年 6 月发布的《世界经济展望报告》。
② 世贸组织报告：全球服务贸易增长减弱，经济日报，2020-3-17，http://intl.ce.cn/sjjj/qy/202003/17/t20200317_34500210.shtml.

球航运物流指数为107.7，同比降低8.5个百分点，2020年以来全球集装箱航运指数①均低于110，可见新冠疫情全球大流行给全球航运物流带来较大冲击，也将直接影响广东外贸稳定发展。

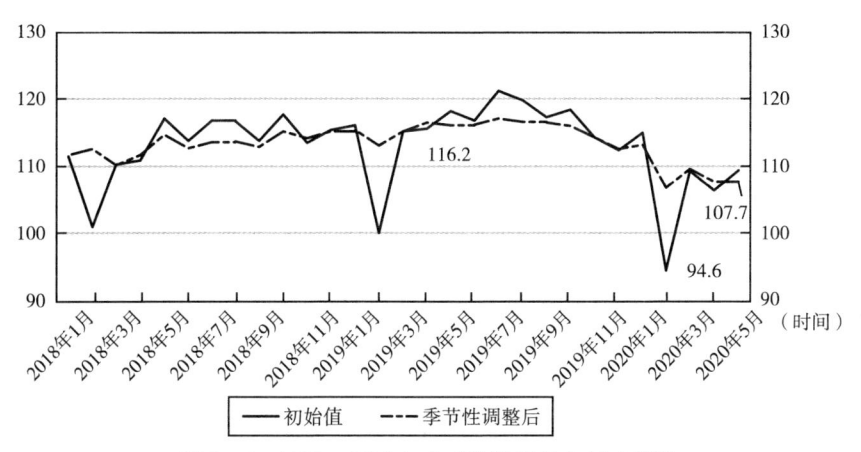

图9-3　2018~2020年全球集装箱航运月度指数

资料来源：航运经济与物流研究所（IS2）官网。

五、国内外竞争日趋激烈

一方面，发达国家仍占据现代产业高点，中国广东周边国家比较优势凸显。第一，发达国家在现有国际分工中，凭借其在科技、信息、资本等方面长期积累优势占据了产业高端。伴随发达国家"再工业化"战略实施与新一轮科技革命深度融合，发达国家不仅占据服务业高点，还将占据先进制造业高点，成为未来科技创新与产业革命红利的主要受益者。中国广东在产业层次、质量效益方面与发达国家存在较大差距，企业技术创新、技术集成能力新竞争优势还未完全释放，制造业大省地位出现弱化，新兴产业发展也面临重大挑战。第二，近年来东南亚国家，投资环境逐步改善，土地、资源、人力等低成本优势吸引大量外资企业入驻办厂；广东生产经营成本（生产要素成本、融资成本、用工成本）持续上升，低成本优势逐步丧失致使部分外资企业撤出广东转向东南亚国家投资设厂，给广东外贸产业基础带来不利影响。此外，广东制造业大而不强，在技术、品牌等高附加值部分尚未形成核心竞争力，总体上仍处于中低端环节，与东南亚国家产品高度同质化。东南亚产

---

① 资料来源：航运经济与物流研究所（ISL）官网。

能崛起将在一定程度上削弱广东省产品的国际竞争力。

另一方面，国内区域竞争日趋激烈，广东外贸发展面临一定挑战。自党的"十三五"以来，我国深入实施京津冀协同发展、长江经济带建设、海南自贸试验区等重大战略，促进全国区域协调发展，伴随着国内区域经济一体化加快推进，各区域迸发强大活力，广东外贸发展面临的国内区域竞争日益激烈。第一，上海自贸区率先获得新一轮改革释放制度红利，其建设为长三角地区外贸企业经营发展带来辐射外溢效应；并通过吸引、集聚相关高端企业及人才等加快长三角地区创新要素流动，对广东外贸高质量发展和升级构成挑战。第二，京津冀一体化建设正如火如荼推进，并在交通一体化、产业转移协作、生态环境治理、创新共同体建设等方面实现阶段性突破，伴随着雄安新区深入开发建设及京津冀三地产业转移与协作更加顺畅推进，华北地区整体竞争实力将获得极大提升；加之京津冀三地技术、人才、制造业、文化、港口等资源优势的充分挖掘与发挥，京津冀后发优势会对广东外贸先发优势造成巨大挑战。第三，中部各省份凭借成本优势承接产业转移对广东外贸发展产生一定压力。河南、湖北、湖南、安徽、江西等中部省份具备土地价格、原材料、劳动力等低成本优势，加之近年来中部地区基础设施逐步完善、城镇化建设与营商环境持续优化，成为承接长、珠、闽地区产业转移的良好选择，对外资吸引力也在逐步提升。第四，海南自贸区和中国特色自由贸易港建设稳步推进，伴随着一系列重要政策持续落地，海南自贸区在制度创新、重点领域改革、营商环境优化方面取得新突破，尤其是海南自由贸易账户（FT 账户）体系自 2019 年 1 月上线运行以来，为海南外贸企业投融资汇兑提供极大便利，其金融制度优先开放给广东外贸发展带来一定竞争压力。

第二节　国际新形势下广东稳外贸现状

一、广东外贸的总体现状

（一）外贸整体情况

1. 货物进出口贸易稳中有升。

2008~2019 年，广东货物贸易进出口总额从 2008 年的 48188.1 亿元增长到

2019 年的 71436.8 亿元，年均增长 3.6%①。2008 年以来，广东外贸增速逐步放缓（见图 9-4）。2008~2019 年，广东货物贸易顺差虽有波动，但整体平稳，近几年货物进出口贸易顺差占全国比重一直保持在 50% 以上（见图 9-5）。

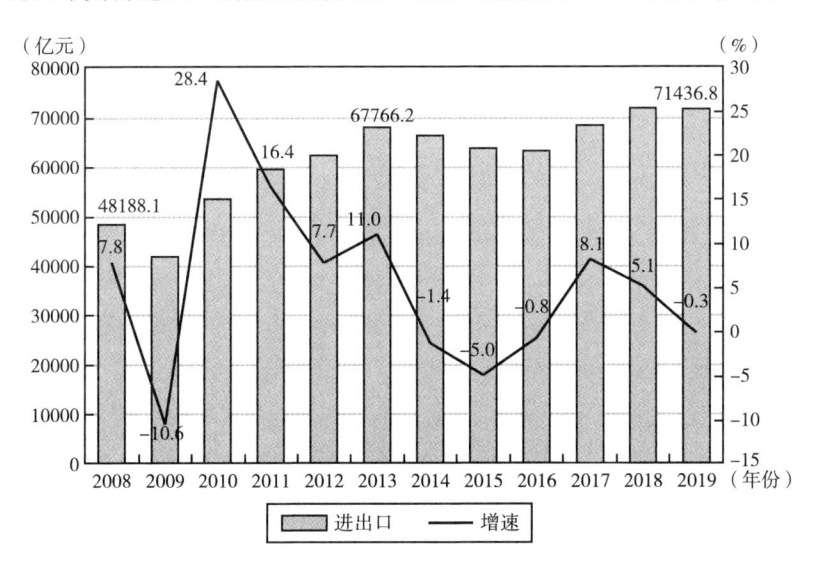

图 9-4　2008~2019 年广东货物进出口及增速

资料来源：根据广东统计信息网数据整理得出。

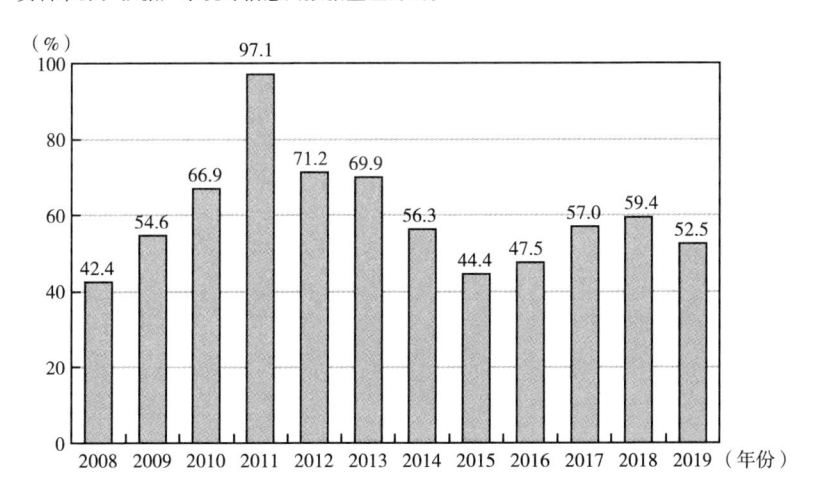

图 9-5　2008~2019 年广东货物贸易顺差占全国比重

资料来源：根据广东统计信息网数据整理得出。

---

① 资料来源：根据历年广东省货物贸易进出口数据（广东省统计局）计算得出。

2. 服务贸易保持较快发展。

服务贸易总量不断扩大。2015~2019年，广东省服务贸易年均增速为12.1%，占对外贸易总额（货物+服务）比重由2015年的11.4%提高至2019年的15.4%。2018年全省服务贸易进出口总额首破万亿元大关，2019年全省服务贸易进出口总额达12952.0亿元（见图9-6）。现代服务业进出口占比不断提高，电信、计算机和信息服务，知识产权使用费合计占服务进出口比重由2015年的10.3%提高至2019年的16.5%，提高了6.2个百分点。

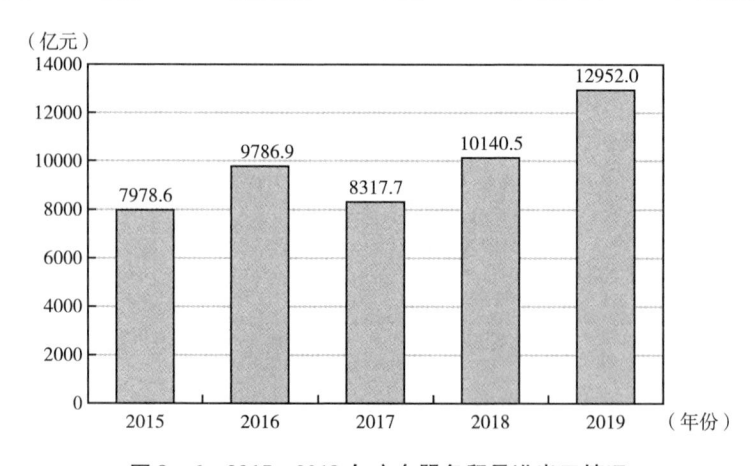

图9-6 2015~2019年广东服务贸易进出口情况

资料来源：根据历年《中国商务年鉴》中数据整理得到。

新兴服务贸易加速发展。2015~2019年，广东省全省服务外包产业迅猛发展，全省承接服务外包（含离岸和在岸）执行金额从2015年的113.6亿美元增长至2019年的218.5亿美元，年均增长17.8%（见图9-7）。其中，广州、深圳、珠海、佛山、东莞、中山6个省级服务外包示范城市共承接离岸服务外包合同总金额占全省总额的98.2%。全省累计登记服务外包企业由2015年的2769家增长至2019年的5503家，增长1.0倍；服务外包从业人员累计由2015年的134.3万人增长至2019年的232.4万人，增长0.7倍。

（二）与其他发达省份比较

1. 继续保持货物贸易大省地位。

2008年以来，广东外贸大省地位进一步巩固。与北京、上海、江苏、浙江等东部沿海发达省份相比，广东外贸进出口额始终保持第一位（见图9-8），2019年全省货物进出口总额继2018年创历史新高后继续稳定在7万亿元关

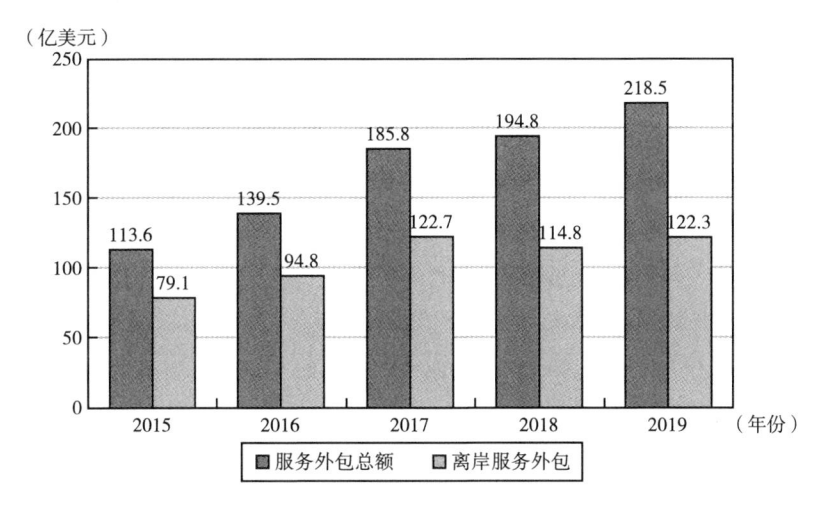

图 9 - 7　2015～2019 年广东服务外包进出口情况

资料来源：根据历年《中国商务年鉴》数据整理得到。

口，连续34年全国第一。2008年以来，广东外贸进出口占全国比重远远超过其他省份，领先第二位江苏超过10个百分点（见图9-9）。2020年3～5月，广东外贸进出口稳步回升，外贸进出口额占当月全国比重不断回升，从3月的21.5%提高到5月的22.6%（见图9-10）。

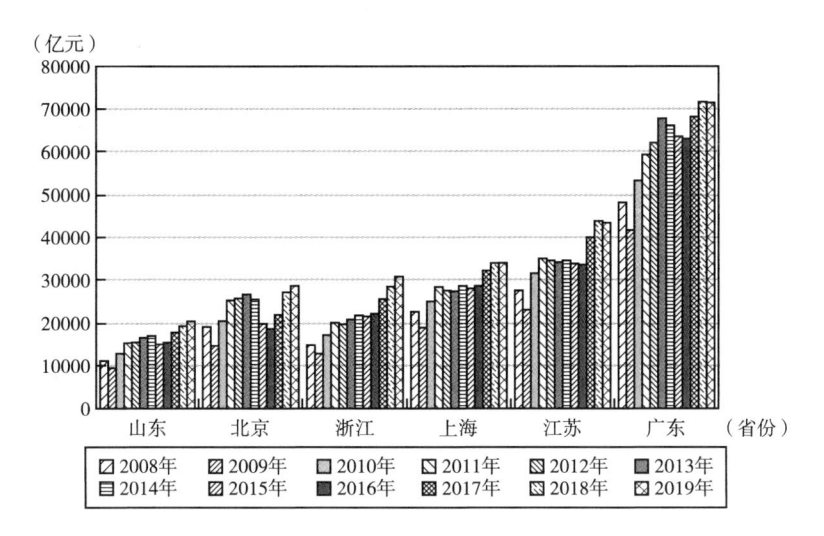

图 9 - 8　2008～2019 年部分省份货物贸易进出口

资料来源：根据历年各省统计年鉴和统计公报整理计算得出。

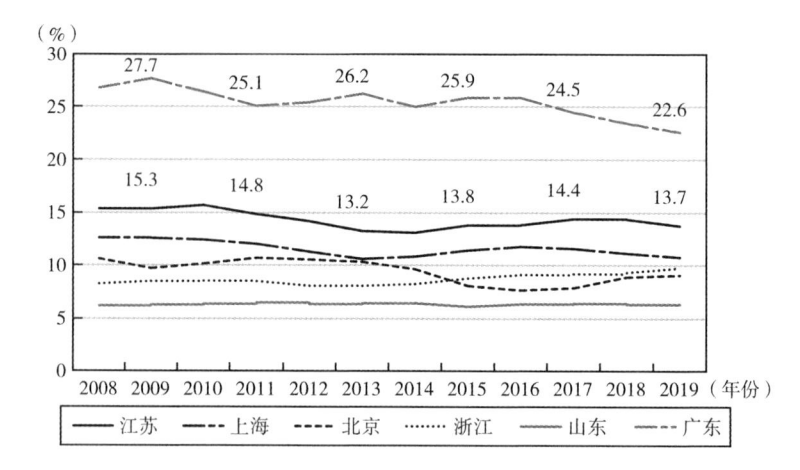

图 9-9　2008~2019 年部分省份外贸进出口占全国比重

资料来源：根据历年各省统计年鉴和统计公报整理计算得出。

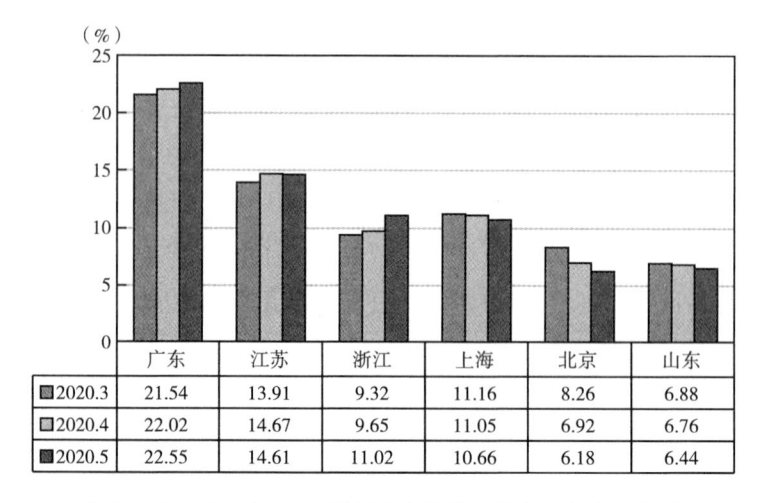

	广东	江苏	浙江	上海	北京	山东
2020.3	21.54	13.91	9.32	11.16	8.26	6.88
2020.4	22.02	14.67	9.65	11.05	6.92	6.76
2020.5	22.55	14.61	11.02	10.66	6.18	6.44

图 9-10　2020 年 3~5 月部分省份外贸进出口占全国比重

资料来源：根据历年各省份统计年鉴和统计公报整理计算得出。

2. 与其他发达省份贸易结构比较。

（1）一般贸易占比涨幅明显。从贸易方式来看，2008~2019 年，一般贸易进出口平稳增长，占比相对加工贸易持续扩大。一般贸易占比从 2008 年的 29.1% 增长至 2019 年的 49.0%，增速快于其他发达省份（见图 9-11）。2015 年一般贸易进出口额占全省进出口总额比重相比加工贸易占比低 1.0 个百分点，到 2019 年一般贸易进出口额占全省进出口总额比重反超加工贸易占比 16.7 个百分点。

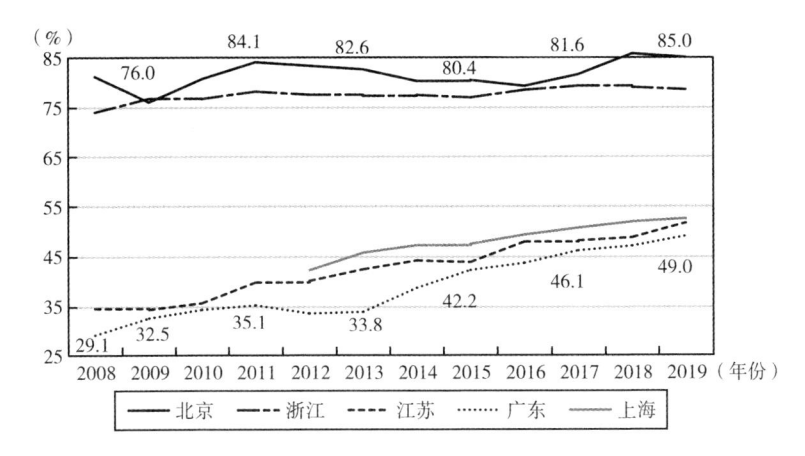

图 9-11　2008~2019 年部分省份一般贸易进出口占比

资料来源：根据历年各省份统计年鉴和统计公报整理计算得出。

（2）产品结构显著优于其他省份，领先优势逐渐扩大。从产品结构来看，广东进出口产品中机电产品和高新技术产品所占比重较高，占比高于其他发达省份，广东省全省产品结构进一步优化。其中，机电产品进出口占货物贸易进出口比重从 2008 年的 67.0% 提高到 2019 年的 68.1%，2008~2019 年占比均超过 60%，与排名第二、第三位的江苏和上海差距逐渐扩大，占比也明显高于北京、上海（见图 9-12）。2008~2019 年广东高新技术产品进出口占比从 39.9% 提高到 42.6%，2012 年广东高新技术产品占货物进出口比重

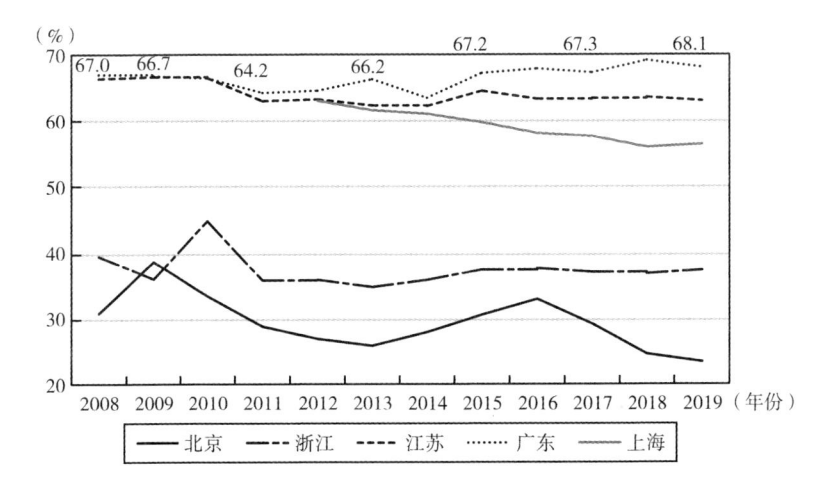

图 9-12　2008~2019 年部分省份机电产品进出口占比

资料来源：根据历年各省份年鉴和统计公报计算得出。

首次超过江苏，高新技术产品进出口占比保持全国第一，近几年一直保持上升势头，且对其他发达省份的领先优势进一步扩大（见图9-13）。

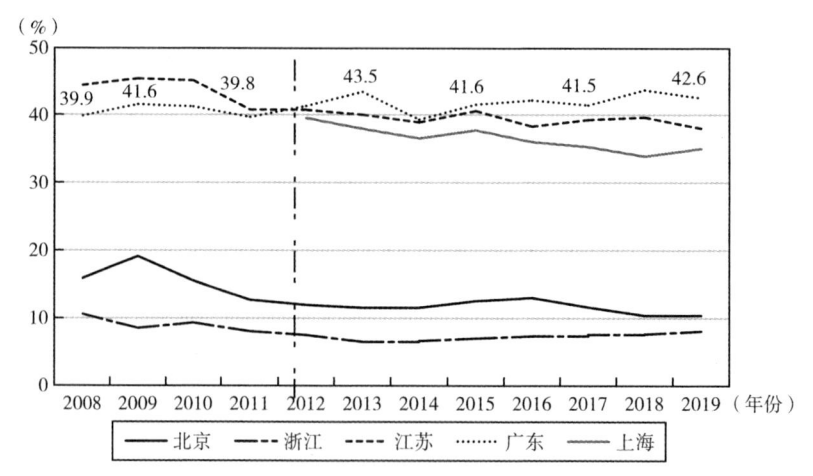

图9-13 2008~2019年部分省份高新技术产品进出口占比

资料来源：根据历年各省份年鉴和统计公报计算得出。

（3）私营企业进出口占比持续提升，外贸活力进一步释放。从广东外贸企业性质来看，广东私营企业进出口占全省比重持续提高，外贸活力进一步释放。私营企业进出口占比从2008年的15.9%提高到2019年的49.4%（见图9-14），私营企业已成为广东外贸第一大市场主体。但与其他发达省份相比，广东私营企业占比落后浙江，对江苏、上海、北京的领先优势逐渐扩大。

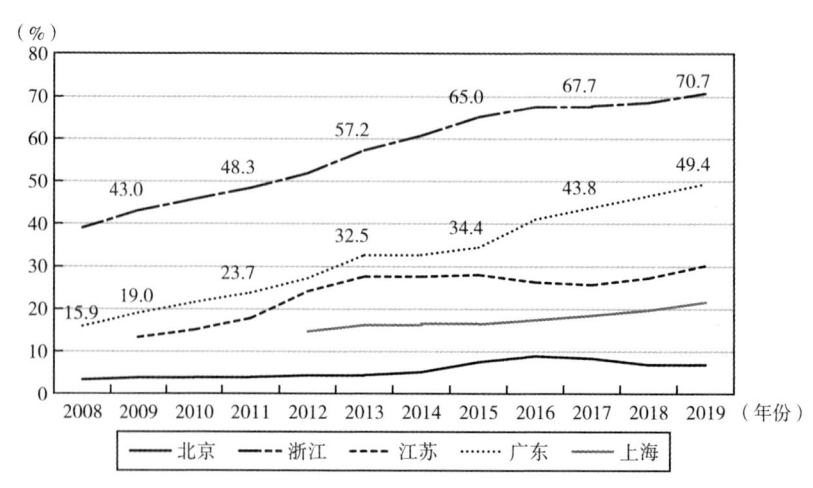

图9-14 2008~2019年部分省份私营企业进出口占比

资料来源：根据历年各省份统计年鉴和统计公报整理计算得出。

(4) 对美国和中国香港进出口依存度逐渐降低，市场多元化取得积极成效。从市场结构来看，广东对美国和中国香港进出口依存度逐渐降低，市场多元化取得积极成效。广东对中国香港和美国进出口占比呈逐年下降趋势，从 2008 年的 33.7% 下降到 2019 年的 26.7%，近 7 年占比持续下降（见图 9-15），对中国香港和美国的外贸依存度持续下降，在一定程度上降低了中美贸易摩擦对广东外贸的不利冲击。但广东对中国香港和美国进出口占比仍高于其他发达省份。2019 年广东对东盟、欧盟和"一带一路"沿线国家外贸进出口额明显高于其他发达省份（见图 9-16），对"一带一路"沿线国家贸易进出口占全省比重由 2015 年的 19.2% 提升至 2019 年的 24.0%，增长 4.8 个百分点；其中对东盟进出口占全省的比重由 2015 年的 11.1% 增长至 2019 年的 14.3%，增长 3.2 个百分点；东盟、欧盟已超越美国成为广东除中国香港外前两大贸易伙伴，由此可见，近年来广东市场多元化取得积极成效。

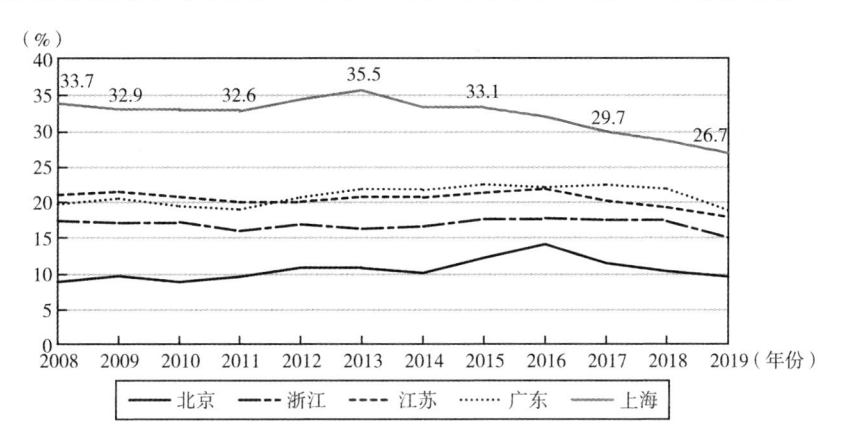

图 9-15　2008~2019 年部分省份对中国香港及美国进出口占比

资料来源：根据各省份统计年鉴和统计公报整理计算得出。

二、2020 年来广东外贸新变化

（一）外贸进出口逐步回暖

2020 年以来，广东外贸进出口逐步回暖，降幅有所收窄。2020 年 1~5 月，外贸进出口总额为 2.48 万亿元，下降 8.8%，降幅较 1~4 月收窄 1.1 个百分点。2020 年 3~5 月，货物进出口总额实现环比增长，5 月进出

（亿元）

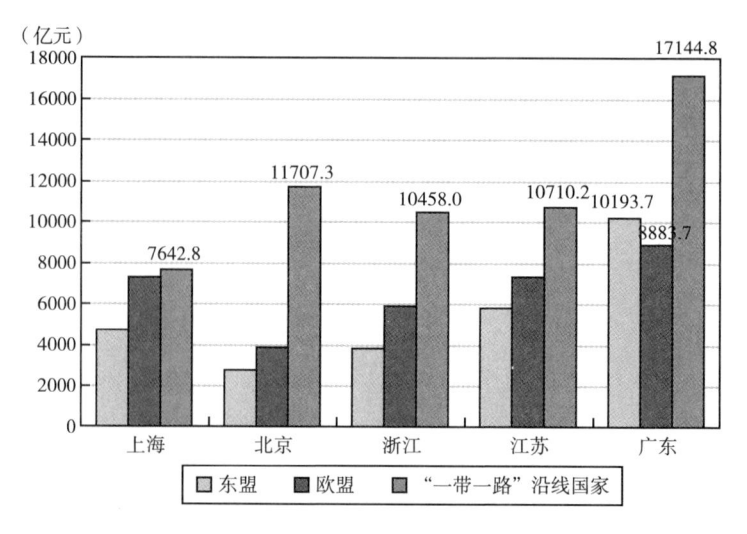

图 9-16　2019 年部分省份对主要外贸市场进出口

资料来源：根据各省份统计年鉴和统计公报整理计算得出。

口同比增速较 1 月大幅收窄 10.2 个百分点（见图 9-17）。2020 年 1~5 月，广东货物贸易进出口占全国比重持续提高，从 1~2 月的 20.5% 提高到 5 月的 22.5%（见图 9-18），稳外贸政策取得初步成效，外贸进出口逐渐企稳回升。

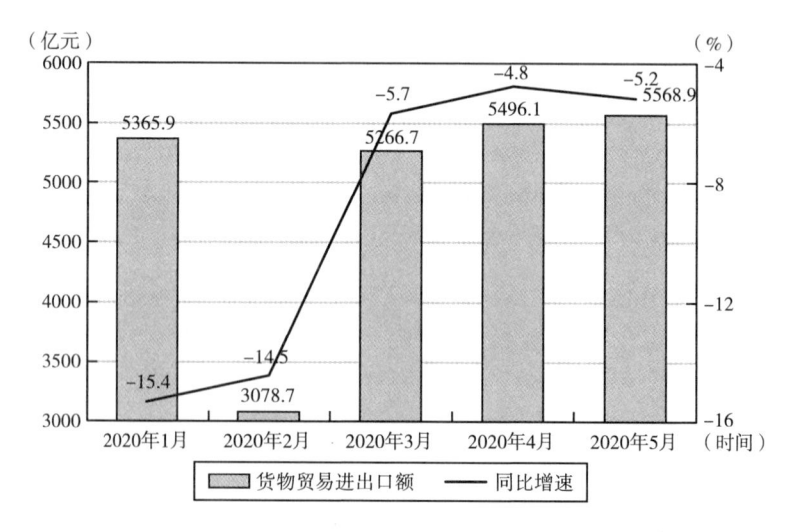

图 9-17　2020 年 1~5 月广东货物贸易进出口情况

资料来源：根据广东省统计局官网数据整理得出。

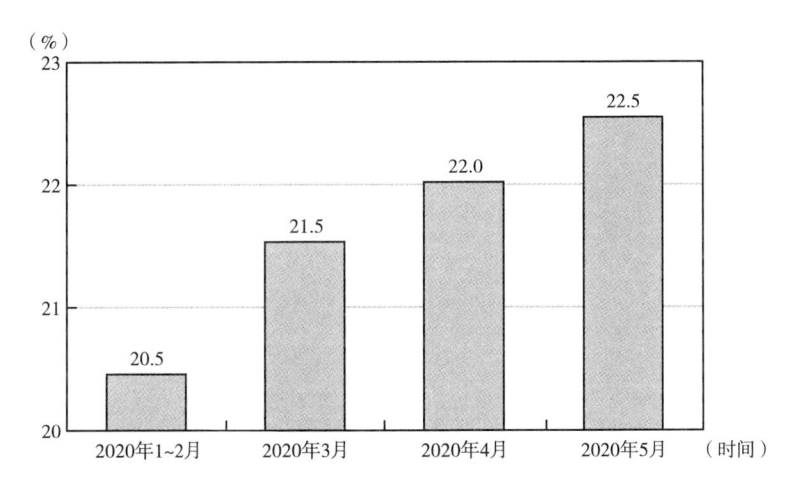

图 9-18　2020 年 1~5 月广东货物贸易进出口占全国比重

资料来源：根据广东省统计局官网数据整理得出。

（二）外贸结构不断优化

1. 一般贸易比重持续提升，外贸新业态稳步发展。

从贸易方式来看，一般贸易稳中有升，占比持续提高，外贸新业态稳步发展。广东一般贸易进出口总额从 2020 年 1 月的 2743.4 亿元增长到 5 月的 2991.6 亿元，其中 2~5 月，广东一般贸易进出口实现环比增长。从一般贸易比重来看，2020 年以来广东一般贸易占全省进出口贸易比重突破 50%（见图 9-19），占比超过 2019 年同期水平，2020 年 5 月一般贸易占比达到 53.7%，高于 2019 年同期 3.7 个百分点。

2020 年 1~5 月，外贸新业态稳步发展，跨境电商、市场采购和保税物流实现逆势增长。2020 年以来，跨境电商实现逆势增长，进出口总额从 1 月的 37.3 亿元增长至 5 月的 80.7 亿元，月均增长 21.3%（见图 9-20）。2020 年 5 月，广东新增梅州、惠州、中山、江门、湛江、茂名、肇庆 7 个跨境电商综试区，全省跨境电商综合试验区从 6 个增至 13 个，位居全国第一，跨境电商成为稳外贸新增长点。2020 年 1~5 月广东市场采购进出口较去年同期均实现正增长（见图 9-21），2020 年 1 月同比增速高达 205.6%，近几个月增速虽有下滑，但同比增速依然高于其他传统业态。此外，2020 年 1~5 月保税物流进出口达 3916.5 亿元，同比增幅达 6.0%。

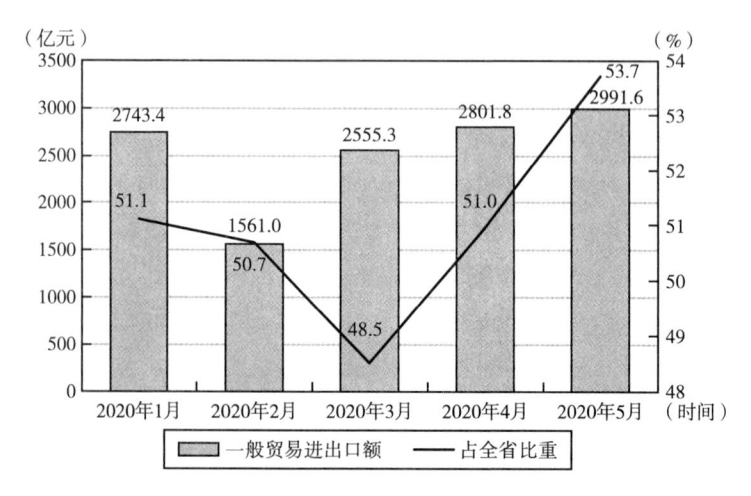

图 9-19　2020 年 1~5 月广东一般贸易进出口及占全省比重

资料来源：根据广东省统计局官网数据整理得出。

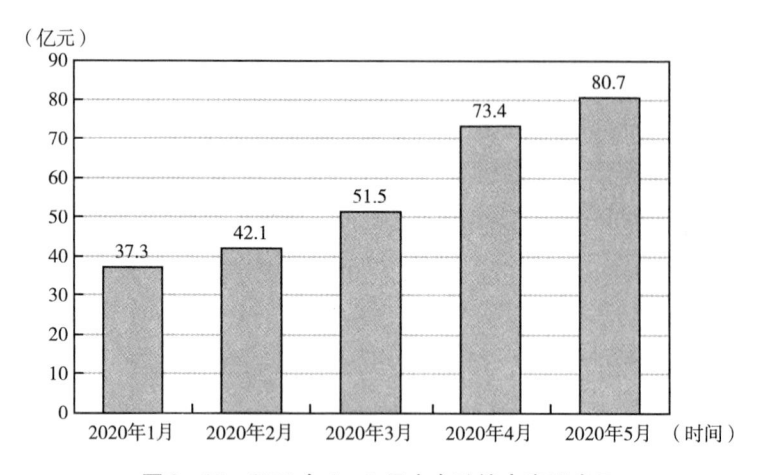

图 9-20　2020 年 1~5 月广东跨境电商进出口

资料来源：由商务厅提供数据整理得出。

2. 私营企业进出口稳步回升，同比增幅由负转正。

从企业性质来看，私营企业进出口稳步回升，同比增幅由负转正。2020年5月私营企业进出口达3033.3亿元，占广东省外贸进出口比重达54.5%，较3月提高4.2个百分点，5月同比增幅较2020年前两个月提高8.9个百分点（见图9-22）。上半年得益于各项稳外贸和惠企政策，广东私营企业进出口回暖迹象明显。

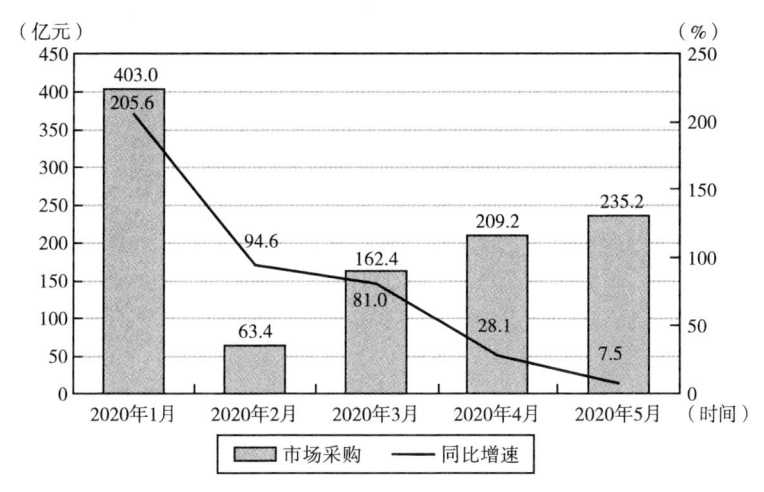

图 9-21　2020 年 1~5 月广东市场采购进出口及同比增速

资料来源：由商务厅提供数据整理得出。

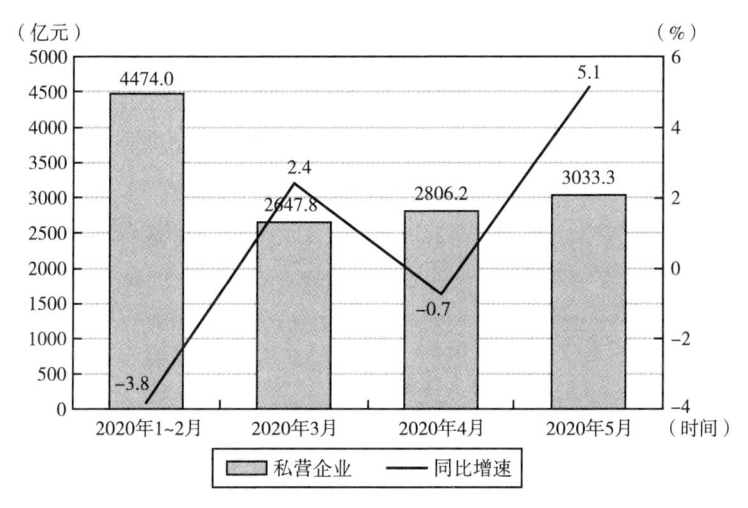

图 9-22　2020 年 1~5 月广东私营企业进出口及同比增速

资料来源：由广东省统计局官网数据整理得出。

3. 机电产品和高新技术产品降幅收窄，产品结构加速优化。

从进出口产品结构来看，机电产品和高新技术产品进出口同比增速降幅收窄，进出口产品结构加速优化。其中机电产品同比增速从 2020 年 1~2 月的 -17.0% 收窄至 5 月的 -4.2%，提高 12.8 个百分点，占全省进出口比重从 1~2 月的 66.3% 提高至 5 月的 68.0%。高新技术产品同比增速从 2020 年 1~2 月的 -16.4% 大幅收窄至 5 月的 -1.2%，提高 15.2 个百分点，1~5 月高新技术产品进出口占全省外贸进出口比重均超过 40%（见表 9-1），由此可见，2020 年以来广东进出口产品结构加速优化。

表 9-1　　　　2020 年 1~5 月广东机电产品和高新技术产品进出口

时间	机电产品			高新技术产品		
	进出口	增速（%）	占全省比重（%）	进出口	增速（%）	占全省比重（%）
2020 年 1~2 月	5602.6	-17.0	66.3	3488.6	-16.4	41.3
2020 年 3 月	3754.3	-5.1	71.3	2457.3	-3.7	46.7
2020 年 4 月	3857.7	0.0	70.2	2420.3	0.0	44.0
2020 年 5 月	3785.2	-4.2	68.0	2354.0	-1.2	42.3

资料来源：根据广东海关官网数据计算后得出。

4. 外贸市场结构多元化趋势更加明显。

从市场结构来看，2020 年以来广东外贸市场结构多元化趋势更加明显。从主要外贸市场进出口总额来看，2020 年 1~5 月，广东对"一带一路"沿线国家、东盟、中国香港进出口总额排名前三（见图 9-23），进出口额分别为 6253.4 亿元、3818.3 亿元、3447.1 亿元，分别占前五个月全省外贸进出口总额的 25.2%、15.4%、13.9%，其中，"一带一路"沿线国家、东盟进出口占全省比重较 2019 年同期分别提高 2.0 个、2.1 个百分点。2020 年 1~5

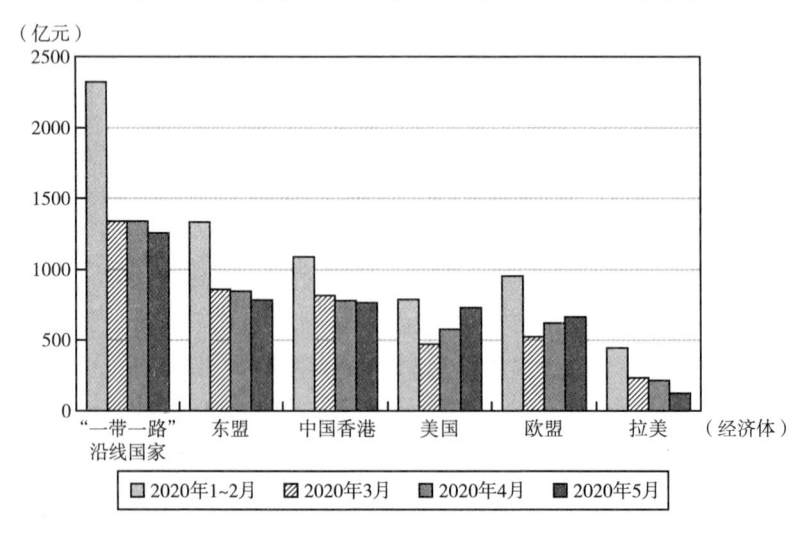

图 9-23　2020 年 1~5 月广东主要外贸市场进出口额

资料来源：由广东省统计局官网数据整理得出。

月，广东对传统外贸市场中国香港、美国进出口占全省比重分别为13.9%、10.3%，分别下降1.3个、1.1个百分点。从主要外贸市场进出口同比增速来看，2020年1~5月，受中美贸易摩擦和全球新冠疫情影响，广东对中国香港、美国、拉美国家外贸进出口同比增速降幅明显（见图9-24），对"一带一路"沿线国家、东盟和欧盟进出口同比增速趋于平稳，广东外贸进出口市场多元化成效明显。

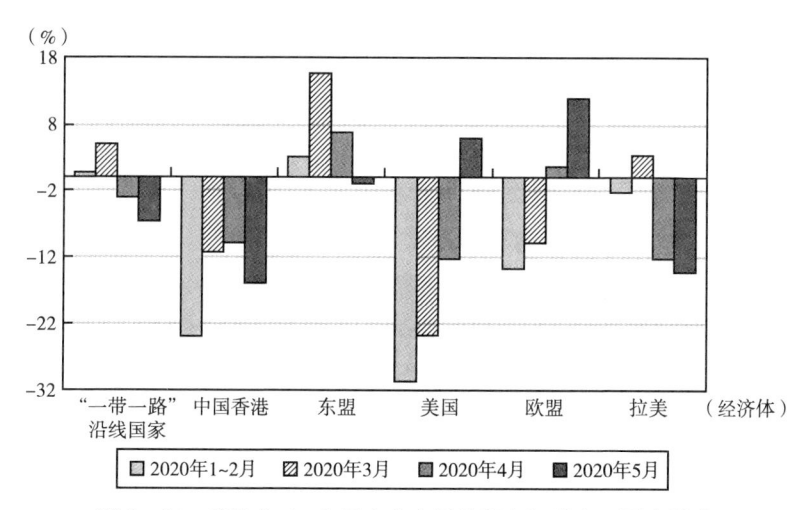

图9-24 2020年1~5月广东主要外贸市场进出口同比增速

资料来源：由广东省统计局官网数据整理得出。

（三）服务贸易下降明显，服务外包实现逆势增长

2020年以来，广东服务贸易下降明显，服务外包执行金额逆势增长。2020年第一季度广东服务贸易下降明显，服务贸易降幅超过货物贸易降幅22.3个百分点，服务贸易占对外贸易比重从2019年第一季度的16.95%下降到2020年的13.19%，下降3.76个百分点。从服务进出口额来看，2020年第一季度，全省服务进出口总额为2081.0亿元，同比下降34.1%。其中，服务出口715.0亿元，下降34.0%，服务进口1366.1亿元，下降34.0%。从分项情况来看，"旅行服务""建设服务""加工服务""金融服务"进出口同比下降幅度均超过20%，分别下降67.3%、26.2%、23.5%、21.4%（见表9-2），"旅行服务""运输服务""建设服务""加工服务"等传统服务贸易①进出口

---

① 本章统计传统服务贸易包含"旅行服务""运输服务""建设服务""加工服务"四类服务贸易项目。

下降明显,其中旅行服务进出口下降幅度最大,拖累整体服务进出口下降34.4个百分点;扣除旅行项目后,全省服务进出口小幅增长0.6%。从服务贸易分国别来看,2020年第一季度,广东与中国香港、美国、日本、英国、新加坡、韩国、澳门等主要贸易伙伴的服务进出口下降幅度均超过20%,分别下降43.79%、30.50%、48.29%、32.07%、36.50%、43.16%和63.13%。

表9-2　　　　2020年第一季度广东服务进出口分项目情况

项目	服务进出口（亿元）	占比（%）	同比（%）	服务出口（亿元）	同比（%）	服务进口（亿元）	同比（%）
总计	2081.0	100.0	-34.4	715.0	-34.0	1366.1	-34.0
运输服务	467.8	22.0	-6.0	167.8	-4.0	300.0	-7.0
旅行服务	528.6	25.0	-67.3	19.1	-95.0	509.6	-58.0
建设服务	20.7	1.0	-26.2	12.4	-34.0	8.4	-10.0
加工服务	62.3	3.0	-23.5	60.5	-26.0	1.8	1167.0
金融服务	2.6	0.0	-21.4	0.5	-17.0	2.0	-22.0

资料来源:根据广东省商务厅提供的数据计算后得出。

2020年1~5月,广东服务外包执行金额逆势增长。2020年1~5月,广东离岸和在岸合同执行金额达141.3亿美元,降幅较1月降幅大幅收窄23.6个百分点,2020年4月以来,执行金额实现逆势增长,1~5月执行金额达87.9亿美元,同比增长27.4%,离岸合同执行金额同比增幅由负转正,1~5月同比增长20.4%(见表9-3)。

表9-3　　　　2020年1~5月广东服务外包执行金额情况

月份	离岸和在岸业务				离岸业务			
	合同金额（亿美元）	同比（%）	执行金额（亿美元）	同比（%）	合同金额（亿美元）	同比（%）	执行金额（亿美元）	同比（%）
1	21.5	-31.2	14.8	-9.8	10.5	-54.2	7.4	-23.8
1~2	41.6	-2.8	24.9	1.9	23.0	-25.1	13.5	-8.8
1~3	76.6	-10.9	47.3	-2.3	43.2	-20.0	24.7	-9.4
1~4	112.4	-14.4	70.4	26.1	62.7	-33.5	37.6	15.8
1~5	141.3	-7.6	87.9	27.4	81.7	-25.8	49.3	20.4

资料来源:根据广东省商务厅提供的数据计算后得出。

第三节 当前稳外贸存在的问题

一、外贸结构有待优化

（一）外贸进出口占比及增速有所下滑

2008~2019年广东货物贸易进出口额占全国货物贸易总额比重呈下降趋势，外贸在广东国民经济中的地位有所下降。广东货物贸易进出口占全国比重从2008年的26.8%下降到2019年的22.6%（见图9-25）。2020年以来，受全球外需不振影响，1~5月广东货物贸易进出口占全国比重仅21.5%，处于历史较低水平。从与其他发达省份外贸进出口年均增速对比情况来看，2008~2019年，广东外贸进出口年均增速仅为3.6%，年均增速低于其他发达省份和全国平均水平（见图9-26），由此可见，广东外贸竞争力在全国排名有所下降。

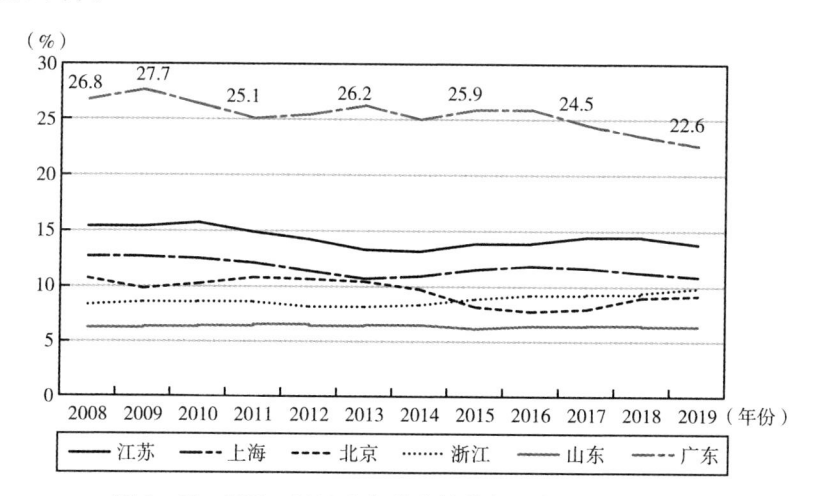

图9-25　2008~2019年部分省份外贸进出口占全国比重

资料来源：根据历年各省统计年鉴和统计公报数据整理所得。

（二）外贸结构有待进一步优化

从贸易方式来看，2008~2019年广东一般贸易占全国比重明显落后于北

(%)
8
6.9
5.2
4.2
3.8   3.8   3.6

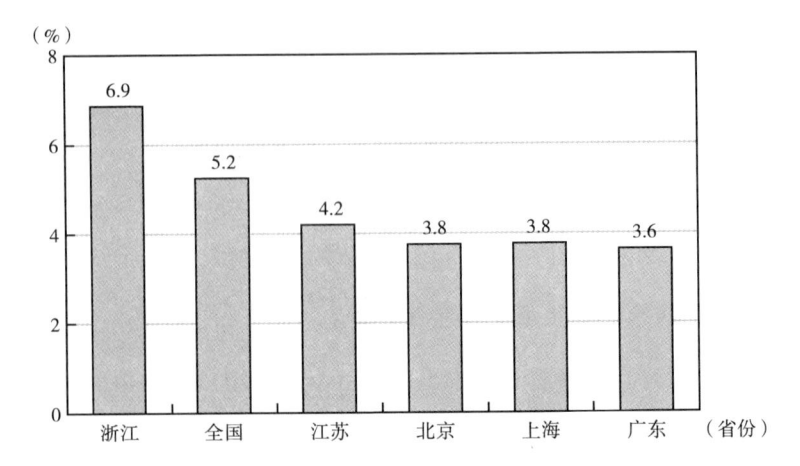

浙江 全国 江苏 北京 上海 广东 （省份）

图 9-26　2008~2019 年部分省份外贸进出口年均增速

资料来源：根据历年各省份统计年鉴和统计公报数据整理所得。

京、浙江、上海、江苏，2019 年广东一般贸易进出口占全国比重为 49%，分别落后于北京和浙江 36 个、29.5 个百分点。

从外贸产品结构来看，机电产品核心零部件和材料进口依赖外部市场，出口产品附加值低且市场集中在发达国家，进出口产品易受外部市场冲击。进口产品方面，广东机电产品核心零部件和关键材料进口主要来自日韩、欧美等发达市场，2019 年广东进出口产品数据显示，广东自韩国进口机电与化工产品占自韩国进口额 70%，占广东全年进口总额 7.8%；自日本进口机电、化工产品与运输设备占自日本进口总额 69.3%，占广东全年进口总额 7%。以关键性零部件"车辆、航空器、船舶及运输设备"进口为例（见表 9-4），广东自日本、欧盟、美国、韩国进口的估算额分别为 43.88 美元、57.28 亿美元、23.84 亿美元、4.78 亿美元，占该类别产品全省估算进口总额的 68.1%。广东汽车等行业供应链对外依存度较高，发动机等核心设备仍需大量进口。出口产品方面，2020 年 1~5 月，外贸出口前十产品中传统的服装、鞋帽、箱包、家具、玩具、电子产品装配占据较大份额（见表 9-5），这些劳动密集型产品附加值较低，产品出口市场集中在欧美日等发达国家，受中美经贸摩擦和新冠疫情全球大流行导致外需不振的影响，部分地市外贸进出口下降幅度较大。

表9-4　　　　　　2019年广东运输设备进口主要市场估算

进口市场	第17类车辆、航空器、船舶及运输设备广东估算进口额（亿美元）	占该类进口合计比重（%）	占自该国进口总额比重（%）	占广东省进口总额比重（%）
日本	43.88	23.0	10.7	1.1
韩国	4.78	2.5	1.0	0.1
欧盟	57.28	30.1	18.7	1.4
美国	23.84	12.5	14.6	0.6
合计	129.78	68.1	45.0	3.2

资料来源：根据2020年《广东统计年鉴》相关数据整理后得出。

表9-5　　　　　　2020年1~5月广东出口排名前十产品

产品类别	出口金额（亿元）	同比增长（个百分比）	占全省出口比重（%）
自动数据处理设备及其零部件	964.0	-3.4	6.6
纺织纱线、织物及其制品	648.4	93.9	4.4
集成电路	488.4	9.2	3.3
塑料制品	457.8	-5.5	3.1
服装及衣着附件	455.4	-31.1	3.1
家具及其零件	378.0	-18.7	2.6
玩具	260.7	-12.1	1.8

资料来源：根据广东海关官网数据计算得出。

从外贸市场结构来看，广东对中国香港和美国市场依存度高。受中美贸易摩擦和中国香港特殊贸易地位取消影响，短期内广东外贸进出口将引发阵痛。对"一带一路"沿线国家、东盟等新兴外贸市场贸易进出口有待提高。

二、外贸传统比较优势加速弱化

2008年以来，广东对外贸易所依托的丰富、低成本的劳动力资源优势正持续加快弱化。一方面，我国人口红利逐渐消失，农村外出务工劳动力人数和同比增速呈下降趋势（见图9-27），尤其在2020年第一季度，农村外出务工劳动力人数同比下降高达30.6%，珠三角作为全国农村外出务工劳动力主要目的地，近年来外来务工人员数量呈下降趋势。2020年以来，受新冠疫情影响，广东一定数量的中小外贸企业经营困难，前两个月广东累计倒闭3.09万家企业，占全国倒闭企业总数的12.5%，[①] 企业裁员明显，外来务工人员基数减少，加上企业裁员趋势明显，进一步加速劳动力资源流失，导致外贸传统比较优势加速弱化。

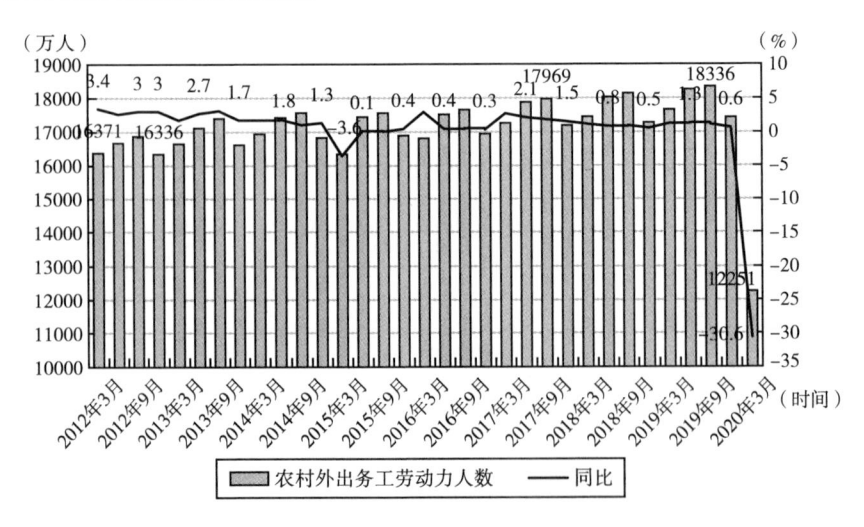

图9－27 2012～2020年农村外出务工劳动力人数及同比增速

资料来源：根据国家统计局官网数据整理所得。

另一方面，劳动力成本快速上升增加外贸成本。2008年广东省第一档和第二档地区最低工资标准分别为860元和770元，其中深圳最低工资标准为1000元；2019年广东省第一档和第二档地区最低工资标准分别上涨至2100元和1720元，较2008年分别上涨144.2%和123.4%，其中深圳最低工资标准为2200元，[②] 仅次于上海，高于天津、江苏、浙江等东部沿海经济发达地区。同时，广东劳动力成本远高于缅甸、柬埔寨、老挝、越南等东南亚发展中国家。受劳动力低成本传统优势弱化以及东南亚劳动力、土地、政策等比较优势凸显影响，外贸企业经营压力持续加大，导致部分外资外贸企业产业转移国外，对广东省外贸发展带来一定影响。

---

① 资料来源：吴晓波频道报告联合淘数科技发布的《2020年1－2月企业死亡数据报告》。
② 根据中华人民共和国人力资源和社会保障部官网数据整理得出。

三、外贸企业海外拓展市场能力有限

2008~2019年，私营外贸企业逐步成为广东外贸第一大主体，从外贸企业自身来看，私营企业和中小型外贸企业占比较高，其增势强但自身实力有待进一步提高，企业开展国际业务、运作全球市场能力相对较弱，海外拓展市场能力有限。2020年以来受新冠疫情全球大流行影响，北美、欧盟和东盟等全球重要经济区的市场需求断崖式下滑，私营企业尤其是中小型外贸企业的出口订单被取消或被延期，很难获得新订单，同时私营企业受疫情影响产生的资金压力较大，外贸进出口遭受重创，直接导致广东省外贸进出口大幅下降。

另外，中小企业主要依靠海外专业展会拓展市场，受新冠疫情全球大流行持续影响，海外展会被推迟或被取消，导致许多广东外贸企业无法参展，加上线上展会影响力尚未凸显，外贸企业无法获得有效订单。与此同时，现阶段广东省展会专业水平不高，广交会影响力有所减弱，作为中国对外贸易的"晴雨表"和"风向标"，近年来广交会出口成交额和采购商人数整体呈下降趋势（见图9-28），成交额从2008年4月的382.3亿美元降低到2019年10月的292.9亿美元。2020年以来，受新冠疫情影响，第127届广交会在线上举行，近2.6万家境内外参展企业规模及成交额均低于往年水平。

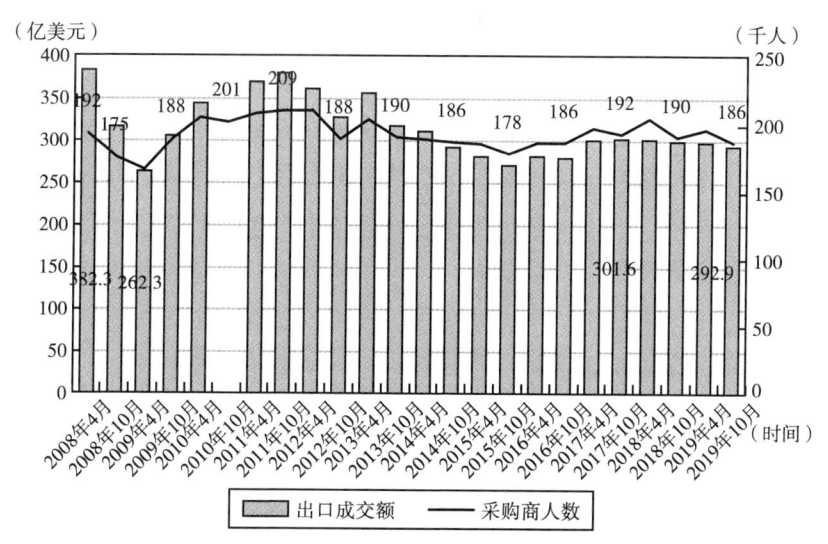

图9-28　2008~2019年广交会出口成交额及采购商人数

资料来源：根据中国进出口商品交易会数据整理所得。

四、外贸企业出口转内销存在困难

新冠疫情给全球经济带来严重冲击,外需萎缩,部分外贸产能转向国内市场。根据调研可知,由于内外贸市场环境不同,外贸企业在拓展内销市场时面临一些具体困难。第一,拓展销售渠道难。外贸出口主要是订单式销售,转向内销后有的企业缺少市场销售渠道,对市场准入、销售、结算等规则不熟悉,争取国内订单比较困难。第二,生产线转向难。国内外标准不一致,转内销的外贸产品需要按照国内标准进行调整改造,否则无法在国内销售。一些外贸产品的设计、技术、款式属于国外客户,在国内销售需要取得知识产权授权。第三,品牌建设难。国内整个产业链的经营模式与国外大不相同,项目回款相对较慢,同类型产品较多,竞争更加激烈,同时,部分广东外贸企业专注于加工环节,对于产品研发和渠道推广并不熟悉,外贸出口企业转内销后,自主品牌市场知名度不高,进入国内优质零售渠道有一定困难。

第四节 广东稳外贸对策建议

一、保根本,企业获多方政策支援

为减轻全球经济下行导致的外需不振对广东省外贸企业的冲击,各地方相关职能部门应抓好已出台财政贴息、大规模降费、缓缴税款等政策执行力度,还要继续研究、实施更加积极有力的外贸扶持政策,进一步降低企业生产经营(用地、用电、用工、运输、融资)成本、企业税收负担以及制度性交易成本,提升对中小型外贸企业支持力度。继续推动金融、保险等支持政策更多向中小外贸企业覆盖。针对全省外贸中小型企业做好融资服务和支持,鼓励各类金融机构对存在资金周转困难且信誉较好的外贸企业提供金融支持,加强供应链金融服务,加大流动性资金贷款等经营周转类信贷支持,积极开展应收账款、存货、机器设备、仓单、订单等质押融资,依托大型电商平台加强对中小微外贸企业直贷业务。此外,省商务部门会同地方商务主管部门和中国出口信用保险公司,积极引导外贸企业,特别是中小微外贸企业用足用好出口信用保险政策，适当提高风险容忍度，降低保费费率，优化理赔服务，减少中小微外贸企业资金损失。发挥好财政资金撬动作用，加强"政府+银行+保险"合作，扩大保单融资规模，通过信保增信帮助中小微外贸企业获得银行资金支持。在采取多渠道多方位纾困政策、保住外贸主体稳住外贸基本盘的同时，引导企业改变思维，转危为机。

二、稳大盘，积极开拓国内外市场

（一）面向"一带一路"倡议，开拓国外潜力市场

对"一带一路"沿线国家外贸进出口基本占全省外贸进出口总值的1/4，面向"一带一路"沿线国家积极发展对外贸易成为当前和今后外贸稳定发展的重要增长点。对此，建议省商务厅出台扶持政策，借助粤商在海外的网络优势，深入挖掘受本次疫情危机影响相对较小的东盟等"一带一路"沿线国家市场的增长潜力。建议省教育厅、省人社厅鼓励广东大学生积极参与到"一带一路"沿线国家市场创业，增添新生力量推动广东外贸企业与"一带一路"沿线国家合作，拓展广东外贸发展的国际新空间，形成更加多元、结构更加合理、抗风险能力更强的自主境外营销体系。充分利用自贸试验区制度创新优势，借助粤港澳大湾区港澳国际渠道优势，共同开拓"一带一路"沿线国家市场潜力。

（二）促进出口转内销，开拓国内市场

第一，发挥政府引导作用，支持出口产品转内销。各地政府要积极开展调研摸底，深入了解外贸产品转内销的实际困难，多渠道支持外贸企业转内销。搭建转内销平台，鼓励外贸企业对接电商平台，依托各类网上购物节，设置外贸产品专区。在符合国内疫情防控要求前提下，各地市商务部门可以举办大型促消费活动，利用步行街、重点商圈等在品牌集聚、渠道融合、市场人气等方面的优势，拓宽适销对路的出口产品内销渠道。组织内外贸企业对接，帮助外贸企业畅通线上线下销售渠道，对冲外需下滑影响，组织省内各地大型商业企业与外贸企业开展订单直采，设立外贸产品销售专区、专柜。引导省内外贸企业精准对接国内市场消费升级需求，发挥质量、研发等优势，应用大数据、工业互联网等技术，通过个性化定制、柔性化生产，研发适销

对路的内销产品，创建自有品牌，培育和发展新的消费热点，推动消费回升。鼓励外贸企业充分利用网上销售、直播带货、场景体验等新业态新模式，促进线上线下融合发展，用足用好外经贸发展专项资金，支持出口转内销相关业务培训、宣传推介、信息服务等，支持外贸企业参加线上线下内销展会。

第二，企业明确自身定位。根据外贸企业转内销目的不同，可以分为两种情形，一种是通过转内销来解决燃眉之急，未来还会继续专注国际市场，另一种则是把转内销作为企业战略转型的着力点，准备长期投入。对于第一种企业来说，在转内销的同时，仍须积极开拓新的海外需求，增强规模和实力。对于第二种企业来说，则需要进行大规模、持续的资源投入，通过铺设销售渠道和积极公关等方式塑造企业品牌形象，不断提升国内市场份额。

三、促长远，推动外贸稳中提质

在稳住当前外贸大盘基础上，提升外贸产业竞争力、发展外贸新业态，加快数字贸易发展，积极推动广东外贸稳中提质和高质量发展。

（一）提升外贸产业竞争力

以创新驱动为指引，提升外贸产业竞争力。通过科技创新，发展以高科技含量、高度创新、高附加值为特征的高技术产业，以内源性技术创新促进高技术产业突破"低端锁定"，增强广东出口产品与服务附加值；鼓励全省外贸企业应用高新技术和先进适用技术改造传统产业，通过消化吸收创新，优化产品结构，提高产品档次，增强全省纺织、机械、食品、建材等传统行业出口商品竞争力，进一步降低全省低附加值加工贸易比重，提高外贸产业全球竞争力以应对当前复杂国际贸易形势。

（二）大力发展外贸新业态

加快全省跨境电商、市场采购和保税物流等外贸新业态发展。推进梅州、惠州、中山、江门、湛江、茂名、肇庆7个2020年新增跨境电商综试区尽快开展业务，以全省13个国家跨境电商综试区为依托，紧抓疫情背景下线上贸易快速发展契机，以"互联网+外贸"的跨境电商模式创新助力广东传统外贸企业度过新一轮全球经济危机冲击，推动传统贸易向跨境电商方向转型。大力发展市场采购和保税物流等外贸新业态，培育全省外贸新增长点。

（三）推进数字贸易发展

利用疫情期间线上贸易快速发展契机，加快广东数字贸易进程。加快推进全省新一代信息基础设施建设，着力开展5G网络规模部署和试商用，推进5G、物联网等应用部署，加大数字贸易智慧基础设施建设，从而打造广东数字技术领先优势。加快传统贸易数字转型和新兴数字内容产业化发展。推动广东运输、旅游、专业服务、医疗、制造等传统外贸行业，向智能跨境运输、在线旅游、跨境远程服务、样品3D打印、工业数据模型交易等数字贸易转型，大力提升全省外贸综合服务数字化水平。聚焦游戏、动漫、演艺、网络视听、数字阅读等可贸易数字内容，以广东电子信息产业与互联网产业为基础，鼓励龙头企业打造全球领先的数字内容平台与数字内容创作人才培训平台，打造"品质化、移动化、多元化"的数字内容开发生态圈，逐步推动数字内容从重渠道向重内容转变，从形式单一向多元融合转换，形成以数据驱动为核心、以平台为支撑、以商产融合为主线的数字化、网络化、智能化发展模式。

四、谋发展，依托重大战略促外贸发展

重点围绕服务粤港澳大湾区、深圳先行示范区、广东自贸试验区建设，为广东全省外贸企业发展创造新机遇。第一，争取服务粤港澳大湾区建设方面有新突破，推进大湾区口岸改造建设，落实深圳湾口岸24小时通关，在全省口岸复制推广"一站式"通关模式。继续用好用活港珠澳大桥，以大桥为依托，将珠海打造成中国香港、澳门位于珠江西岸的自由贸易功能延伸拓展区，加快建成自由贸易陆港，将珠海打造成为大湾区口岸体制创新的先行区。第二，在广东自贸试验区，鼓励支持海关实行"先进区后报关"，支持海运中转集拼，允许多种贸易方式下的货物实现"同仓存储、同仓调拨、同仓运营"。

（本章编写者：陈和、刘恩初、柴虎虎）

第十章　新时期广东稳外资的思路与对策*

当前，广东利用外资面临的内外环境发生深刻变化。国外，受发达国家"再工业化"与新冠疫情全球大流行影响，外资企业利润大幅减少，跨国直接投资萎缩，国际引资竞争加剧；国内，传统成本优势弱化，环境资源、人口等红利消失，优惠政策激励效应趋降，外资流出压力陡增。投资存量面临减记问题，稳外资形势相对严峻。作为利用外资大省，广东要扎实贯彻中央关于进一步做好稳外贸稳外资的最新部署，立足于后疫情时期广东经济发展的时代特征与瓶颈制约，瞄准痛点难点问题，厘清思路，突出重点，进一步做好利用外资工作，稳定外资规模，优化外资结构，让外资"引得来、留得住、做得好"，将稳外资政策的着力点由偏重要素成本为目的的"成本型"投资向更加注重营商环境的"市场型"投资转变。

第一节　广东利用外资的基本情况

一、实际利用外资持续回落

"十三五"期间，广东外商直接投资签订项目数呈先增加后减少的发展态势，在2018年达到高点，2019年开始下降，降幅为59.9%。合同外商直接投资整体呈波动上升趋势，2019年合同利用外资额为800.7亿美元，相较于2015年增长42.7%（见图10-1）。实际利用外商直接投资呈持续下降趋势，2019年实际利用外资220.6亿美元，相较于2015年减少17.9%，在全

---

* 该章节外资含港澳台资。

国占比 16.2%。作为外向型经济大省，广东利用外资规模位居全国前列，但实现规模增长已愈加困难，不确定性上升。

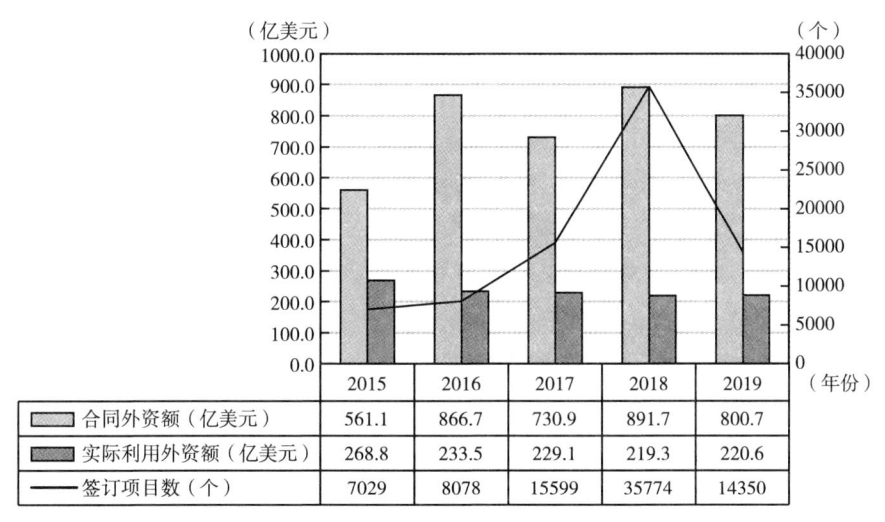

年份	2015	2016	2017	2018	2019
合同外资额（亿美元）	561.1	866.7	730.9	891.7	800.7
实际利用外资额（亿美元）	268.8	233.5	229.1	219.3	220.6
签订项目数（个）	7029	8078	15599	35774	14350

图 10-1　广东外商直接投资项目数及额度

资料来源：根据历年《广东统计年鉴》计算得出。①

二、服务业吸收外资势头强劲②

从广东省外商直接投资所涉及的行业来看，第一产业签订项目数、合同外资额以及实际利用外资额基本稳定，第二产业总体呈下降趋势，而第三产业总体呈上升趋势（见图10-2、图10-3和图10-4）。2019年，广东第三产业外商直接投资签订项目数为12441个，占全部产业的86.7%，是第二产业的6.8倍，相较于2015年增长115.5个百分点。第三产业外商直接投资合同额为7016406.9万美元，占全部产业的86.8%，是第二产业的7.2倍，相较于2015年增长72.2个百分点。第三产业实际利用外商直接投资额1615033.4万美元，占全部产业的72.7%，是第二产业的2.7倍，相较于2015年增长5.5个百分点。从更加细分的行业来看，广东第二产业外商直接投资主要集中于制造业，制造业签订项目数、合同外资额以及实际利用外资额分别占第二产业的83.3%、

---

①　2018年起，广东省商务厅不对外公布：利用外资签订项目数、合同外资额与实际利用外资数据，本章将商务部反馈的人民币数据按照当年美元兑换人民币平均汇率进行折算，2018年平均汇率为6.6174，2019年平均汇率为6.8985，下同。

②　如无特别说明，本章中全部产业均指代第一产业、第二产业与第三产业之和。

85.4%、94.4%；第三产业外商直接投资主要集中于租赁和商务服务业、房地产业、批发和零售业，其实际利用外资额分别占第三产业的37.7%，23.8%、11.7%。① 总体上来看，随着广东经济结构由"制造经济"转变为"服务经济"，第三产业成为经济发展的主动力和新引擎，也因此吸引了更多外商直接投资于第三产业，服务业成为广东吸收外商直接投资的主要领域。

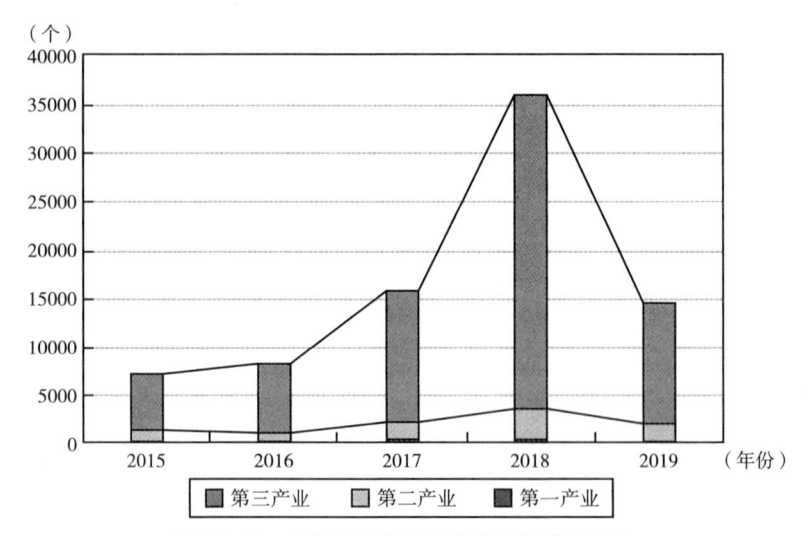

图10-2 广东三次产业外商直接投资项目数

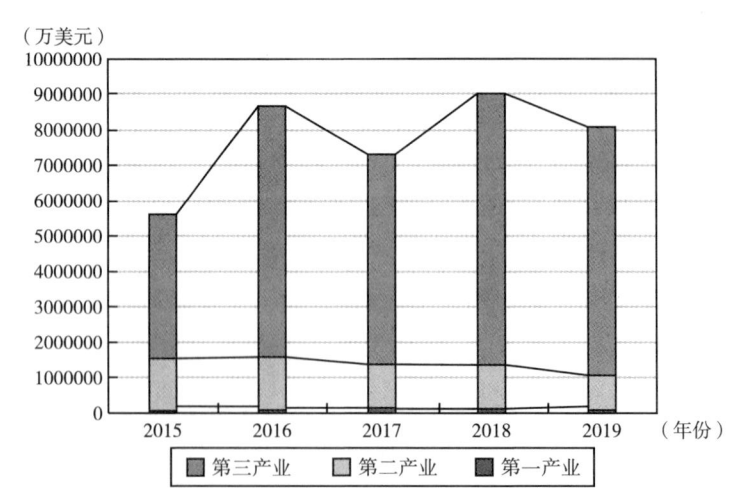

图10-3 广东三次产业外商直接投资合同额

资料来源：根据历年《广东统计年鉴》计算得出。

---

① 资料来源：根据历年《广东统计年鉴》计算得出。

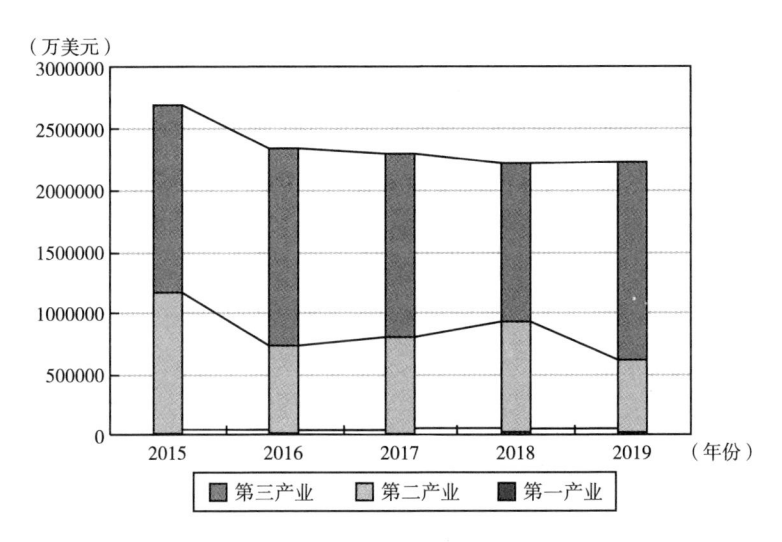

图 10-4　广东三次产业外商直接投资实际利用额

资料来源：根据历年《广东统计年鉴》计算得出。

三、广东省外商投资来源地

从外商直接投资的来源地来看，除南极洲外，其余六大洲均有国家或地区在广东进行投资，但其中亚洲占据绝对主体地位。2019年，广东来源于亚洲的外商直接投资签订项目数、合同外资额与实际利用外资额分别占据全部国家的87.6%、95.2%、89.2%，尽管来源于非洲的外商直接投资项目数较多，但利用外资额度较低，相对地，来源于拉丁美洲的外商直接投资项目较少，但实际利用外资额却较高，可见拉丁美洲的项目落地效率更高。在亚洲区域，在我国粤港澳相关政策支持下，香港、澳门成广东最大投资来源地，其中香港对广东外商直接投资的签订项目数、合同外资额与实际利用外资额分别占据整个亚洲的74.0%、85.4%、77.4%，其次为新加坡、韩国、日本；在欧洲区域，实际利用外资较多的国家是法国、英国、德国、荷兰，分别占比38.3%、21.8%、15.6%、9.7%（见图10-5）。总体上来讲，经过多年的发展，广东与香港已经成为相辅相成、优势互补的经济区域，在CEPA、粤港澳大湾区等政策加持下，香港成为广东最大的投资来源地。

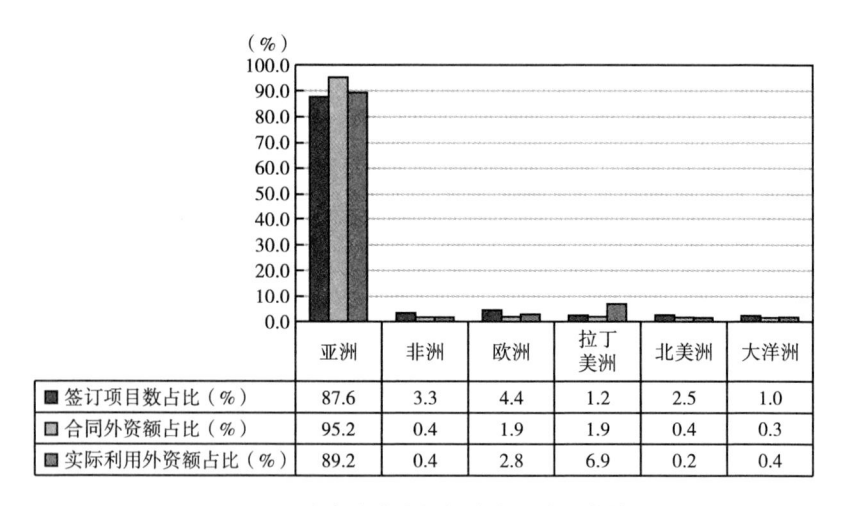

	亚洲	非洲	欧洲	拉丁美洲	北美洲	大洋洲
签订项目数占比（%）	87.6	3.3	4.4	1.2	2.5	1.0
合同外资额占比（%）	95.2	0.4	1.9	1.9	0.4	0.3
实际利用外资额占比（%）	89.2	0.4	2.8	6.9	0.2	0.4

图 10 – 5 广东外商直接投资来源地分布情况

资料来源：根据历年《广东统计年鉴》计算得出。

四、外商直接投资区域集中于广深

从外商直接投资的目标地来看，珠三角九市是广东吸引外商投资的最主要区域，95%以上的利用外资签订项目、合同外资及实际利用外资集中于珠三角地区，东西翼和山区仅占5%左右，投资区域不平衡现象非常显著。而且随着经济社会的发展，这一差距正逐步拉大。2019年，珠三角地区吸收实际外商直接投资2116368.8万美元，相较于2018年增长3.7个百分点；东翼吸收实际外商直接投资22226.9万美元，相较于2018年下降17.0个百分点；西翼吸收实际外商直接投资28782.5万美元，相较于2018年下降66.4个百分点；山区吸收实际外商直接投资36820.6万美元，相较于2018年增长5.6个百分点（见图10 – 6）。从更加细分的城市来看，在珠三角九市中，实际利用外资前五大城市是深圳、广州、珠海、东莞、惠州，分别占比36.5%、31.5%、11.2%、6.0%、4.4%，其中广深合计占比68.0%，深圳实际利用外资存量高于广州，但后者流量增长速度更快。可以看出，珠三角九市尤其是广深二市在利用外资方面表现出了极强的虹吸效应，东西翼与山区等其他后发地区难以追赶。

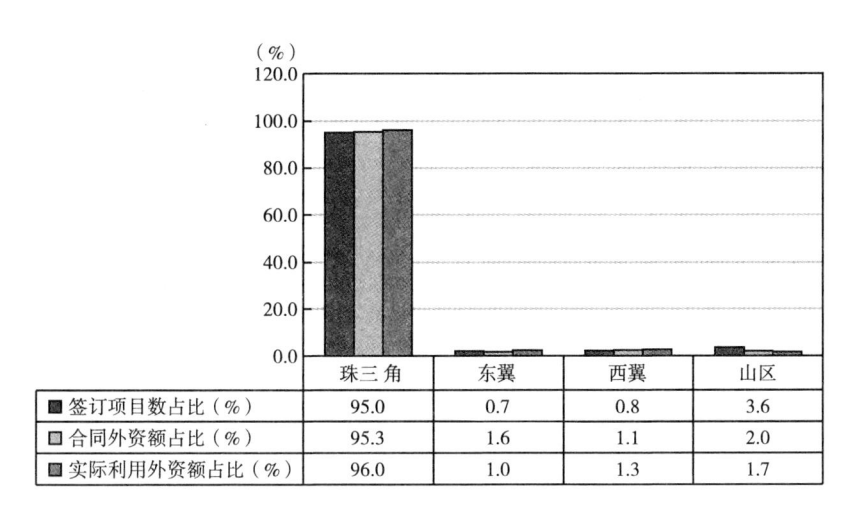

	珠三角	东翼	西翼	山区
签订项目数占比（%）	95.0	0.7	0.8	3.6
合同外资额占比（%）	95.3	1.6	1.1	2.0
实际利用外资额占比（%）	96.0	1.0	1.3	1.7

图 10-6 广东外商直接投资集聚地分布情况

资料来源：根据历年《广东统计年鉴》计算得出。

五、美元流动性外溢，外资加速流入中国金融市场

中央国债登记结算有限责任公司发布债券托管量（按投资者）数据显示，境外机构投资者的债券托管量大幅增长，11月境外机构债券托管面额同比上涨47.88%，相较上年末上涨47.38%，境外机构投资者连续第24个月增持中国债券[1]。目前国内债市中外资仍以配置盘为主，但2020年以来外资增持政金债幅度较大，说明全球性基金等外资交易盘开始逐步进入国内。短期内，外资加速流入国内的根本原因为：目前美元维持十分充裕的流动性，外溢效应明显；直接原因为：中美国债利差维持高位、人民币汇率稳定等市场因素。中长期来看，我国金融业继续有序开放、制度不断完善，有助于吸引外资持续流入。广东因为靠近中国香港，具有承接和吸收外资的便利条件，同时拥有深圳证券交易所这一地域优势，在外资的利用方面和其他省份相比在金融市场上有较大的便利。

---

[1] 11月份中债登托管高达2.78万亿元，连续24个月增持境外机构持续加仓中国债券[OL]. 新华网，http://www.xinhuanet.com/money/2020-12/03/c_1126814645.htm.

第二节　广东利用外资面临的困境

一、国内传统优势弱化，外资企业来粤意愿降低

随着人口与政策等红利消失，广东劳动力、土地等各类生产要素成本持续攀升，在粤企业资金成本增加，据《关于"提振实体经济，推动广东制造业加快迈向中高端水平"专题调研报告》显示，广东制造业劳动成本已是越南的3倍、印度的5倍，宏观税负亦高于浙江、江苏和山东。同时广东在制造业规模可观的条件下，继续发展会面临突出的资源环境约束，纺织、服装、鞋帽、皮具箱包、家具等劳动密集型产业成本优势大幅减少。成本敏感型外资企业利润空间被大幅压缩，甚至无利可图，因此成本敏感型外资企业来粤投资意愿降低。部分成本敏感型外资企业将工厂外迁至成本更低的越南、泰国、印尼、菲律宾、缅甸、印度等东南亚、南亚国家。此外，以华为、OPPO、vivo等为代表的广东先进制造业企业蓬勃发展，逐步选择"走出去"，在全球市场配置资源，通过海外投资并购，主动转移不经济的分工环节至海外，更多企业选择劳动力、土地成本更低廉的周边国家或省份进行投资建厂与生产经营，使得省内市场对外资的吸引力有所下降。

二、全球引资热情高涨，外资企业来粤吸引力下降

国际金融危机爆发后，世界各国逐步意识到经济"脱实向虚"的风险，相继出台政策措施以重新塑造制造业和实体经济的竞争优势，全球各国利用外资竞争空前加剧。一方面，欧美国家通过降低能源价格、工资水平和货币贬值，实现了生产函数向工业化生产的回归，也陆续发布了与"再工业化"密切相关的产业政策。包括美国的《美国复苏和再投资法案》、法国的"新工业法国"计划、日本的《制造业竞争策略》、德国的"工业4.0"计划、欧盟的2020战略，这些战略的意图不仅在于引导海外制造业回归，更在于培育和发展本土先进制造业。另一方面，传统发展中国家如越南、缅甸、印度、印尼等劳动力和资源更低廉的新兴经济体也都设立经济特区，持续加大基础

设施建设与研发投入,不断加强财政与税收政策支持力度,通过改善自身要素禀赋在加快劳动密集型、以出口或代工为主的中小制造企业的谋划和布局,积极参与全球产业再分工,承接产业及资本转移,旨在成为全球跨国公司特别是高技术企业的新的投资目标国。

三、国际环境错综复杂,外资企业来粤投资受限

当前全球局势不确定性明显上升,地缘政治与贸易摩擦盛行。在全球市场需求疲弱的背景下,大国关系深入调整,单边主义和保护主义重新抬头,不少国家和地区为保护本地市场和就业,纷纷设置贸易壁垒,全球关税的约束税率水平在 2015 年出现反弹,2017 年(35.5%)已经回归且超过 2010 年(34.4%)关税水平[①],全球贸易壁垒处于高位,广东面临外部经济环境趋于恶化的问题。受此影响,家用电器、纺织服装、食品饮料、建筑材料、造纸等广东传统优势领域的外资企业面临的经营困难增大,短期内受外部冲击转而向东南亚、南亚等地重新选址的可能性上升。国际金融危机的余威尚未消散,新冠疫情全球大流行再次导致全球产业链处于"熔断"状态,多数国家开始反思,当有重大公共危机事件在全球范围内蔓延时,本国的重要物资储备、基本用品供给、各个产业链条能否"自给自足"。未来很多国家,特别是外贸依赖型以及工业体系不完备的国家,或将更注重本国完整经济体系的打造,而非发展全球贸易;或将更注重产业链的安全性,而非单纯追逐产业利润。诸如美墨加协议、日欧 EPA、美日贸易协议谈判、CPTPP 等排他性区域协定或成为主要合作方式,这将导致全球海外投资更加趋于本土化、区域化、碎片化,在很大程度上会限制全球外商直接投资项目在广东的落地。外资企业的转移或减少将对广东经济造成负面冲击,从而在一定程度上降低广东对外资的吸引力,进一步影响到后续新兴产业的外商直接投资,形成"马太效应"。

四、全球价值链收缩,外资企业来粤面临调整

突如其来的全球新冠疫情,导致全球许多国家为加强防控纷纷采取封国、

---

① 资料来源:根据世界银行发布数据计算得出。

封城、限制国际航班、暂停发放签证等措施,各大知名跨国公司为保证员工健康,纷纷限制员工国际商务出行活动,给广东吸引外资带来新挑战。最为重要的是,新冠疫情的外生冲击进一步推动了世界各国对全产业链水平的重视,疫情结束之后全球单边主义与保护主义可能再度加强。一方面,各国经济受疫情冲击普遍衰退,叠加原油价格暴跌,发达国家面临通货紧缩甚至经济萧条的风险。从历史经验来看,类似情况容易诱发贸易保护、世界贸易战。另一方面,疫情令多数国家开始担忧现行全球价值链分工体系潜藏的供应安全风险,全球价值链面临以供应安全为导向的国内价值链代替由跨国公司主导的全球价值链,将对广东吸引外资产生负面影响。由于新冠疫情的影响,广东实际利用外资在2020年2月出现大幅下降,相较于1月减少26.2%,之后随着疫情防控形势持续向好,实际利用外资逐渐回暖(见图10-7)。总体而言,2020年广东吸收实际外资1620.3亿元,同比增长6.5%,新设外商直接投资项目12864个,同比下降10.4%,稳外资的压力依旧很大[①]。

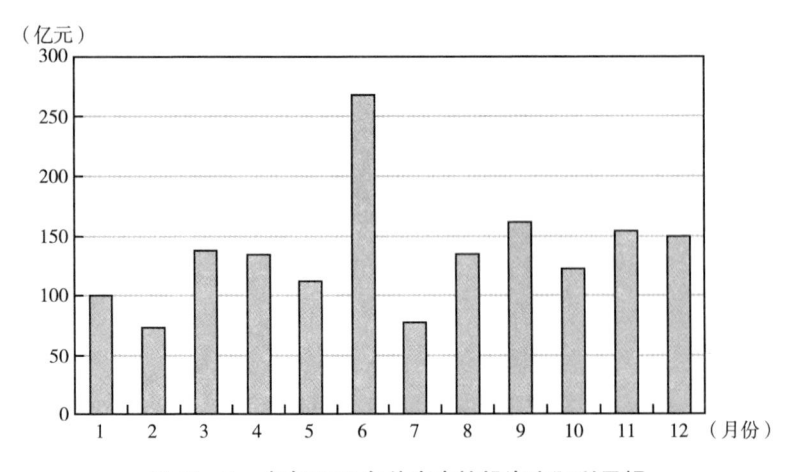

图 10-7　广东 2020 年外商直接投资实际利用额

资料来源:广东省商务厅官网。

五、全球企业财务状况恶化,跨国公司投资能力下降

一方面,新冠疫情持续升级引爆了长期量化宽松政策下的股市泡沫,全

---

① 资料来源:广东省商务厅。

球金融市场雪崩。在 2020 年 3 月的全部 22 个交易日内，美国股市均呈现暴涨暴跌状态，并史无前例地触发了四次熔断。欧洲与亚洲股市也经历了类似的过程。在股市暴跌影响下，跨国公司市值大量蒸发，直接融资渠道遇阻，资金链出现紧张甚至断裂，对外投资能力受到较大影响，来粤投资、增资热情大幅降低，甚至部分公司因企业高债务、资金链脆弱等原因无力支撑宣布破产。尽管 6 月以来，全球股市逐步回稳，但除中国市场外，世界其他各国疫情防控对实体经济恢复的实际效果不容乐观，实体经济的下滑和不确定性进一步影响了金融市场，严重影响了跨国公司的投资信心与预期。另一方面，新冠疫情致使全球需求萎缩，供应链多环节受阻，企业收支恶化。根据 UNCTAD 的统计可知，新冠疫情暴发后，全球前 5000 家公司中有 3226 家公司收入显著下降。其中，汽车及零部件，航空、宾馆，餐饮与休闲行业收入下降率分别高达 44%、42% 和 21%（钟红和赵雪情，2020）。作为 FDI 投资主体，大型跨国企业收入下降将进一步压缩对粤的资本性支出。

第三节　广东利用外资现存的优势

一、产业链优势提升来粤投资效益

基于全球视野观察，广东产业体系相对齐全，生产供给能力位居全球前列，基础设施非常完备，具有比其他国家或地区更加完整的工业体系，因而尽管其要素成本优势正逐渐减弱，但产业链完整的优势依旧存在，外资在华设厂享有非常齐全的配套供应。发达国家凭借已有优势和强大的基础科学、研发实力，牢牢把握创新前沿技术和关键核心领域技术，在新兴产业中占据有利位置，但历史发展经验表明，科技创新由基础研究转化为应用研究再到实现商品化产业链条的顺利运行并不简单，广东完整的产业链条所产生的经济规模化、网络化、外溢性等是企业将先进的技术成果快速完成商业化的必要支撑条件，从而可以实现成本最低化。例如在汽车制造业等特定行业，广东多年来积累的自动化生产线和熟练劳工队伍不是低工资国家能轻易取代的，在粤外资厂商面临着极高的外迁重建成本和机会成本。当前，全球经济发展愈向高质量演进，全球分工愈趋于复杂，广东产业链条的系统性和规模效率的重要性就更加凸显，必将对外商投资企业具有较大的吸引力。

二、疫情防控稳定来粤投资信心

随着商务部、广东省政府相继出台稳外贸稳外资促消费政策，大力帮助外资企业复工复产，实行"一企一策"、加强与外国在华商会沟通等措施，广东外资企业经营状况明显改善。相比之下，疫情在全球大面积爆发，全球价值链三大核心区的东亚、北美和欧洲地区疫情形势都非常严峻，广东近年来产业外迁的主要目的国越南、泰国、印度和巴西等同样受到波及，多数企业打消了将生产或采购转移至国外的计划，在一定程度上规避了外资流出，这是自2020年3月以来广东实际利用外商直接投资回暖的重要缘由。总体上来看，新冠疫情失控并会持续相当长时间已成定局，跨国公司产能转移需求将迅速上升，中国作为当前全球资金与生产的"避风港"与"安全岛"，在广东营商环境持续优化背景下，跨国公司将更青睐来粤投资。

三、环境优化增强来粤投资预期

在既有跨国公司投资决策模型中，东道国GDP增长率、市场体量和外资优惠政策仍是核心指标。首先，近年来，广东经济持续中高速增长，与世界主要经济体相比，增速处于领先地位。在省内复工复产持续向好的情景下，未来经济增速仍会高于美国、欧盟国家和日本等发达经济体，这为跨国公司来粤投资提供营业收入稳定增长预期。其次，广东消费需求市场不断增长和扩大。新技术革命的发展与演进将会使生产方式和生活方式发生变化，而广东新兴中产阶级群体规模相对可观，对新产品的认可度和接受度比较高，表现出极大的消费升级空间，这为外商投资企业来粤提供了巨大的市场空间。最后，广东走在我国对外开放最前沿，经贸规则与投资制度展现高水平。随着进一步扩大对外开放，对标国际一流标准持续优化营商环境，积极推进粤港澳大湾区建设，广东投资环境长期向好，仍是外企在华投资的首选目的地。

四、科技发展引领来粤投资格局

新一轮科技革命引发的全球价值链重构，是以互联网、大数据、云计算、物联网等新一代信息技术的广泛应用为特征，以新一代智能制造技术为核心引领，诸多领域的技术交叉融合、交叉突破，使得生产方式智能化、产业组织平台化和技术创新开放化。通过数年的涅槃变身，广东产业体系形态逐步从中低端全能型向高端引领型突破，提升了跨国公司对未来先进制造业、战略性新兴产业等现代科技产业的投资预期。而作为我国的科技创新尖兵，2019 年广东高新技术企业超 5 万家，全年专利合作条约（PCT）国际专利申请量为 2.47 万件，有效发明专利量为 29.59 万件，均居全国首位[①]。总体上来看，广东研发投入强度基本达到创新型国家（大于 2.5%）水平，已在现代科技产业的多个领域率先实现从跟跑、并跑到领跑的质变，核心芯片、关键零部件等重点领域关键核心技术处于相对前沿水平，已为承接高水平、高科技的全球地区性总部、研发中心、采购中心及财务管理中心等功能性产业链环节奠定了先发优势。

五、金融制度改革创造投资红利

2020 年 5 月，中国人民银行、银保监会、证监会、外汇局发布《关于金融支持粤港澳大湾区建设的意见》，从促进粤港澳大湾区跨境贸易和投融资便利化、扩大金融业对外开放、促进金融市场和金融基础设施互联互通、提升粤港澳大湾区金融服务创新水平、切实防范跨境金融风险五个方面提出 26 条具体措施。这些措施将有力提升粤港澳大湾区金融服务实体经济能力、促进区域经济协调发展，为建设富有活力和国际竞争力的一流湾区和世界级城市群提供坚实的金融支撑。特别是 2020 年二季度以来，"中概回归潮"为港股市场带来新发展机遇。2020 年上半年共有 54 家公司在港交所主板 IPO 上市，此外，自 2020 年 6 月中旬以来，包括阿里、京东、美团、小米、网易和腾讯在内的 6 家主要科技公司对整个市场成交额贡献度在 25%～38% 之间，其中已纳入港股通标的腾讯、美团和小米合计占比 10%～20%[②]。未来越来越多新经济属性的中概股回港上市以及被纳入恒指和港股通，预计港股市场活跃度将会进一步提升。2020 年 5 月，港交所宣布，旗下全资附属公司香港期货交易所有限公司与 MSCI 已签订授权协议，将在中国香港推出一系列

---

① 资料来源：《2019 年广东省国民经济和社会发展统计公报》。
② 资料来源：作者根据港交所公开数据整理。

MSCI亚洲及新兴市场指数的期货及期权产品。作为全球唯一一个完全链接中国与世界的市场，港交所的该举措将与现有的股票、股指期货和期权产品形成强势互补，为全球投资者提供全方位投资亚洲的最佳市场，同时让越来越多的中国内地资金参与进来，不断提升中国香港金融市场的广度和深度，进一步加强中国香港国际金融中心的地位。

第四节　广东稳外资的基本思路

一、将吸引"成本型"投资转向"市场型"投资

当前，全球经济格局正处在大调整时期，以数字化与智能化为核心的新一轮科技革命与产业变革正推动着跨国公司选址决定性因素的转变。前一轮影响跨国公司投资的核心要素是成本最小化，外商企业在全球范围内寻找要素成本洼地，这为广东通过承接国际产业转移扩大外商直接投资带来了机遇。但一方面随着新材料、智能制造、3D打印和网络协作等全新的生产方式和生产工序的诞生，全球价值链不同环节的要素投入比例日益趋同，广东相较于发达国家的劳动力成本优势弱化乃至消失；另一方面，广东企业在生产经营、管理、设计、创新等方面都取得了长足进步，可以满足现代主流的个性化、定制化消费需求，在粤外商企业在市场定位、消费偏好判断方面也更具优势。而且随着广东对知识产权保护的持续强化及对金融市场、人力资本的日益重视，广东营商环境持续改善，对全球价值链的研发、设计、销售等高附加值环节产生强大吸引力。很多外商企业愿意在广东设立全球地区性总部、采购中心、财务管理中心及研发中心等功能性机构。因此，随着省内要素成本提高，以加工制造环节吸引全球价值链的低成本优势将不复存在，流入的外资低端制造业也呈现出增速放缓的态势，而依托国内庞大市场需求及省内营商环境优化的质量型外商直接投资增量或将上升。换言之，广东吸引外商投资的动力将由低成本的劳动力和要素资源成本转变为东道国庞大的消费市场与先进的技术水平，经营方式也会由贸易和出口导向转变为消费者市场导向。2019年，广东外商投资企业实现出口总额18091.5亿元，相较于2015年减少12.5个百分点；广东全省实现出口总额43416.0亿元，相较于2015年增加

8.6个百分点。因此尽管广东全省的对外出口贸易处于稳步上升态势,但外商投资企业的出口总额的绝对量却处于不断下降态势,外商投资企业出口额占全省的比重由2015年的51.7%下降至2019年的41.7%,这一比例的下降趋势性非常明显,这表明越来越多的外商投资企业更加注重广东乃至整个中国的消费市场,而非依托广东低成本优势在国际市场上供应更具竞争力的产品价格。未来广东利用外资的结构将在新形势下发生变化,以生产或经营成本为目的的"成本型"投资将逐渐被注重市场与技术的"市场型"投资所替代(见图10-8)。

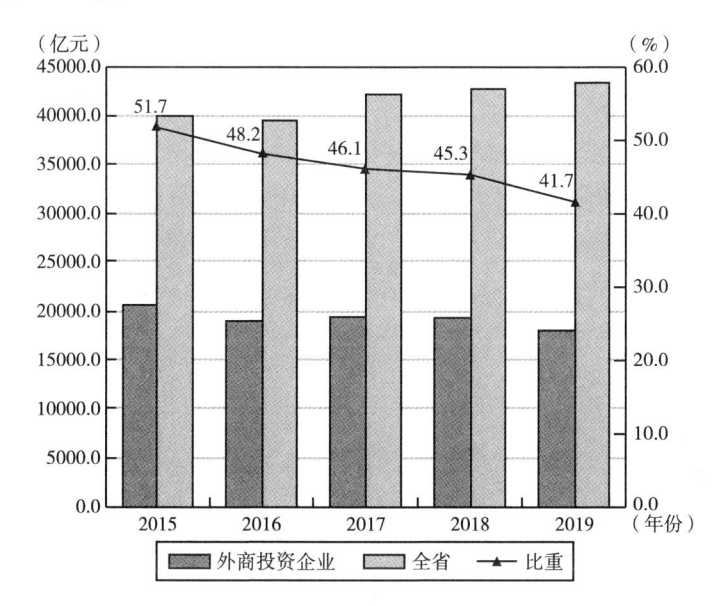

图10-8 广东外商投资企业出口总额及比重

资料来源:根据历年《广东统计年鉴》数据计算得出。

二、将吸引"制造业"投资转向"服务业"投资

参照西方发达国家的发展经验与路径,现代服务业在后工业化时期对国家整体经济和社会发展的拉动作用将会超过其他产业,逐渐成为促进经济增长和转变发展方式的核心动力。具体从产业发展角度来看,在全球分工模式与体系下,国际间产业转移是发达国家调整产业结构的重要手段,也是后发国家借机发展与提高产业竞争力的主要途径。前一阶段的国际产业转移主要集中于制造业,而如今世界主要经济体都已进入服务经济时代,美国、日本、

德国等国家的服务业比重均已超过70%，世界产业布局调整的重心将转变为服务业，形成新一轮国际产业转移浪潮，而外商直接投资依旧是国际产业转移的最主要方式。2019年广东三次产业增加值结构为4.0∶40.5∶55.5，以服务经济为主导的产业结构基本形成。三次产业贡献率为2.6∶33.6∶63.8，第二产业与第三产业动能转换特征明显，第三产业贡献率已接近第二产业的2倍，已然成为推动广东经济增长的主引擎。[①] 在此基础上，广东外商直接投资产业结构亦逐步从以第二产业为重心转变为以第三产业为重心，第三产业实际利用外资比重已达七成以上。随着广东大力推动创新驱动发展战略，加大科技研发投入和珠三角国家自主创新示范区建设和创新资源配置，积极打造创新人才高地，吸引服务业跨国投资将不断升温。发达国家服务业和部分新兴产业的外商直接投资将会加快向广东转移，吸引外资的产业结构则会从制造业向服务业继续转移。

三、将吸引"亚洲"投资转向"欧美"投资

从当前广东外商直接投资的来源地来看，亚洲占据绝对比重，特别是中国香港始终位居前列，签订项目数、合同外资额以及实际利用外资已占到全部外商直接投资的65.5%、81.3%、69.1%。[②] 毗邻中国香港是广东相较于其他地区得天独厚的区位优势，但过度依赖中国香港地区间接引资而与欧美发达国家对接不够，将很可能会成为广东利用外资的短板。一方面，2019年下半年以来的暴力冲击事件导致中国香港经济衰退，社会动荡产生的不确定性较为严重地打击了中国香港投资市场的信心与预期。如果法治环境无法恢复，局面不能改善，相关行业短期内就难以运营，意向投资者的收入与投资能力将会下降，加之中国香港特殊关税地位待遇被美国威胁撤销，作为广东与海外相互投资的纽带地位将受到严重影响，中国香港企业的投资与商业行为或将被重新规划。另一方面，借鉴国际投资经验，随着广东技术密集型部门的发展，欧美发达国家与广东之间会出现更高比例的双向投资，以获得产业内投资的联合优势和规模经济。随着广东先进技术和资本的进步，以及产业结构、消费结构的升级，广东未来将会更有条件对接欧美日韩等发达经济

---

① 资料来源：《2019年广东省国民经济和社会发展统计公报》。
② 根据历年《广东统计年鉴》数据计算得出。

体先进生产力,创造出更多的外商投资需求。"十三五"期间广东来自发达国家的外商直接投资规模的大幅上升,也反映了这一趋势。2019年,美国、德国、日本与广东签订的外商直接投资项目数分别为275个、106个、98个,相较于2015年分别增加93.7%、241.9%、92.6%[①]。

第五节 广东稳外资的政策建议

一、稳定现有外资项目

首先,要畅通外资企业问题反映渠道,同时主动地同外国在粤商会建立特殊时期沟通机制,有针对性地提供纾困措施。确保对省内企业提供的各项支持政策,包括减税、社保返还、低息贷款、贷款延期展期等,对于外资企业同等适用。利用好自贸区在供应、物流上的优势资源,为外资企业生产经营提供对接帮助。其次,加快建成全省外资项目运行情况大数据监测平台,打通各地商务部门数据库,利用人工智能和神经网络技术对不同地区、不同行业的外资企业经营情况进行实时智能化分析研判,帮助政府全面、直观地了解外资运行状况,提高支持政策及时性、精准性。最后,重点完善外资大项目快速响应和跟踪服务机制,持续跟踪服务好埃克森美孚、巴斯夫、中海壳牌三期、GE海上风电、现代氢燃料电池系统、川崎重工机器人、东丽新材料、广汽丰田四厂五厂等外资大项目。

二、加快服务业开放进程

全面落实2020年版外商投资准入负面清单,有序加快银行、保险、证券、法律、管理咨询、会计审计、信用评级、检测检验和认证、科研、教育、文化、医疗、环保、运输、房产经纪等服务业领域的对外开放,建立健全跨境服务贸易负面清单管理制度,主动扩大优质服务进口,将外资管制政策重心由外资控股权等市场准入相关的限制调整至竞争政策、反垄断政策为主的

---

① 资料来源:根据历年《广东统计年鉴》数据计算得出。

市场竞争行为的规范。在加快对外开放的同时,也要加快对内开放。要加快打破服务业行业的行政性与国有化垄断,允许民营企业与国有企业、外资企业公平竞争,在行业准入、政策优惠、用人制度等方面一视同仁,打造一批具有国际竞争力的省内服务业企业龙头,以此削减由跨国公司外来冲击与竞争导致的产业风险。

三、开展国际抗疫协作

如果在粤投资主体母国的经营受疫情影响持续恶化,即便广东稳外资措施生效,也必将拖累广东外商直接投资的复苏。因此,广东应积极协助在粤投资主体母国抗疫,为广东未来持续吸引优质外资创造良好的国际声誉。目前,要发挥广东医疗保障、物资生产、疫情研究等各方面救助力量优势,向广东重要的外资来源国,特别是友好省州(城市),派遣专家及医疗救治队,向其传授抗疫经验,提供医疗物资等,及时、有效帮助他们遏制、消除疫情,增强疫区人民战胜疫情的信心,以此进一步加强广东与友好省州(城市)的关系,讲好广东故事,以"同呼吸、共命运"的责任担当持续提升广东国际声誉。

四、深化投资便利化改革

目前广东在推进优化营商环境的过程中,不同地区、不同层级、不同部门的政策措施仍存在交叉冲突或落实不到位的情况,"弹簧门""玻璃门""旋转门"等问题相对突出,使得跨国公司对省内投资环境、投资回报和预期缺乏信心。由于政府政策的不确定性,部分跨国企业对开展在粤业务瞻前顾后,对粤投资的愿望难以顺利地转化为实际行动。广东应尽快制定并实施《广东省优化营商环境条例》,聚焦进一步精简行政审批程序、降低市场准入门槛、抓好口岸通关便利化、实施公平审查制度、提升政务服务水平五个方面,更大力度地为跨国公司投资兴业破堵点、解难题。

五、保护外商投资合法权益

首先,持续抓好各地市、各监管部门、行业协会对《外商投资法》的宣讲培训工作,加强对外商投资企业的法律与政策宣传,提升外资企业对新制度的精准把握能力。加快完善《外商投资法》的配套政策措施,聚焦权利平等、机会平等、规则平等三个重心,依法保障外资企业平等获取人力资源、资金、土地使用权和自然资源等生产要素,公平参与市场竞争。其次,要建立健全外资企业投诉工作机制,认真并及时回应和协调外资企业反映的各类诉求和问题,强化监管政策执行的规范性与有效性,提高政策制定的透明度。最后,要发挥知识产权司法保护的重要作用,进一步完善并落实知识产权保护工作机制,支持民营企业、国有企业与外资企业公平参与标准化工作,积极形成市场稳定、理性、法治的风貌。最终推动广东营商环境由政策引导为主向制度规范和营造法治化、国际化营商环境转变。

六、创新招商引资模式

首先,健全省领导联系跨国公司直通车机制,在发达国家和地区增设境外经贸代表处,加强与德国、美国、日本和以色列等全方位直接经济合作和技术合作,推动重大利用外资项目落地投产。其次,鉴于海外疫情输入风险,广东应考虑搭建线上展会平台,运用远程办公、电子合同等技术,保障特殊时期投资促进工作顺利进行,大力宣传《广东省进一步扩大对外开放积极利用外资若干政策措施》政策。最后,加强与国外商会组织的协调,运用好委托招商、以商招商模式,着力引进"旗舰型"企业、高科技"独角兽"和行业"领头羊",吸引跨国公司在粤设立区域总部、研发中心、结算中心等功能性机构,吸引一批规模大、示范性强的重点项目落地。

七、加强"两新一重"建设

首先,广东应善用我国疫情防控取得重大胜利这一窗口期,加快发力推进5G设施、特高压、城际高速铁路和城际轨道交通、新能源汽车充电桩、大数据中心、人工智能、工业互联网等新基建领域建设工作,通过新基建补齐广东营商环境硬件短板,吸引来源于知识和技术要素丰裕的瑞典、芬兰、美国、英国等国的投资;其次,加强新型城镇化建设,提高人口的集聚和基础设施的建设,为外资企业来粤提供更加广阔的空间环境与充足的生产要素支撑;最后,在财政收入和政府性债务限额约束下,广东应遴选公共投资重点领域，加强交通、水利等重大工程建设，实现电力、水利、交通、燃气等在内的市政公用行业与社会经济发展配套，最大限度保障外商来粤生产经营环境，提高外商来粤投资吸引力。

八、充分利用新版外商投资负面清单，扩大外资利用与实体经济的互利共赢，共同发展

国家发改委、商务部于 2020 年 6 月 24 日发布 2020 年版外商投资准入负面清单：7 月 23 日起，中国将取消证券公司、证券投资基金管理公司、期货公司、寿险公司外资股比限制，放开商用车制造外资股比限制。本次负面清单的变化主要有三点：（1）加开服务业重点领域的开放过程；（2）放宽执照池、农业的准入；（3）亟须在自贸实验区开放发展。新的外资准入负面清单，短期可以起到稳预期的工作，中长期将可能带来更多的开放红利。从权衡开放增效和防风险等方面来看，外资准入负面清单的逐步调整和压缩已经给外资形成良好的预期，确保它们更有信心留在中国、投资中国，增强对中国经济发展和对外资保护的信心。

（本章编写者：孙波、刘乾）

参 考 文 献

1. 陈文芳. 广东现代服务业的现状分析及发展思路 [J]. 企业导报 (12): 99 - 100.
2. 5G 等新技术推动广州经济高质量发展 [N]. 光明日报, http://news.gmw.cn/2019 - 08/29/content_33116179.htm.
3. 丁玲华. 现代信息服务业发展模式的比较与选择——基于广东省的数据分析 [J]. 当代经济管理, 2014, 36 (2): 72 - 77.
4. 付秋芳, 王文博. 服务业企业的新型运作模式: 服务供应链协同——以广东省服务业为例 [J]. 国际经贸探索, 2010 (3): 24 - 29.
5. 广东: 产业融合之下新业态积极涌现. https://www.sohu.com/a/339803179_701446.
6. 广东创新再出发"科技服务业 + 高端制造业". http://district.ce.cn/newarea/roll/201505/26/t20150526_5462919.shtml.
7. 广东聚焦新技术、新产业、新业态、新模式. https://www.sohu.com/a/289570415_99908715.
8. 广东省发展改革委. 关于印发《广东省现代服务业发展"十三五"规划》的通知 [OL]. 广东省人民政府网, http://www.gdmsia.com/newsinfo/1528766.html.
9. 广东省区块链产业布局现状及前景探析 [OL]. 前瞻产业研究院, https://f.qianzhan.com/chanyeguihua/detail/191230 - 872235c8.html.
10. 广东中山: 服务业新业态亮点纷呈. http://district.ce.cn/zg/201512/22/t20151222_7733793.shtml.
11. 广州出台 16 条政策措施支持直播电商新业态健康发展. http://www.gzoutsourcing.cn/Article/20200326/23750.html.
12. 广州市人民政府办公厅印发关于促进广州市服务业新业态发展若干措施的通知. http://www.gov.cn/zhuanti/2015 - 12/14/content_5023797.htm.
13. 《广州市运用新技术新业态改造提升传统服务业实施方案 (2019 -

2022年)》.

14. 胡晓伟. 广东省现代服务业综合评价与发展对策研究 [D]. 广州: 华南理工大学, 2012.

15. 加快发展现代服务业新业态新模式. http：//www. qunzh. com/zddd/201909/t20190918_47777. html.

16. 廖雪杨, 袁宝玲, 罗琳鋆, 等. 湛江市旅居养老产业发展新模式 [J]. 商业经济, 2019 (7).

17. 龙晓, 孙波. 广东省科技金融发展对比分析及对策研究 [J]. 科技创新发展战略研究, 2018, 2 (6): 21 – 29.

18. 鲁朝云. 广州现代服务业高质量发展对策研究 [J]. 经济界, 2019.

19. 区块链如何被运用于服务业？. https：//baijiahao. baidu. com/s? id = 1615378915385227747&wfr = spider&for = pc.

20. 全国性区块链服务网络发布或将催生新产业、新业态、新模式. http：//www. gzoutsourcing. cn/Article/20191022/22381. html.

21. 王美君. 新技术革命下服务业发展趋势及产业管理策略 [J]. 浙江经济, 2018, 648 (22): 23.

22. 王先庆谈服务业新业态新模式的新探索与广州经验（广东科技报). http：//www. kesum. com/zjzx/mjzl/guangzhou/wxq/201906/171713. html.

23. 王永强. 江门市高新技术产业的发展研究 [D]. 江门: 五邑大学硕士论文, 2015.

24. 肖林, 吴璟桉. 颠覆？提升？——如何认识"四新经济"——全球新产业革命与我国"四新经济"发展 [J]. 经济展望, 2015.

25. 肖怡. 广东现代服务业的发展特点、驱动模式及政策思路 [J]. 广东商学院学报, 2008 (5): 38 – 44.

26. 叶婷婷, 许德友. 广东省服务业结构演变特征对未来经济发展的启示 [J]. 广东经济, 2018 (8): 76 – 85.

27. 粤产业结构再上台阶现代服务业成新型业态经济"顶梁柱". http：//www. gd. gov. cn/gdywdt/tzdt/content/post_67365. html.

28. 钟红, 赵雪情. 全球经济金融形势：疫情影响与趋势分析 [J]. 国际金融, 2020 (5): 3 – 10.